美国语文教育

MEIGUO YUWEN JIAOYU

王爱娣 著

语文出版社

·北 京·

图书在版编目（CIP）数据

美国语文教育 / 王爱娣著. -- 北京 : 语文出版社,
2021.5
ISBN 978-7-5187-1206-9

Ⅰ. ①美… Ⅱ. ①王… Ⅲ. ①语文教学－教学研究－
美国 Ⅳ. ①H19

中国版本图书馆CIP数据核字(2021)第006003号

责任编辑	李　朋
装帧设计	张　翀
出　　版	语文出版社
地　　址	北京市东城区朝阳门内南小街51号　100010
电子信箱	ywcbsywp@163.com
排　　版	北京科教创新书刊社有限公司
印刷装订	北京市科星印刷有限责任公司
发　　行	语文出版社　新华书店经销
规　　格	787mm×1092mm
开　　本	1/16
印　　张	32
字　　数	384千字
版　　次	2021年5月第1版
印　　次	2021年5月第1次印刷
印　　数	1～2,000
定　　价	75.00元

010-65253954(咨询) 010-65251033(购书) 010-65250075(印装质量)

目录 CONTENTS

前言

写作这本书，源于我对语文教育的一份单纯执着的热爱。20世纪80年代初，凭着四个志愿填满同一所师范学校的坚定，我成了一名中师生，毕业后做了中学语文教师，从此便与“语文”结下了不解之缘。

在语文讲台上走过十三个春秋，1998年，我考取南京大学中文系研究生，圆了自己的大学梦。三年后获得文学硕士学位，带着近三年的对外汉语教学经验，飞往深圳南山，成为首批国家级课改实验区的一名中学语文教师。这段时间，我跟随着课改的进程，勇敢地实践新课程，开设各级公开课，撰写课改论文，并对语文教学理念与实践进行理性思考。我的文章《课改：理性的思考与实践的探索》发表于《语文教学通讯》，不久被人大复印资料全文转载；我的综合性学习课《戏曲大舞台》作为全国第一堂新课程公开课，在全国课改实验区教材编写专家及教研员研讨会上展示，并获得好评。随后，这堂课由人民教育出版社重新录制并与教师教学用书配套发行，成为全国课改示范课。这点成绩虽小，却给了我很大的鼓舞。2002年，我被人民教育出版社聘为中学语文教材培训团专家组成员，赴北京、云南、山西、湖北、安徽等二十多个省为一线语文教师做新课程培训，分享自己的教学实践与思考，与各地语文老师一起探讨新课程的许多问题。多年的教学实践和教材培训经历，使我对新课程理念的认识和思考逐渐深入，同时，也使我对语文教育的问题产生了新的困惑。例如，改变学习方式，强调自主、合作、探究，提出“三维目标”，重视能力培养，强调学习过程和情感态度价值观的重要性，这些理念本身没有问题，但是，落实到课堂教学中时，常常就“变形”“走样”了，表面上轰轰烈烈、热热闹闹，实际上却陷入一种僵化的形式主义境地。另外，我们对一些问题的纠偏往往矫枉过正，例如，过分强调自主学习，课堂上多讨论，有时一“论”到底；为实现三维目标，强调能力，却淡化了知识，强调过程，又忽略了方法，等等。这就是我们所期待的新课程语文教育吗？作为新课程教学实验者，在接受课程培训时，曾多次听到领导和专家介绍美国的《不让一个孩子掉队法案》，分享国外的教育理念，这便激发了我想去国外看看的念头，了解他们的语文教育是怎么做的。

2004 年 8 月，我终于有了一次赴美国学习考察的机会。我以课程改革挂牌教师的身份被深圳市教育局选派，赴美国进行为期三个月的学习。这无疑为我几年来的新课程教学实践与思考提供了一次对照、印证和拓展的机会。然而，短暂的欣喜之后，我又感到茫然：去美国，我该为自己选择什么样的可操作而又有价值的课题呢？我最初的想法是做实录，把自己了解到的美国语文教育教学的真实情况记录下来，然后向国内同行做介绍。为此，在飞往洛杉矶国际机场、踏上美利坚国土之前，我的肩上便多了一份沉重的责任感和使命感。

赴美国学习考察，首先遇到的难题是语言文化障碍，而在这方面我略有优势。在南京大学海外教育学院从事对外汉语教学期间，在把汉语作为第二语言教学的同时，我就开始关注国外母语教学及第二语言教学的理论与实践，阅读这方面的文章，对语言文化问题有过自己的思考。赴美国考察之前，我也曾阅读过一些介绍美国语文教育的文章和书籍，但那些文字给我的总体印象是不全面也不系统，往往只见树木不见森林。有些介绍很容易使人产生这样的迷惑：似乎美国语文教育没有统一的教科书，没有统一的国家课程标准，学生很少有作业，学生的学习是轻松愉快的，美国语文教育无章法可言，等等。我的美国之行应该去审视、印证和弥补这些对美国语文教育一鳞半爪、一知半解的介绍，尽可能向中国语文教师及语文教育工作者客观而全面地介绍美国语文教育的真实状况。

可惜在美国逗留的时间只有三个月，要把这三个月的时间利用到极致，出发前必须做好充分准备。出国之前，借助书籍和网络，我就开始了美国语文教育之“行”：从深圳大学图书馆借来有关美国教育方面的书刊，开始阅读《当代外国教育》《美国教育史》《外国母语教育研究》，从宏观上初步结识美国教育；订购美国教师写的《教育的55个细节》等教学实例，以及汉英对照本的《美国语文》（美国高中语文教材）；我还得到一本美国语文课程标准资料汇编，第一次接触到加利福尼亚州课程标准的零星资料，初步了解美国语文课程标准的模式和大致内容；在网站上浏览美国教育的现行政策法规、课程设置和考试制度等内容。出国前，深圳市教育局还为我们安排了一个月的市内培训，请来美国协和大学（Concordia University）Thomas Doyle先生讲授《美国教育史》课程，全英文教学，让我们尽早适应美国的课堂学习方式。我开始着手设计自己的考察计划，拟定美国语文教育的考察方案，确定自己需要集中精力去关注与了解的十个方面的问题……

这样，在踏上美利坚国土之前，我的考察目标就已基本上明确。到达协和大学的第二天，几乎来不及倒转时差，我们就开始了美国的课堂学习与学校考察活动。

协和大学为我们精心安排了详细周密的学习和考察计划。首先是为期三个月的美国教育学课程，其次是一系列的参观、考察和专题讲座活动，让我们尽可能从不同角度去体验和了解美国教育的状况。我们聆听了尔湾学区教研员关于少数民族语言学习计划的报告，中小学校长关于学校管理与法律、公立学校与私立学校比较的报告，了解到当前美国中小学教育的考试报告卡制度，以及州标准化考试的重要意义；聆听了一位曾经在香港居住过的协和大学教授关于中美文化差异的专题讲座，以及一位移居美国六十年的韩国教授为我们做的关于中西文化比较研究的讲座，等等。这一系列的讲座和报告使我对美国教育理念及其具体做法有了比较直观的认识，这些内容在我的头脑里共同形成美国语文教育的大背景。聆听报告之余，协和大学还组织我们参观附近的自然历史博物馆、战争博物馆、发现科学博物馆、海洋博物馆、艺术馆，以及洛杉矶民俗村等，让我们亲身体验美国学生的生存空间之广大，除了学校与课堂，他们还可以从各项社会配套设施中获得教益。

协和大学的Adam老师为我们开设了教育学课程，使用的教材为《教学：模式方法》（*Instruction: A Models Approach*）。作为学生，我们直接参与其中，体验和感受美国教师的课堂教学，理解并体会美国教师如何关注每个学生，如何紧扣目标关注课堂教学成果。Adam老师的课堂自由活泼而又严格有序，他的教学设计别出心裁，常常给我们非同寻常的学习体验。从这门课程中，我清楚地了解到美国课堂教学强调模式化学习，强调方法策略与技巧学习及操作流程。这种教育思想已经渗透到本书的各个章节，美国语文教育无论是识字拼写，还是阅读写作，甚至文学教育，都在强调建立一种固定的学习模式，这些学习模式有一定的科学性，它们早已在全美范围内推广应用。有关美国课堂学习模式方面的内容，详见拙作《美国课堂教育》。

这段时间里，很重要的收获要算是参观访问加利福尼亚州尔湾地区的六所中小学校，亲临美国语文教师的课堂教学现场，从这里获得美国语文教育第一现场的真实记录。为了完成预期考察任务，我有目的地选择美国母语即英语课堂教学，走进教室，聆听、观看、阅读、思考、询问，搜集有关资料。从学前班的识字拼写、小学生的课堂考试，到初中的阅读、写作，再到高中的文学教育……其中以公立学校为主，私立学校也有所涉及。另外，还观摩了他们的第二语言教学课——西班牙语课和汉语课。课下与教师、学生交流，翻阅他们的语文教材，浏览学生的作业，了解美国语文教师怎么教语文，学生怎么学语文。为了更加充分地获得介绍美国语文教育所需要的资料，每访问一所学校之前，我都要做充分准备，提前通过网络了解该校情况，例如办学理念、培养目标、学生及教师情况、课程安排等，然后根据自己的需要选择观察聆听的内容。走进教室，我尽可能多地拍摄照片、录制视频，搜集各类教学信息，诸如教师用书、学生作业单、教室的文化布置和教师的教学现场，以及课程安排表。我认为教室的陈设与课堂教学是最生动、最有说服力的例子，美国的语文教师到底教什么、怎么教，学生学什么、怎么学，在这里都能真实地反映出来。

考察中发现，美国教师的课堂教学容量都不大，而学生实践训练的机会多，动手动口动脑能力强；语文教学传授给学生学科术语，落实知识要点，强调对学习方法和策略的指导，强调建构思维导图，重视逻辑思维训练。“批判性思维”（critical thinking）几乎成为美国教育的关键词。考察中还进一步发现，美国学生不仅有作业（既有课堂作业，也有家庭作业），而且他们还有一套家庭作业理论；美国语文课堂教学不仅有教科书，而且教科书还特别丰富，装帧精美厚实，内容详尽。美国的小学基本上由一个教师包班，担任除了体育和艺术之外所有课程的教学任务。初中和高中实行学分制和走班制，教室就是教师的办公室，因此，每个教室所呈现的文化特色几乎就是这位老师的风格写照。教室里张贴着的阅读要领、写作过程规范等，它们体现了教室主人的教学思想；室内还陈列着学生的读写作品，摆放着课本和其他书籍，甚至阅读标注用的多彩荧光笔都一应俱全。这些从外表看起来并不富丽堂皇的普通教室，走进去，却有一股浓浓的语言文化与生活气息扑面而来。

考察访问期间，我成为协和大学图书馆里一位勤奋的读者。在拿到大学智能借书卡的当天，我就跑进图书馆，摸清教育书籍所在的位置，并且欣喜地发现里面有一间教材陈列室，摆放着美国各家出版社出版的中小学教材。这使我眼前一亮，这些课本是美国教师教学的“利器”。在这里阅读和搜集到的信息，成为本书重要的资料来源。每天晚上要等到图书管理员提醒下班时间已到时，我才背起书包恋恋不舍地离开，步行十五分钟的夜路，回到住处，心里还盘算着明天将要完成的任务。白天所有课余时间，我都钻进教材陈列室，翻阅课本和其他教学资料，做笔记，复印。大学图书馆的服务都是自助的，这里只有一位馆长，一位图书管理员。图书自找，复印自助。面对全英文的机器按钮，我居然学会了使用复印机，这让我颇感自豪。陈列室里从小学到高中的所有语文课本，我都认真地翻阅，摘抄，做笔记，对能够获得的珍贵资料的搜集与拥有几乎达到贪婪的地步。离开美国的时候，我带着自己的手提电脑和录像机满载而归，这些信息成为我写作《美国语文教育》最真实可靠的第一手资料。

这次美国之行虽然只有三个月，但这段特别珍贵的时间却已被我延伸、扩展达数年之久。赴美国之前草拟提纲；写作之时广泛浏览，查阅资料；成稿之后又不断校对、修改与增补。研究和写作过程中，我不断徜徉于美国政府及各州教育网站，我的美国之行的“足迹”竟然超过三十个州：从西部的加利福尼亚、内华达到东部的纽约、新泽西、弗吉尼亚，从南部的得克萨斯到北部的威斯康星、明尼苏达，以及中部六州，甚至美国本土之外的阿拉斯加。我还在美国五十州的教育局主页，浏览并搜集阅读了美国语文教育方面的各类资料。写作这本书，让我真正地体验到一次新奇而充实、辛苦而又令人激动的美国语文教育之旅。

我将自己对美国语文教育的所见所闻所思所感组成十一章，分别从教育政策规划和学校教育目标、课程标准、识字教学、词汇教学、读写教学、文学教育，以及语文作业和语文教材、考试及评价等方面进行具体阐述，尽可能客观而系统地呈现美国语文教育的全貌。为此，本书内容范围较广，时间跨度较大。全书横贯美国语文教育二十多年的改革发展历程，围绕联邦政府两代领导人的教育改革政策展开分析——从布什总统的《不让一个孩子掉队法案》到奥巴马政府的《每个孩子都成功法案》，涉及两种课程标准体系——从分散的水平存在差异的各州课程标准到集中统一而又细致严格的“共同核心州立标准”，以及与课程标准相适应的两套考试评价体系——从州标准化考试到智慧平衡评估联盟评价体系。美国语文教育正是在教育政策、课程标准与评价体系的不断纠错与改革中发展前进的。

需要说明的是，书中引用的关于教材、教学和考试评价等方面的资料，基本上未采用他人转译的文本，而直接靠自己理解、翻译与整理，并且努力使语言表述通俗易懂，尽可能摒弃那些冗杂的欧化长句。从这种意义上说，本书完全是以一个中学语文教师的眼光和视角来解读美国语文教育的。窃以为，正是由于这种单纯朴素的身份与平凡坚实的岗位，由于三十多年来对中国语文教育教学经验的积淀，由于自己曾经有过的对外汉语教学经历，而使得本书具有一定的学科教育研究价值。跟英语专业人士翻译的美国语文教材相比，本书更立足于对学科教学体系的呈现，更关注其科学性与系统性；跟教育专家们从理论高度作出的评介相比，本书更具体实在，更关注美国语文教育的理论及实践层面的展开状态。

本书介绍的美国语文教育是把英语作为第一语言的母语教育。过去提起“英语教育”，我们只把它看成外语教育，只有英语教师才去关注它，了解它，事实上这是一种误解。对美国主流学生群体来说，英语不是外语，而是母语。学生学习外语的方式方法与语言环境跟学习母语是不相同的。所以，我希望借助这本书来匡正人们对美国英语教育所属问题的根本看法，客观地了解美国母语教育的情况。

在写作过程中，我曾对中美语文阅读和写作教学从理论与实践的角度都做过比较详细的分析研究，对中美语文考试与评价的特点也进行过梳理和阐述，撰写了美国语文教育系列论文二十余篇，在语文教育界产生了积极影响。其中《美国初中语文的“写作研讨”》和《美国小学生怎样写作文》等八篇论文被人大复印资料全文转载，《美国语文教育追求的阅读境界》被凤凰网收录于“国家阅读史系列之五：六十年语文课改与国家变迁”专题，《美国初中学生应掌握的阅读方法》等三篇论文收录于中国社会科学院美国研究所美国研究专题论文库，《美国高考语文试题类型及其特点分析》获得深圳市首届教育教学优秀科研成果一等奖，《美国语文课程标准评介及其对我国课标修订的启示》获得教育部课程教材研究所课改征文一等奖……这些成果表明美国语文教育研究具有学科教育研究及应用价值，也促使我继续深入探究下去，进一步坚定了我完成书稿并出版的信心。

最后，《美国语文教育》的价值何在？这里不妨引用一些读者和专家的评价来作为回答。

华东师范大学陈佳先生认为《美国语文教育》这块“他山之石”有三大益处：

（一）“知识窗”：为我们打开了一扇了解美国语文教育的“知识窗”；（二）“催化剂”：如一份“催化剂”，不仅加快了理论研究的进程，也对教学实践的变革起了推波助澜的作用；（三）“点金石”：作者求是的精神，独特的视角，科学的方法和切实的行动，为后续研究提供了一种范式——从微观入手，进而宏观把握，展示了美国语文教育的全貌。（《疑·议·益——〈美国语文教育〉之评介》）

湖北省特级教师杨先武先生充分肯定了作者对美国语文教育进行研究的价值：

阅读《美国语文教育》，不单是为了了解外面的世界，更是为了借这块“他山之石”，攻中国语文教育之“玉”。……如何践行新颁布的语文课程标准，如何吸收国外先进的教育理念，并为我所用，是摆在语文教育工作者面前的艰巨任务。王爱娣老师的《美国语文教育》无疑为我们提供了有益的参照。毫无疑问，美国是一个需要我们虚心学习的国家，同时，美国也是一个严重分化的国家。如果我们暂时抛弃这种“孰优孰劣”的思维框架，以更大的耐心去了解更多的事实，或许能获得更有意义的发现——不仅是对美国教育的发现，对中国教育的发现，更是对教育本身的发现。窃以为，就语文教育而言，我们所看到的这本书正是一个十分重要的发现。这也正是本书的价值所在。（《美国语文教育：一个并不神奇的世界》）

全国中语会第八、第九届学术委员唐建新老师这样评价这本书：

真实客观地了解美国语文教育的真实面貌，为课程改革环境下的广大一线教师提供直观参照；在拓展语文教育教学的理论研究与实践探索中，寻找我国母语教育的国际参照坐标；吸纳国际母语教育的先进理念与成功经验，丰富我国母语教育理论的基础厚度，这是广大语文教育工作者多年的夙愿。本书在一定程度上填补了我国在国外语文课程研究方面的空白，展示了美国语文教育的全貌，为我国语文教育的理论研究与实践改进奉献出了值得我们比照享用的丰厚的“营养大餐。”（《美国语文教育没有奇迹——评王爱娣〈美国语文教育〉》）

还有不少网友在网上分享自己阅读本书以后的体会与收获。最令作者感动的是，四川省乐山市教科所前高中语文教研员刘有培老师读完书稿，精心撰写了两万余字的读后感。先生在文稿开头写道：“读了该书的《前言》和《后记》，我就知道我一定要仔细地读它了，因为这是作者倾心血凝铸的巨作，是正当壮年时敏锐地看到中国与美国语文教育差别的中国高中语文教师撰写的力作。我读书有感焉。情不能自已，遂随手记下这些读后感。”“巨作”“力作”自不敢当，然而“倾心血凝铸”，看到中美语文教育差别，为中国语文教育而作，实乃先生对本书内容及写作目的之洞中肯綮矣！

本书对美国语文教育实际情况的呈现及评介，如果能够带给读者清晰而系统的印象，让读者朋友从中看到美国语文教育的是非得失，并将其作为参照，印证、反思并对自己的语文教育教学产生一点影响，吾将备感欣慰。由于水平有限，错漏难免，恳请指正。

2021 年 5 月

第一章 美国的教育改革政策和学校教育目标

教育是一个整体的网络，每一个学习阶段与其他阶段都关联着，而教育改革最具希望的前景在于小学，在于正规教育的头几年……我认为，如果没有高质量的教育——有效地培养每一个而不仅仅是那些处境优越的孩子，那么美国的前途将不可预料。

——欧内斯特·波伊尔

美国教育进步同经济发展相适应，似乎是一个奇迹，在不过两百年的时间内，一跃成为世界教育强国。事实上，美国教育没有奇迹。其教育现状一直以来都没有令美国人自己感到满意和乐观，它的教育变革与发展同样经历了一个漫长的演变过程。在这个过程中，美国教育不断地受到社会的批评与指责，自20世纪50年代苏联卫星上天引起美国人的震动与恐慌以来，美国教育改革的呼声从未停歇过。特别是20世纪90年代以来，联邦政府对教育改革采取的一系列重大举措，在教育发展上所投入的财力、物力和人力，令世界瞩目。

第一节 教育改革政策和战略规划

美国教育实行地方自治，联邦政府教育机构对州或地方教育机构或教育实体没有行政约束力，而是通过立法形式对州或地方教育机构进行干预，影响和控制州或地方学校的教育质量。1957年，苏联第一颗卫星上天引起美国的震动，此后，美国教育迅速进入改革时期。1983年《国家处在危急中：教育改革势在必行》等一系列报告的出台，加强了全国教育改革的力度，加快了改革的步伐。20世纪90年代以来，一系列教育法案或战略规划的实施，促使美国教育建立在科学研究的基础之上，使其科学主义的价值观念更充分地体现出来。

一、《美国2000年教育战略》：确立学校教育的宏观目标

1990年，联邦教育部颁布了《美国2000年教育战略》。该文件认

为，布什总统和各位州长所采纳的全国教育目标是雄心勃勃的，它“正与一个大国相称”[1]，这份文件规定了美国学校的教育目标，即到2000年：

1. 所有的美国儿童入学时乐意学习。

2. 中学毕业率至少提高到90%。

3. 美国学生在4、8、12年级毕业时，业已证明有能力在英语、数学、自然科学、历史和地理学科内容方面应对挑战；美国的每所学校要保证所有的儿童会合理用脑，以使他们为做有责任感的公民，进一步学习，以及在美国经济中谋取有创建性的职业做好准备。

4. 美国学生在自然科学和数学方面的成绩居世界首位。

5. 每个成年美国人将能读书识字，并将掌握在全球经济中进行竞争的能力，承担肩负的责任。

6. 每所美国学校将没有毒品和暴力，并将提供一个秩序井然的有益于学习的环境。

怎样才能实现这些目标？该文件规定创建一个全民皆学的氛围和环境，具体内容如下：

1. 为今日的学生：更好和更负责任的学校。

2. 为明日的学生：新一代美国学校。

3. 为其余人（昨天的学生 / 今天的劳动者）：一个全民皆学之邦。

4. 建立可以学习的社区。

强调学习的重要性，突出人人皆学的环境影响作用以及重建美国学校的理想，这些正是《美国2000年教育战略》的核心内容。

---

[1] 吕达，周满生．当代外国著名教育改革文献（美国卷 第三册）[Z]．北京：人民教育出版社，2004.

二、《2000 年目标：美国教育法》：加强教育研究力量，促使研究成果的推广应用

1993 年，克林顿政府提出《2000 年目标：美国教育法》，1994 年 3 月经国会审议通过后，3 月 31 日由克林顿总统签署，1994 年 7 月 1 日正式生效。这部法案有两项内容对美国教育起到建设性的作用：一是法案第九章明确提出“加强教育的研究与改进”，二是提出“信息服务教育”的要求。

国会在研究改进美国教育的调查报告中指出，当前教育存在着 13 个方面的问题，其中比较重要的内容表现在以下 8 个方面：

1. 大多数美国公立学校没有做好让学生达到全国教育目标的准备。联邦政府应该支持教育研究、发展、推广、试验和资助这项广泛而详尽的计划，来确定和支持迎接面临挑战的最好办法。为更深刻地了解学习和学校教育过程、发展新的观念所作的重大投资，将最有希望从根本上改变每个美国学生的生活。为了协调这方面的工作，教育部的教育研究和改进办公室应成为这项运动的领导核心。

2. 联邦政府没有在教育研究和发展上给予足够的投入，使美国缺乏改进学校教育所必需的坚实的知识基础。少数民族儿童的教育成绩应受到特别的关注，因为在美国 25 个最大城市的公立学校学生中，至少有一半是少数民族学生。根据人口统计，到 2000 年几乎所有公立学校的学生将都是少数民族学生或其他贫困学生。

3. 联邦政府在履行教育研究、发展和推广职能方面的投资，至少应占整个教育投资的 1%。

4. 教育研究和改进办公室应发展一项全国推广政策，以推动实现美国教育决策者可自由使用教育研究成果、典型材料资源库的目标。

5. 应建立一个“全国教育研究政策与优先委员会”，同助理部长合作，制订一项对教育研究、发展和传播的长期计划，并确定办公室的活动方式，达成全国一致的意见。

6. 现有的研究和发展机构应发挥更大和更积极的作用，新创建的机构应将研究成果尽快应用于教育高度优先领域，并取得一致的认识。

7. 在改进美国教育制度，包括推广研究成果所作的努力中，要更广泛地运用现有技术。

8. 协调办公室同教育部其他部门的职责是十分重要的。办公室应在教育研究、发展和推广的职能方面加强同联邦政府其他部门的合作。

针对教师研究成果推广的问题，国会所做的一项调查报告显示：

1. 教育研究，包括由教育研究与改进办公室资助的研究，并没有对美国的学校起到这些研究应起的作用。

2. 有关的教育研究成果及其意见和建议，并没有很好地推广到教师那里，也没有被需要这些研究成果的教师运用。

3. 由于各有关机构和组织之间缺乏联系，有效的研究成果没有得到推广，对教师的技术支持也得不到保证。上述的各有关机构和组织包括：按本条规定给予支持的研究和开发中心，第八条所述的地方教育实验室，国家传播网络在各州的推动站，教育资源和信息中心，得到《1965年中小学教育法》支持的综合技术支援中心以及公立学校。

4. 多数教师很少有时间与同事针对如何提高教学水平问题进行专业对话。

5. 教师不能直接进入信息系统或网络。

6. 教师对在职期间的教师培训内容基本没有发言权。

7. 不鼓励教师个人寻求和使用校外资源。

总之，支持教育研究、发展、推广和应用研究成果，建立全国教育研究政策与优先委员会，成立教育资源信息中心交流站，规定信息资源的使用及版权问题，关注教师的发展和对教育研究成果的应用，这一系列举措已成为《2000年目标：美国教育法》最突出的贡献。今天，美国语文教育教学及其教材编写所依据的正是最新的教育研究成果。

三、《不要让一个孩子掉队法案》：走上一条新的关注结果的改革之路

2001年1月23日，美国总统布什向国会提交《不让一个孩子掉队法案》的教育改革计划。这是布什上任后的第一份立法动议。美国国会于2002年1月8日通过此项法案。当时的教育部部长罗德·佩奇说，这是“35年来对联邦教育政策的最为重大的改革”[1]。

这项法案继续把教育改革关注的焦点放在学科教学方面，努力提高学生的阅读和数学熟练程度。其中与学科教育有关的内容如下：

（1）通过高标准和提高教学效能来核定和实现平等，为处境不利的学生弥补成绩差距。

具体从以下几个方面实施该项条款：第一，设立高标准；第二，对3～8年级的每一个学生进行年度测评；第三，要求报告所有学生的成绩；第四，期望处境不利学生每年获得足够的进步；第五，用技术援助和经费帮助各州的低成绩学校；第六，增加学校的灵活性；第七，在低成绩学校和学区开展矫正行动；第八，保护家庭学校和私立学校。

（2）通过把阅读放在首位来提高读写能力。

如何提高阅读能力？有两套方案可以实施：第一，创设广泛的、

[1] 吕达，周满生. 当代外国教育改革著名文献（美国卷 第三册）[Z]. 北京：人民教育出版社，2004.

全州范围内的阅读计划，确保每个孩子在3年级时学会阅读。各个州和学区将从“阅读第一”计划中获得经费，从幼儿园到2年级实施全面的、以科学为基础的阅读计划。第二，以“儿童早期阅读行动”作为“阅读第一”计划的补充。参与“阅读第一”计划的各州将能选择接受“早期阅读第一”的经费，在现有的“学前”计划和“领先”计划中，为参加的小学提供实施以研究为基础的阅读计划。

（3）激励英语熟练程度有限的学生达到英语流利水平。

美国有三百万英语熟练程度有限的学生，他们需要在学校学会英语。因此，各州和学区都必须建立一套与之适应的政策，力争做到不让一个孩子掉队。例如，加利福尼亚州教育长官杰克·克奈尔在他的《不让一个孩子掉队法案对教师的要求》中指出，不让一个孩子掉队所必须达到的关键目标如下：

到2014年，所有学生都将在阅读和数学两科达到熟练程度。

所有的英语学习者[1]将在阅读/语言艺术和数学方面成为熟练者。

到2006年末，所有学生都将由高质量的教师来教学。

所有学生都将在安全、远离毒品的学校学习。

所有学生都将获得高中毕业文凭。

1983年《国家处在危急中：教育改革势在必行》的发表，使美国教育人士意识到教育对经济发展的重要性。2001年9·11事件的发生，使得美国国会理解了教育的重要性，他们认识到教育对国家安全有着非常重要的意义，对加强民主力量本身也具有重要作用，美国国会于2001年12月下旬以压倒性多数通过了布什总统的改进美国小学和中学教育的计划——《不让一个孩子掉队法案》。9·11事件对美国教育来说意味着什么？“它使得这些目标——提高学生成绩、培养青年人的

[1] 指英语作为第二语言学习者。

坚强品格和公民意识、改善教育研究质量还有更多……的达成变得异常紧迫”[1]。

从《国家处在危急中：教育改革势在必行》到《不让一个孩子掉队法案》，美国教育改革已经完成了从调查取证到分析报告再到目标制定的任务。把这些目标转化为具体的学科教学任务，从而提高学生的读写能力，要求从教室开始，从提高教师的素质开始，把阅读放在第一位。

四、《美国教育部 2002 ~ 2007 年战略规划》：保障教育平等，促进教育卓越

《美国教育部 2002 ~ 2007 年战略规划》明确指出，联邦政府教育部的使命是在全国范围内保障教育平等，促进教育卓越。具体提出六个方面的战略目标。

目标 1：创建业绩文化。

目标 2：提高学生的学业成绩。

目标 3：建立安全的学校，培养学生坚强的品格。

目标 4：将教育转化成有科学证据支持的领域。

目标 5：提高中学后教育和成人教育的质量，扩大入学机会。

目标 6：创建教育部的卓越管理体制。

该战略规划指出，《不让一个孩子掉队法案》及其确立的改革原则——问责、灵活性、更多的父母选择权、做有效的事，始终贯彻在整个战略规划中，并将在今后很长一段时间内成为指导工作的“北斗

[1] 吕达，周满生. 当代外国教育改革著名文献（美国卷 第三册）[Z]. 北京：人民教育出版社，2004.

星”。

这项战略规划还指出，“任何一项教育事业的最终目标都是提高学生的学业成绩，以使个人有能力为我们的民主、经济和社会作出贡献”。并且表明，教育部需要改变一种教育文化，即从对某种教学时尚的盲从和跟风的文化转变到注重成绩、专业性和结果的文化中来；要求以成绩作为对投资的回报，要求在整个教育体系中建立绩效评价体系，在教育部内部创建一种问责文化。

这个战略规划非常强调教育绩效。它用清晰的语言提出了教育部希望达到的可测量的目标和目的，并宣称“这个长期规划不是挂在墙上炫耀的战利品，而是教育部变革的一种催化剂，它为全面的变革设定了程序”。

由此可见，当今美国教育建立在强有力的政策法规基础之上，提高学生的学业成绩，关注教育的结果，则是今天美国教育改革工作的重心所在。

五、奥巴马政府的教育改革政策：重振“美国梦”，让每个孩子都成功

2008 年 11 月 4 日，奥巴马当选为美国第 56 届总统。2009 年 1 月 20 日，奥巴马宣誓就职，美国正式进入“奥巴马时代”。此时，美国金融危机严重，教育议题处于相对次要的地位，美国教育需要平衡利益集团，在政治生态中负重前行。

此时距离《不让一个孩子掉队法案》实施不到十年，该法案仍在生效中。《不让一个孩子掉队法案》是美国两党经过多年博弈，在各自妥协的基础上达成一致的共同政策，它体现了美国教育改革从注重

投入和过程向注重产出和结果的革命性转变，顺应了知识经济时代的需要。因此，在总统大选中，无论是共和党的麦凯恩，还是民主党的奥巴马，均不敢对其原则提出挑战。

然而，《不让一个孩子掉队法案》实施以来，教育问题频频出现，“美国教育失败”的观念已经深入人心。《不让一个孩子掉队法案》的核心目标是缩小不同学生群体之间学业成绩的差距，确保美国所有儿童能够享受公平、公正和高质量的教育，并达到各州所设定的学业成绩标准和学业评价要求。法案实行全国统一的“适当年度进步”计划，要求全美国初中、高中学生的阅读、数学和科学成绩必须在 2014 年前达到“熟练”程度，各州根据每个学生的实际学业水平与预期目标之间的差距来决定学校当年要取得的进步。如果连续 5 年未能达到这个目标，该学校将会被重组或由州政府托管，甚至被关闭。

毋庸置疑，严格的统一标准和进步目标对提高学生的学习成绩起着相当积极的作用。例如，“从 2000 年到 2015 年，以学生参加国家教育进步评估考试来看，4 年级数学的不及格率减少了一半，从 35% 降到 18%，这说明很多孩子的数学水平有了很大程度的提高”（《每个学生都成功法案》）。学生的学业水平有所提高，实际上是学区、学校、教师改变正常教育计划、多方应对联邦政府巨大压力的结果。例如，一些不参加州标准考试的科目，像社会学习等都被移出教学计划，许多学校延长课时或进行补习活动，甚至部分州为实现学校和学生进步的假象，不惜大幅度降低州标准来达到年度进步的目标。尽管如此，在实施《不让一个孩子掉队法案》的近十年时间内，美国很多学校没有达标。根据美国《教育周刊》报道，2008 年美国有近 3 万所学校未能达到年度评估的标准，其中有 50% 的学校无法实现“适当年度进步”目标，这其中包括那些降低了学科基准的州。到 2011 年末，一些州已经出现高达38%的学校不达标的情况，有20%的公立学校因数年未达标，正面临接受联邦政府强制改造的命运。虽然奥巴马政府也不愿承认《不让一个孩子掉队法案》的失败，但是在客观的成绩和问责机制面前，大量数据表明，昔日崇尚个人奋斗，宣扬只要通过个人努力就能实现任何愿望的“美国梦”思想受到严峻挑战，在物欲横流、拉美裔新移民大量涌入的时代，传统的“美国梦”理念被削弱，很多家庭不思进取、甘于平庸。因此，就像20世纪80年代的标准运动是为了挑战平庸一样，奥巴马酝酿的教育改革政策已经势在必行。

1.《2009年美国复兴和再投资法案》

2009年2月17日，《2009年美国复兴和再投资法案》由总统奥巴马签署并生效，这是特定时期（金融危机）的经济刺激方案，该方案通过对基础设施、教育和医保项目进行投资来重振美国经济。法案签署的当天，奥巴马表示，我们已经开展必要的工作，让“美国梦”在我们这一代延续。

2009年3月7日，联邦政府教育部制订了实施《2009年美国复兴和再投资法案》的方案，提供超过1000亿美元的经费用于振兴教育。同年3月10日，在全国拉美裔商会上，奥巴马发表了他上任以来第一次关于教育的重要专题演说，提出联邦政府将全面彻底改革美国教育，其改革政策要点包括：提高教育质量，增加教育经费，加强幼儿教育，改善教育标准，评估、调整特许学校，推行教师绩效工资，大力吸引优秀人才到中小学任教，为每一个美国人提供高质量的高等教育（包括大学教育和技能培训）等。在这次演讲中，奥巴马呼吁改革美国教育体制中的弊端，从而在2020年前使美国成为世界上高校毕业生比例最高的国家。

2.“力争上游计划”

2009年9月，奥巴马政府提出“力争上游计划”。该计划从四个方面展开：采用国际学业评价标准，招募和维持高质量的教师队伍，建立跟踪学生学业情况的数据库系统，改造表现不佳的学校。各州围绕这四个方面制订教育计划，然后向联邦政府提交申请，通过评选的方式来竞争总额为 43.5 亿美元的“力争上游基金”。

“力争上游计划”的初衷在于弥补《不让一个孩子掉队法案》的不足。如前所述，《不让一个孩子掉队法案》在缩小学生成绩差距方面所起的作用只是表面上的，实际差距仍然存在。“力争上游计划”的设计是出于竞争性的拨款程序，它运用激励而不是制裁的手段来推动各州的教育改革。

美国是联邦制国家，各州教育自治，国家要实行教育改革首先要面对一个大麻烦，即 50/14000/130000，它们代表美国 50 个州、14000 个学区和 130000 所学校，不同的州有不同的教育系统，各所学校的教育质量差距很大。尽管美国有着清晰的、指导性的国家教育目标，但是缺乏一个中央教育系统来实现这些目标。为此，联邦政府只能通过资金援助的方式间接地推动地方教育改革。

“力争上游计划”的宗旨就是鼓励和资助那些有效提高学生成绩，并立志于教育改革的州。“计划”的资助以竞争的方式展开，在第一、第二阶段，每个申请的州须根据要求填写一个满分为 500 分的评估表，一级指标有 6 个，包括州的成功因素（25%）、标准和评价（14%）、支撑教学的数据系统（9%）、优秀的教师领导（28%）、转变最差的学校（10%）、一个普通的分类（11%）。另外，优先内容的权重仅占 3%，优先的内容必须体现在所有的申请栏目中，根据申请州的情况按比例给分。

各个州，包括哥伦比亚特区都被邀请提交申请表，参加联邦教育部组织的项目竞争。大致分为三个阶段：

第一阶段，申请截止时间为2010年1月19日，2010年3月29日公布结果。共有40个州及哥伦比亚特区参与了竞争，结果仅有2个州中标，特拉华州得分最高，为454.5分，获得1亿美元的资助，生均约为500美元。

第二阶段，申请截止时间为2010年6月1日，2010年8月公布结果。有35个州和哥伦比亚特区参与竞争，佛罗里达、佐治亚、夏威夷、马里兰、马萨诸塞、纽约、北卡罗来纳、俄亥俄、罗德岛、华盛顿和哥伦比亚特区中标。

第三阶段，共有三个项目。第一，2011年《国防部和全年继续拨款法案》对“力争上游计划”提供的资助。第二，2011年5月25日教育部宣布，约2亿美元用于2010年部分或全部参加过申请第二轮竞争但未获得资助的9个州。挑选之后，亚利桑那、加利福尼亚、科罗拉多、伊利诺伊、肯塔基、路易斯安那、新泽西、宾夕法尼亚、南卡罗来纳9个州得到了资助。第三，2011年7月，教育部公布了约5亿美元用于“力争上游计划”的早期教育改革项目的名单，有35个州和哥伦比亚特区递交了申请，仅有9个州通过并获得了资助。

“力争上游计划”中还有一个学区项目，奥巴马希望通过资助那些有改变学习环境的创新举措、清晰的改革远景和成功记录的学区，使他们在全国范围内起带头作用。

“力争上游计划”资助那些有出色的改革记录和改革计划，且主要利益相关者支持改革的州，它把联邦政府关注的焦点从落后者，转向引领州的教育改革、教育成效的领导者。

“力争上游计划”对促进各州教育发展有着积极的影响。很多州投入大量精力来修改自己的教育政策，以期在竞争中获胜。奥巴马政府调查显示，有34个州修改了有关法律和政策。不过，“力争上游计划”实施过程中也暴露出地方政府在教育改革方面的一些问题，尤其表现在州际能力的差距方面。质量战略中心的数据显示，各州的数据系统极其缺乏，仅有 11 个州（调查对象中有 4 个州是“力争上游计划”申请的获胜者）具备执行“力争上游计划”的所有基本要素。很多州和学区在他们提交的申请中显示其执行“力争上游计划”的经验非常少。2010 年的一项报告显示，只有 12% 的学区执行了“力争上游计划”推出的 4 项学校改革模式的部分内容。

“力争上游计划”政策的核心是竞争，优胜者获胜，得到资金援助；不足者失败，丧失发展机会。这样会加大州与州、学区与学区之间的差距。例如，纽约州和佛罗里达州各获得 7 亿美元，田纳西州获得 5 亿美元，佐治亚、北卡罗来纳、俄亥俄州获得 4 亿美元。获得巨额经费的州又可用这些经费来改善教学环境和条件，提高师资水平，加大改革力度，从而拉大与那些在竞争中失败的州的差距。为此，“力争上游计划”在实施过程中也遭到很多人的批评。

3.《改革蓝图——对〈初等与中等教育法〉的重新授权》

在布什政府的《不让一个孩子掉队法案》执行过程中，美国教育暴露出很多问题，因此迫切需要对法案进行修订。2010 年 3 月，美国教育部发布了《改革蓝图——对〈初等与中等教育法〉的重新授权》（以下简称“改革蓝图”）。改革蓝图把促进基础教育的公平作为自己的使命，在提高学术标准、推行新的责任制、公平分配教育资源，以及补偿弱势群体教育等方面制定了相应的政策，并努力实施。改革蓝图是建立在《2009 年美国复兴与再投资法案》的基础上，对《不让一个孩子掉队法案》的继承及对存在问题的修正。针对各州课程标准水平不一致的情况，奥巴马政府倡导改州教育标准为“世界级标准”，呼吁制定更高的学术标准和更适当的评价标准，要求教育为所有学生的升学和就业做准备，提高教育质量和所有学生的成绩。这在很大程度上为《共同核心州立标准》的制定与颁布提供了舆论与政策准备。《共同核心州立标准》于2010年6月颁布之后，又有“力争上游计划”的43.5亿美元的资金援助，使得采用该标准并接受新的智慧评估联盟评价体系的学区、学校将会得到相应的资助。改革蓝图指出，“所有的学生都将包括在建立‘为大学和就业而准备’这一标准之上的问责体系之中，奖励进步的成功的学校，对表现不佳的学校予以强烈干预；同时奖励提高学生成绩、缩小成绩差距的州、地区和学校，以及为实现到2020年毕业生达到‘为大学和就业而准备’这一标准而努力的州、地区和学校”。改革蓝图的颁布与实施为奥巴马政府《每个学生都成功法案》的出台铺平了道路，做好了充分的准备。

4.《每个学生都成功法案》

2015年12月2日，美国众议院以359票赞成、64票反对的投票结果通过了《每个学生都成功法案》。某种意义上说，这种压倒性优势的投票结果表明，美国教育迫切需要一部新的法案来代替并不成功的《不让一个孩子掉队法案》。同月10日，奥巴马签署《每个学生都成功法案》，宣布了《不让一个孩子掉队法案》这部艰难实施了13年的法案终于退出历史舞台。

《不让一个孩子掉队法案》和《每个学生都成功法案》都是1965年约翰逊总统签署的《初等和中等教育法案》精神的延续。2002年，布什政府通过了修订后的《初等和中等教育法案》，并把它命名为《不让一个孩子掉队法案》。之后，美国教育展开了一场波及全国的教育改革运动，各州相继制定并采用州课程标准，实施标准化考试评价，力争使所有学生达到标准要求的“熟练”程度。“不让一个孩子掉队”的口号几乎传遍全球，该法案在此后的13年里成为指导美国教育发展的行动纲领。奥巴马总统并不愿承认《不让一个孩子掉队法案》的失败，他在签署《每个学生都成功法案》时说道："《不让一个孩子掉队法案》所确定的是正确的目标，即承诺每一个孩子都能拥有一位优秀的教师，这是正确的事情，这是正确的目标。国家设立更高的标准是正确的，问责制也是正确的……但是我们的错误在于没有向教师、学校和各州提供实现上述目标的必要支持，因此，这些目标是无法实现的，这就是我们颁布《每个学生都成功法案》的原因。"然而，如前所述，严苛的标准和问责制，使得《不让一个孩子掉队法案》没有达到预期目标，造成学校教育一定程度的失败已是不争的事实，这便使得人们对《每个学生都成功法案》更加期待。

作为对《不让一个孩子掉队法案》的失败进行调整与变革的新法案，《每个学生都成功法案》改革的内容，主要表现在以下七个方面：

（1）实行新的问责制，赋予州和地方教育部门发展自身教育的权力，把权力从联邦政府下放到各州地方政府。

（2）由联邦政府设立高标准，要求高中毕业生具备一定的学业水平，为升入大学和就业做准备。

（3）减轻教师和学生的沉重负担，减少不必要和无效的考试，确保有关学生教育的关键信息传达给教育者、家长、学生和社区。

（4）促进教育公平，为有色人种等弱势群体和处于较低学业水平的学生提供急需的援助。

（5）要求各州改善本州 5% 最困难的学校，以及毕业率达不到 66% 的高中学校和那些一直表现不佳的学校的学生学习情况，继续实行一定范围的问责制，并加大财政拨款力度，确保所有学生达到目标。

（6）各州和学区提供资源和活动，为教师、校长和其他教育工作者提供高质量的培训服务。

（7）设置专项资金支持优先重要事项，包括创新、教师质量、课外项目、学前发展资助计划、STEM 教育、艺术教育、创新投入和邻居承诺及其他优先事项。

美国教育最终能否做到真正意义上的“每个学生都成功”？让我们拭目以待。

第二节 美国学校教育目标

美国学校教育目标大致包括三个方面的内容：

（1）满足学习者个人需要；

（2）注重学科教学内容；

（3）培养有生产力的社会成员。

学科内容在“标准运动”时期日渐占据主要地位。尽管在某些学科领域，在某些地方，由教师来决定教什么还只是一种可能，但是与国家、州和地方标准相一致的一系列考试项目，已经使得教学生学会考试变得更为迫切。

在美国，这三项目标在不同历史时期受到重视的程度各不相同。这种重视程度的差异正反映了美国教育目标的变化，具体情况如下面的表格所示。

美国教育目标变化情况表

内容 \ 时间	1957～1967	1968～1982	1983～1989	1990～1996	1997～2007
满足学习者个人需要	3	1	2	3	2
培养有生产力的社会成员	1	2	3	1	3
注重学科教学内容	2	3	1	2	1

（注：表中数字1、2、3分别表示该项目标受重视程度从高到低的序数。资料来源：Doyle博士的美国教育史课程）

1957年以前，美国学生上学后每天都会站在课桌前唱国歌，宣誓，他们觉得做一个美国人很自豪。但是，由于苏联发展很快，1957年人造卫星上天更是给美国人造成很大的压力。他们开始忧虑并思考教育问题。这段时期特别强调教育目标是为了培养有生产力的社会成员，其次重视学科教学内容，相比之下，满足学习者个人需要就退而居其次了。

1968～1982年，满足学生个人需要是教育的第一位，其次才是培养有生产力的社会成员和注重学科教学内容。

为什么会发生这样的变化？当时，越南战争的失败，一下子使美国国民没有了统一意志，他们害怕革命，开始不关心战争，大家都去做自己想做的事情，所以，从教育目标上来说，关注个人发展就更多地体现出来。那时，学校给学生的评价不是用分数，而是用语句作定性评价，学生甚至不上课也没有关系。教师教书是一件十分有趣的事情，想学的学生，教师就鼓励他好好学习；不想学习的学生，教师也会对他们说不学习没有关系。此时，国家重视团队精神，不重视学习内容，“平庸潮流”席卷了美国的校园。这种情况持续一段时间之后，便又发生了新的变化。

1983～1989年，学校开始重视学科教学，学科内容教学排在了教育的第一位。按照以前的教育目标，学校培养的学生几乎什么知识也学不到，学校因此得不到社会的信任。1983年的《国家在危急中：教育改革势在必行》《中学：关于美国中等教育的报告》《为21世纪而教育美国人》，1984年的《赫拉斯折中方案：美国中学的困境》，这一系列教育研究报告警示美国人：孩子们虽然快乐地活着，可是他们什么也不知道，美国的教育已经跟不上时代发展的需要了。于是，美国教育再次走进改革的时代。

例如，加利福尼亚州从此开始要求教师应该教什么、学生应该学什么。这个时期要求更多更好地教给学生学科知识，同时重视学生个性的发展，团队合作精神显得就不那么重要了。

教育改革反映了社会对教育的需求。在美国，教育目标每隔10 ~ 15年就会进行调整。1997年以来，美国教育把重视学科教学放在首要位置，努力提高学生的学业成绩，特别是21世纪以来，他们走着一条关注结果的教育改革之路。

教育目标的变化到底遵循着怎样的规律？美国教育人士努力在个人、社会和学科三者之间寻找契合点，试图做个折中。

美国人眼里的“优秀学生”不仅仅学业成绩很棒，而且具有良好的沟通能力、交际能力、健康的体魄和坚强的品格。

今天的美国教育目标，既关注结果，重视学科教学，又兼顾学生的个性发展，强调个人的兴趣爱好。教育的最终目标是为社会培养有生产能力的、有教养的公民。例如加利福尼亚州教育长官宣言：

我们的理想，是创建一种动态的、世界一流的教育体系，使所有学生都具备出色地完成大学学习及职业生涯的知识和技能，具备成为优秀的父母和公民的素质。[1]

今日美国中小学校的教育目标已经细化为一个个具体的、可操作与可实施的教学要点；同时，学校教育的培养目标则是关注人的发展。人的发展成为教育的核心所在。比如加利福尼亚州尔湾学区 Trabuco Hills 高级中学的教育目标就是培养学生成为五种人：

（1）有效交际者。

（2）难题解决者。

[1] 宣言的原文是：Our Vision: To create a dynamic, world-class education system that equips all students with the knowledge and skills to excel in college and careers, and excel as parents and citizens. 资料来源：http://www.cde.ca.gov

（3）独立学习者。

（4）技术使用者。

（5）社区参加者。

该校的办学理念明确表示，通过创设一种有生气的、多样化的教育环境，让学生在日新月异的变化着的世界中成为终身学习者，成为有生产力的公民。

第二章

美国的语文课程标准

我们社会教育的基础目前正被一股日益增长的“平庸潮流”所侵蚀，这股“平庸潮流”正在威胁着我们的国家和民族的未来。……事实上，我们已经陷入一种不加思考的、单方面从教育上解除武装的行动。

第一节　标准运动的兴起与发展

1983年美国优异委员会发表的报告《国家处在危急中：教育改革势在必行》在美国教育史上具有划时代的意义。此后，美国政府开始出台一系列教育政策，进行教育改革，把重点放在地方规划上，以提高教学效率和效果。这场改革运动的确刺激了一系列重要的基础设施的改进，比如教学时间增加了，开始发放毕业证书，中学毕业证书标志着一个人完成了必须完成的基本课程的学习任务。例如，南卡罗纳州在1986年开始组织高中毕业考试，1990年第一次给考试通过的学生发放毕业证书。可是，改革的结果却并不令人满意，原因在于缺乏严格的学术标准。教育改革旨在提高学生的学业成绩，但对学生实际上“需要知道什么”和“能够知道什么”缺乏全面、明确的了解。因此，一场“标准运动”便应运而生。

美国学校的这场“标准运动”正是伴随着《国家处在危急中：教育改革势在必行》的发表而兴起的。此后，从美国教育文献准则中就可以读到下面的言论：

我们社会教育的基础目前正被一股日益增长的“平庸潮流”所蚕食，这股“平庸潮流”正在威胁着我们的国家和民族的未来。……事实上，我们已经陷入一种不加思考的、单方面从教育上解除武装的行动。

以“标准运动”为标志，美国教育开始追求“卓越”，对“平庸”发动攻势。各州和职业教育组织立即开始发展新的内容标准和课程框架。在1989年、1996年和1999年，各州政府官员、教育工作者和商业领导聚集在一起举行一系列的教育峰会。每一次会议的主要任务都涉及确定学术标准，同教育难题作斗争，包括学生的低学业成绩、教师资源短缺，以及教育体制中的责任等。这种对标准的持续关注已经产生了良好的效果。例如：

除了艾奥瓦州之外，每个州的学校都采纳了课程标准。

美国的大多数学校都已经确立了清晰的确定的教学任务。

那些需要特别关照以帮助他们达到特殊目标的孩子更容易得到学校的关注。

许多学校已经因为提高了他们对成功的期望值而大大地获得了成功，并且认识到，失败的期望值只能培养失败感。

对学生纵向数据的收集，长期的重复评价的使用，有助于各州和地方学校提高他们的工作效能和有效性。

一套普通的标准能够让每个人都知道学校将会教什么，哪一类的学习绩效最受期待。

各州课程标准纷纷出台，并相互借鉴与促进。不仅各州教育局制定了适合本州学校教育的课程标准，而且一系列的国家课程标准也相继问世，比如《数学课程标准》《给全体美国人的科学》《国家科学教育标准》《社会研究课程标准》，由国际阅读协会和英语教师全国委员会共同制定的国家《英语语言艺术标准》[1]也于1996年出版。

当然，课程标准运动的发展比教育改革的步伐要缓慢得多。他们认为，“好的主意和强烈的公众支持不能够保证教育运动的成功和推广。在实施过程中，关键是如何把我们认可的政策和实践的目标恰如其分地运用于课堂教学中”[2]。在多元文化的美国，迅速进行教育体制改革也会遇到许多障碍。总的说来，虽然国家公民都希望学校坚持课程

[1] 英语名为 *Standards for English Language Arts*，直译为《英语语言艺术标准》，为了与我们母语课程的名称保持一致，本书非直接引用该名称的地方称之为“语文课程标准”。

[2] Mary Alice Gunter,Thomas H. Estes, Jan Schwab. Instruction: A Models Approach [M]. Pearson Education Inc,1999.

标准，但是在设置课程标准的努力中，总有一些令人烦恼的问题伴随其间，例如：

谁来设置标准？

标准好像是为所有的学生，但可以因此而不顾及学生文化和语言背景的差异吗？

为这些标准承担的责任被坚定地实行了吗？

学校应该为那些不同生活目标和学术天赋的学生提供可供选择的教育吗？

要准确地回答这些问题，其实并不容易。但是，通过质询，教育家们至少必须能够勇敢地面对新的难题和职业的挑战。

课程标准的产生为美国课程改革揭开了新的篇章。课程标准是他们“对优秀的承诺，采用这些新标准是学校开始‘优秀潮流’的显著标志”[1]。

总之，这场挑战“平庸潮流”的标准运动，为美国教育，同时也为美国语文教育开辟了一块新的领域，广大语文教师因为有了课程标准，教学有了明确的目标，知道课堂上应该教什么，学生应该做什么。这场运动给语文课堂教学带来了一场新的改革。

[1] 《加利福尼亚公立学校英语语言艺术内容标准·前言》，加利福尼亚州教育局1998年版。

第二节　美国语文课程标准概况

20 世纪 90 年代末，美国各州基本上都已制定了适合本州教育实际情况的课程标准或课程框架，这些标准或框架成为衡量学校教育质量、提高学生学业成绩的准绳。

在美国，50 个州就有 50 套课程标准。如此众多的标准或框架，形成美国课程标准的洋洋大观。各州或地方标准的合理框架、理论水平及文字质量却并不在同一个水平层次上，相互之间存在差异。美国太平洋研究所的研究认为，《加利福尼亚州公立学校英语语言艺术内容标准》是制定得最好的标准之一，是“细致、具体、全面的典范”。

由国际阅读协会和英语教师全国委员会共同制定的国家《英语语言艺术标准》，就英语语言艺术教育的中心目标召集全国范围内上千名的教育工作者、研究者、父母、政策制定者，以及其他人员进行广泛讨论，最后由英语教师全国委员会于 1996 年出版。国家课程标准对各州和地方教育机构或教育实体没有法律约束力，也不强制遵守执行，实行自愿采用的原则。国家课程标准在一定程度上影响着地方课程标准，并且成为州和地方制定与修订课程标准的主要参照对象。课程标准实施初期，美国教材编写并不依照国家课程标准，而是根据最新教育研究成果和教育思潮，目前有些版本的教材已经把课程标准写进了教科书，让教师和学生明确知道该项学习内容符合哪条标准。

一、美国中小学语文教育目标及基本理念

1. 语文教育目标

在美国，语文作为五大核心课程之一，具有明确而切合实际的培

养目标。

美国国家《英语语言艺术标准》规定，该标准主要解决“学生应该知道关于语言的知识，以及他们能够用语言做什么”的问题。这套标准要实现的最终目标是：“确保所有的学生都能获得语言学习的机会，并得到鼓励，使他们形成为追求个人生活目标，包括丰富个人生活而发展语言技巧的观念，作为有教养的、有生产力的成员充分参与社会生活。”一句话，满足学生今天和明天的读写需求。

加利福尼亚州《K ~ 8 年级英语语言艺术示范课程指导》中指出，语文教育的目标是让所有的学生——

（1）在我们的民主社会里，行使他们作为一名有教养的、胜任工作的公民的职责；

（2）在工作岗位上有效地发挥作用；

（3）实现个人的成功价值。

《加利福尼亚公立学校英语语言艺术内容标准》也提出，语文教育的目标是培养“流利的阅读者和熟练的写作者”“自信的演讲者和积极思考的听众”。

这里的“流利”“熟练”“自信”和“积极思考”都有明确的概念内涵。例如，“流利”指的是能够准确、快速地阅读文本的能力。作为一个流利的读者，在默读文本的时候，要能够自动识别词语，并且快速组织语言，从阅读的文字中获得意义；在大声朗读文本的时候，能够轻松自如地表达，正如说话一样。一个流利的读者，能够集中注意力，在文本的各种意义之间建立联系而不是只看见单个的词语，同时，能够把文本的意义与自己的知识联系起来，因此，他们能够充分地理解所读的文本。

《纽约州英语语言艺术标准》的“前言”部分规定，语文教育目标包括以下四个方面。

（1）为获得信息和理解能力而学习语言。

作为听众、读者，学生将会搜集数据、资料，发现关系、概念，以及概括和使用那些来自于口头、书面和电子文本的知识。作为说话者和写作者，他们将使用约定俗成的英语口头和书面语言表达习惯，去获得、阐述、应用和转达信息。

（2）为进行文学反应和表达而学习语言。

作为读者和听话人，学生将倾听和阅读口头的、书面的和电子的文本，以及来自美国和世界的文学作品，把文本和作品与他们自己的现实生活联系起来，提升对包含多元化的社会、历史和文化维度的文本与有效表达的理解。作为说话者和作者，学生将会使用英语语言系统中已被广泛接受的语言习惯进行自我表达和文学创作。

（3）为进行批判性分析和评价而学习语言。

学生将会为了批判性地分析和评价进行听、说、读、写。作为听众和读者，学生将分析由他人所使用的符合一系列约定俗成的标准来表达的经验、思想、信息和事件。作为说话者和作者，他们将使用那些符合英语语言表达习惯的口头和书面语言，从各个不同的视角提出观点，以及表达他们以经验、思想、信息和事件为基础的判断。

（4）为进行社会交流而学习语言。

学生听、说、读、写，将是为了与其他社会成员交流与互动。学生将使用约定俗成的英语口头和书面语言表达习惯，与广泛领域里的社会人群进行有效的社会交流。作为读者和听众，他们将通过与他人进行社会交流的方式来丰富自己对他人及其观点的理解。

尽管国家和各州的课程标准对语文教育目标的表述不完全相同，但总体方向一致，都服从于一个基本的核心理念——为生存需要而学习语言。1995年，作为卡内基教学促进基金会主席的欧内斯特·波伊尔，在广泛调查研究的基础上写成《基础学校：一个学习化的社区》一书，明确提出把语言学习作为基础学校的核心任务。波伊尔认为，“作为一个学习的社区，基础学校把重点放在语言学习上。……如果没有足够的书面和口头表达能力，任何一个学生都不可能在学业上和社会上取得成功”。他还认为，“在基础学校，文字能力的意思是指掌握标准的美国英语。毕竟，英语是美国文化中最基本的语言。没有掌握这种语言能力，一个学生在社会上和经济上取得成功的前景就会大打折扣”。可见，美国语文教育重视语言学习，把培养语言能力作为语文教育的核心任务。

语言能力，包括读写听说能力（流利地读、清楚地写、有效地听和说），具体地说，它包括识词能力、读写能力、文学反应与批评能力等，这些能力共同构建语言能力的框架。美国语文课程全称表述为《英语语言艺术标准》[1]，可见其对语言学习的重视。

从培养“负责的公民”到成为“有教养的公民”，清楚地展现了美国语文教育的价值追求，即提高学生的语言能力，促进其文明素质和交际能力的提升，满足学生今天和明天的文化生活需求。

2. 语文课程理念

在美国，语文同样是一门基础学科。他们认为，“良好的交际能力——读、写、听、说——是人类经验的核心。语言技能是基础工具，不仅因为它们是进一步学习和事业发展所必要的基础，而且因为它们能够丰富人的心灵”[2]。从课程标准规定的内容，以及课堂教学实践

[1] 本书介绍的美国英语教学，主要是指英语作为第一语言的母语教学，书中除了引用原文表述时运用全称外，其余地方称为“语文”，以便与我国母语课程“语文”的称谓保持一致。

[2] Standards for English Language Arts, International Reading Association and National Council of Teachers of English, 1996.

来看，美国语文教育是一门以语言训练为主，并重视学生性格与情感发展、重视文学教育的基础课程。语言训练的过程，不仅是学生语言能力发展提升的过程，而且是其心理、情感和价值观念形成发展，以及对世界和自我认识不断完善提高的过程。

语文教学的内容及其使用的手段，随着时代的发展而不断更新变化。为此，课程标准小组在制定国家语文课程标准的同时，已经考虑到三个方面的核心理念：

（1）课程标准满足学生现在及未来生活的读写需求。他们认为，《英语语言艺术标准》反映了一种新的，比传统定义更广泛、更有内涵的读写观，既包括完成更大范围内的阅读和写作任务应具备的能力，也包括与每日生活相联系的其他语言学习任务。信息技术和社会变化将继续改变人们使用语言进行交流和思维的方式，语文课程标准必须满足学生的这些需求。

（2）课程标准能够把全国的教师、文字工作者、教育工作者、父母，以及其他成员联合起来，使他们对学生在语文学习中应该达到的目标形成共识。大家要做的就是确保这些想法的实现。

（3）课程标准很有必要促进并实现高等教育对所有学生的期待，以及在不平等的教育机会之间建立一座桥梁。课程标准有助于确保所有的学生都成为有教养的公民，使之充分参与社会生活。

课程标准旨在为学生今天和明天的读写需要做准备。

在美国，课程标准也称为“内容标准”或“学术标准”。《英语语言艺术标准》对“内容标准”这个术语作了这样的界定：“在英语语言艺术课程中，学生应该知道什么和能够做什么的问题”，它主要描述的是“教什么而不是怎样教”。尽管标准主要集中在课程内容方面，但也强调语言学习中其他方面的重要性，尤其是作为一个语言学习者，学生为什么、怎么样、什么时候成长和发展的问题也相当重要，而且必须通过那些把课程标准转化为教学实践的人来实现。这套标准抓住了相互作用的四个方面：内容、目的、发展和情境，强调学习者的核心作用，认为正是他们的学习目的和兴趣驱动着语言学习过程的发展。美国国家语文课程标准有两个突出的地方：一是把学习者放在教育的中心位置，强调以人为本，关注人的发展；二是把语言学习作为语文教育的中心任务，强调语言能力培养与发展的重要性。

在确定标准的时候，他们对一些具有多层含义的术语，依据最新的科技发展成果作出新的解释。通常使用的“文本”一词，在这里被赋予广泛的意义，它不仅指纸质的印刷品，而且指口头语言、书面作品，以及信息技术的交流媒介；“语言”在这里除了指口头与书面形式的表达之外，还包括视觉交流形式；“阅读”除了对印刷品的阅读之外，还涉及听和观察。

美国语文课程强调，从打算做什么开始，到被看成是对教与学过程最本质的改革和创造，课程标准提供了充分的指导空间。当然，他们还认为，这并不意味着课程标准将被看成是“为特别的课程或者教育方式开设的处方”。尽管课程标准这个目录式的范本必然包含着明显的个人参与痕迹，彼此之间明显相分离，但是语言学习的真实情况是更为复杂的，像网络一样错综复杂。

综观美国国家和各州的语文课程标准，几乎都没有涉及课程性质是工具性还是人文性的讨论，他们有的只是对课程的“哲学”和“理念”的阐述，对课程标准所应涵盖的内容，以及标准中有关概念的内涵与外延的界定。

比如，《纽约英语语言艺术标准》在“导言”部分对课程理念作了如下说明：

那些来自本州各地的教育部门工作人员和教育工作者，共同分享着彼此的共识，这些共识包括英语语言艺术核心课程：

整合其他州教育部门的课程材料，比如早期教育框架、学习标准、语文指导资源、小学读写文件夹，以及新的4、8、11年级的评价。

认识到语文学习者必须利用有规律的多样化的机会读（每年读25本书或者相应的读物），写（每个月不少于1000词），听（每天），说（每天）。

认识到所有内容领域的教师共同承担培养学生读、写、听、说能力的责任。

提出语言艺术水平螺旋式上升的本质特征，K ~ 12年级的各个阶段是有序相联的，各年级之间具有连续性，但首尾差异很大。

断定所有的学生，如果他们都接受传授技巧的教学，用足够的时间去学，并且有多样化的和专门的资料以及额外的教学支持的话，他们都能够胜任语文学习。

认识到必须保证在州、学区和地方范围内，公平合理地使用信息技术和其他资源的机会。

充分考虑到当学生在语言艺术方面努力提高能力的时候的需要。

关注学生作为一个主动学习者，应该为自己的学习负责任，成为见多识广的人。

《马萨诸塞英语语言艺术课程框架》也提出了语文课程有效教学的十项原则：

通过互动学习，使语言与思维同步发展。

通过适当的挑战性学习，发展学生的口头语言和读写能力。

阅读不同种类不同时期反映我们共同的文化遗产的代表性作品。

强调写作是发展、阐述和交流思想的重要方式。

提供所有媒体形式的读写能力训练。

在读写方面提供直接的技巧教学。

教给学生基础文化课学习的必要的学习策略，最终达到独立学习的目的。

语文学习建立在学生已有的语言、经验和兴趣基础之上。

发展每个学生通过写作和说话表达自己不同思想和观点的能力。

鼓励尊重不同的家庭背景，鼓励丰富和发展学生成为具有共同意识的现代和未来的美国公民，以便使他们负责地参与到我们的学校和公民生活。

通过对加利福尼亚、纽约、南卡罗纳及马萨诸塞等十多个州课程标准英文原著的研读，笔者发现，美国语文课程标准在兼顾语文学习的普遍性的同时，重视学习的特殊性，关注到语言学习与其他内容领域学习之间相互促进的关系。虽然美国语文教学更多地关注语言的学习和运用这一“工具”性质，但是却没有关于课程性质的论争，他们借助课程标准要解决的只是学生学什么、做什么等实质性问题。课程标准的研制建立在科学研究的基础之上，建立在对教与学实践的总结分析与概括的基础之上。一句话，课程标准解决了语文教育“教什么”“学什么”两个最基本也最本质的问题。

二、美国语文课程标准的价值体现

1. 吸收最新科研成果，有效指导课堂教学

课程标准的意义在于，它除了规定教学的基本内容之外，还使得课堂教学建立在科学研究基础之上。

美国语文教育把语言学习放在核心位置，语言能力的培养在语文

学习中占有相当重要的地位。例如，《美国密苏里州堪萨斯城语言教育课程草案》（1996 年 12 月）在指导原则里强调语言教育的过程应该是个人化的、愉快的、具有挑战性的：

（1）语言学习是个人化的。

（2）语言学习是一个主动的过程。

（3）语言的积累是发展的。

（4）语言有不同背景之分。

（5）语言提供了可以表达世界的符号。

（6）语言学习必须与不同领域的内容结合起来。

（7）语言、教育应该是一个互相依存的整体。

（8）语言学习可以通过引进先进的技术而得到加强。

（9）语言教学的评估应该提供相应的反馈。

在他们看来，语言是沟通各门学科的桥梁，语言能力是形成语文能力的核心，学生必须学会在不同领域内进行有效地听、说、读、写，所有的教师都必须适时地传授和加强学生语言交流的技巧。这种以语言能力为核心的语文能力，不仅要求学生通过语文学习掌握它，而且美国中小学教师要想取得教师资格证书，也必须通过语文科目的考试。

对学生语文能力的评价，促进科学研究的发展，更好地指导教师的教与学生的学，这是语文课程标准应该完成的任务。

例如，美国宾夕法尼亚州《阅读评价手册》（宾夕法尼亚州教育厅评估报告处，1997）中对阅读的意义、目的和阅读的立场等概念都作出了具体的界定。

阅读定义

在进行阅读能力测试评估过程中，阅读能力评估咨询委员会参考了 15 年前的阅读研究成果，调查了其他几个州和国家教育发展评估部门使用的经过修正的阅读能力评估手段，研究了《宾夕法尼亚州阅读、写作和交流课程框架》的执行情况。以这些调查为基础，他们提出了本州的“阅读”定义：

阅读是一个读者与文本相互作用，构建意义的动态过程。构建意义的实质是读者激活原有的知识，运用阅读策略适应阅读条件的能力。

阅读目的

阅读文本的种类不同，阅读的目的也会有很大差异。因此，读者对文本的认识和运用也不尽相同。一般说来，读者阅读文本主要有三种目的。

（1）文学欣赏型的阅读

阅读对象包括小说、短故事、诗歌、戏剧以及散文。

此类阅读要求读者深入了解人物环境、事件、情感以及情节发展的种种可能性。

要求读者了解不同题材风格的作品的特色，并对文本的结构有一定的预见性。

要求读者探究作者是如何一步步展开叙述的。

要求读者深入文本之中，仿佛亲历其事，身临其境。

（2）了解信息型的阅读

包括阅读报刊文章、教科书、百科全书条目和专著等。

要求了解文本格式的特征（如注脚、曲线图、副标题、表格）。

要求有把握主要信息的能力（如浏览一本杂志或者从一份调研计划里快速获取所需信息）。

（3）实用操作型的阅读

包括阅读各类文件规章，如汽车或火车时刻表、游戏规则、教室或实验室使用条例、联单、保险单、菜单等。

需要具备理解这类文件规章的结构及其目的的能力，以便在阅读时寻找所需信息，理解其意并进行正确的操作。

需要读者不仅能读懂文章，理解信息，还要具有根据所获得的信息进行相应操作的能力。

阅读立场

阅读立场指读者对阅读材料的不同反应。这些立场不是进行阅读的技巧，也并非彼此独立。它们之间的区别在于读者反应的综合性、彻底性以及阅读材料的难度。任何年龄水平的读者都会用到它们。一般情况下有四种阅读的态度：

初步理解：对阅读材料大致的初步理解，包括对文章标题、主题或中心思想的全面理解。

进一步解释：对文中观点的扩展，将文中各部分信息联系起来，同时聚焦于某些特定信息。其中包含一系列的推理反应，如慎重下结论、解释人物行为、找出原因和影响。

个人反应：将文中信息与个人背景知识和经验相联系。例如，读者通过文章描写的事件或作者的观点，从个人的角度来理解或解释文章为什么吸引人或为什么不吸引人。

评价性阅读：对文本的批判性评价。读者跳出文本来对其进行考虑和评价。这就需要读者考虑文中的文学成分，例如意象、语气、象征，甚至对作者的叙述或视角提出质疑。

研究表明，阅读能力强的读者在阅读前、阅读中和阅读后会采用各种技巧，有时还会调整阅读策略，以达到理解文本的目的。

阅读前：学生考察材料以确定文本的类型、组织结构，推测文本内容。这些知识让他们联系起以往的相关知识从而确定适当的阅读目的，猜测文本内容。

阅读中：学生通读一篇文章，通过一些阅读技巧对理解进行监控、修正推测、自我怀疑，形成心理意象，改述原文，澄清误解。好的读者还会采取一些补救或调节措施，如继续读下去（试图从下文中寻求理解）、退回重读、调节阅读速度、寻求外界帮助。

阅读后：学生总结文本的主要思想或事件，从质量、准确性和文学价值方面批判性地评价材料。

这些阅读研究成果，不仅应用于宾夕法尼亚州，在其他州，例如加利福尼亚州的语文课堂上，笔者同样看到教师在运用这些策略和技巧指导学生进行阅读。可见，对阅读研究成果的应用与推广，不仅仅局限于某一个州，而是全国性的。

已知信息在阅读理解的过程中起着非常重要的作用。当人们接触新的信息时，会试图把新信息与他们已经知道的信息结合起来理解。研究显示，读者带入阅读过程中的知识和经验，是影响理解的一个重要因素。有效率的读者会运用他们的已知信息去接近文章，预测文章的中心主题、主要概念和某些细节；然后把这个信息与文章的新信息结合起来，去构造并理解其含义。而那些对文章的话题知之不多或毫无所知的读者，在理解文章时，比那些熟悉该话题的读者要困难得多。

课程标准或框架中对诸如阅读和写作教学的理论研究与成果阐述，已经为课堂教学提供了有效指导，使课堂教学建立在科学研究的基础之上。

2. 作为教育评价的尺度

教育评价是衡量与控制教育质量、促进学校教育发展的重要杠杆。要实施公平有效的考试，必须有一套在各州内部共同遵守的纲领性文件，由它来规定和统一教学内容，确定教学目标。课程标准正是这样的纲领性文件，州内各区及学校依据语文课程标准实施课堂教学。

《加利福尼亚公立学校英语语言艺术内容标准》中写道："制定标准是一次大胆的创新"，"采用这些课程标准，已经不仅仅是停留在改革上了。我们是在重新定义公立教育"，"如果学生掌握了这些内容，加州的学校就能达到其他州和国家教育系统的最好水平"。

在指导课堂教学、规定教学内容、衡量教育质量等方面，各州课程标准基本上达成了共识，即规定教育工作者做什么，学生需要学习什么，通过州标准考试检验学生是否达到标准的要求，并且借助标准考试了解学生是否在进步。

三、课程标准规定的教学内容

《英语语言艺术标准》第一章提到，标准主要解决"学生应该知道的语言知识，以及他们能够用语言做什么"的问题。该课程标准规定了语文教育 12 个方面的内容，具体如下：

（1）学生广泛阅读印刷或非印刷的文本，建立对文本意义的理解，以及对美国乃至世界文化的理解，认识自我。通过阅读，获得新的信息，满足社会和工作的需求，同时更好地完善自我。这些文本包括虚构和非虚构类的、古典的和当代的作品。

（2）学生广泛阅读各个时期不同类型的文学作品，从不同的角度（比如哲学的、伦理的、审美的）理解人类经验。

（3）学生运用各种策略方法去理解、阐释、评价和欣赏文本。他们综合先前的经验，利用与其他读者和作者互动的机会，借助词汇知识和其他文本知识、词汇辨认策略，以及对文本特征的理解（比如声音—字母一致、句子结构、语境、图画等），形成正确的认识。

（4）学生依据不同的听众和目的，调整他们书面的、口头的和视觉的语言（如表达习惯、风格和词汇等），以达到有效交流的目的。

（5）写作过程中，学生要调动多种写作技巧和策略，恰当使用多种写作要素，为了多种目的，与不同的读者进行交流。

（6）学生运用语言结构知识、语言惯例、媒体技巧、比喻语言及其类型，去创造、批评和讨论印刷与非印刷的文本。

（7）通过激发思想和生成问题，学生提出疑难问题，增强对事物的研究，培养研究的兴趣。他们搜集、评价和整合来自各种不同渠道的数据资料，以适合其目的和听众的方式交流发现。

（8）学生利用技术和信息资源（比如图书馆、数据库、计算机网络、电视）搜集资料，综合各种信息，创造新知识，并且与他人进行交流。

（9）学生发展一种认识，尊重语言运用和模式的多样性，以及跨越文化、民俗群体、地理区域和社会作用的方言。

（10）对于第一语言非英语的学生，利用他们的第一语言发展英语学习能力，促进他们对跨学科内容的理解。

（11）学生作为有见识的、会反思的、有创造性的、有批判意识的成员参与社区文化活动。

（12）学生利用口头的、书面的和视觉的语言实现自己的目的（如学习、娱乐、劝说及信息交流）。

这12项内容从宏观上解决了语文教育的一些概念和理论框架问题。相比之下，《加利福尼亚公立学校英语语言艺术内容标准》的内容则更细致，更具体，更具操作性，其主体部分规定了语文教育四个方面的内容：“阅读”“写作”“口头与书面语言表达习惯”“听和说”。这四个方面包括很多具体的项目和要求，列表如下：

- 阅读
  - 词汇分析、流利以及系统的词汇发展
  - 信息材料的阅读理解
  - 文学反应和文学分析
- 写作
  - 写作策略
  - 写作应用（类型与特征）
- 口头与书面语言表达习惯
  - 句子结构
  - 标点符号和大写字母
  - 拼写
- 听和说
  - 听说策略：理解，组织和交流传递，分析和评价，口头和媒介交流
  - 说话应用：类型和各自的特征

以上四个方面的项目和要求之下，都有具体的内容标准，条分缕析；标准细则是以年级为单位陈述的，每个年级教什么，学什么，学到什么程度，都清清楚楚，一目了然。教师可以对照这些标准，灵活地选择和处理课堂教学内容。

在美国，课程标准不仅成为教学的指导范本，而且是学生语文学习行为绩效评价的依据。例如，艾奥瓦州《不让一个孩子掉队责任报告背景》（2003 年）对参与州标准考试 4 年级、8 年级和 11 年级学生的阅读理解作出如下要求：

4 年级——理解以事实为基础的信息文章和上下文语境中的新词语。能够作出推论，以及阐释非文学语言或新的上下文语境中的信息。能够判断选文的主要思想，分析它的风格和结构。

8 年级——能够理解以事实为基础的信息文章和上下文语境中的新词语，作出推论，阐述新语境中的新信息。能够抓住选文的主要思想内容，判断作者的写作意图或者观点，分析文本的风格和结构。

11 年级——能够理解文本陈述的信息和思想，推导隐含其中的意义，得出结论，阐述非文学语言。通常能够对来自文本的信息或文本作出概括，辨别作者的写作意图或观点，对文本的风格和结构等作出评价。

语文教师怎样才能适应新的课程标准，熟练驾驭标准，从事课堂教学实践呢？各州教育部门通过实施教师继续教育和职业发展计划，提高教师的教学水平。《加利福尼亚州教师阅读教育能力评价考试》明确提出，教师应该掌握 11 个领域的教学能力和方法，这 11 个领域是：

（1）音位意识。

（2）关于印刷品的概念。

（3）系统而明确的读音教学法和其他辨认词汇的策略。

（4）拼写教学。

（5）阅读理解。

（6）文学反应和文学分析。

（7）其他内容领域的读写能力。

（8）学生独立阅读。

（9）通过口语和书面语言发展来支持阅读的能力。

（10）词汇发展能力。

（11）英语语言结构。

美国国家课程标准虽然对地方教育实体或其他教育机构不具有法律约束力，但是，各州课程标准与国家课程标准并不是两条道上跑着的车，在某种程度上，它们相互影响，互为补充，共同指导语文教育的发展。

在美国，语文课程标准已经成为衡量教师语文教学水平和教育质量的重要标尺。教师可以灵活处理教学内容，但是无论怎样教学，都必须遵守课程标准。走进美国语文课堂，笔者看到这样的景象：教室的墙壁上贴着课程标准，黑板上写着课程标准，家长拥有课程标准；教师教学为了落实课程标准，学生学习为了达到课程标准，各州标准化统一考试紧扣课程标准。课堂教学处处围绕课程标准展开。课程标准几乎成为美国语文课程教学的“圣经”，处处有标准，时时看标准，课程标准成为美国语文教育人士开口必谈的话题。

第三节 《共同核心州立标准》的出台

美国基础教育一直以来为美国人所诟病，语文教育也不例外。孩子的阅读水平怎么样？光凭眼睛和感觉难以得出结论，需要用数据说话，通过阅读考试测评，用分数来回答。事实证明，美国孩子的阅读能力非常欠缺。正是基于这样的调查研究结果，布什总统于2001年签署了《不让一个孩子掉队法案》，并且强调“把阅读放在第一位”。全社会开始共同关注并解决孩子的阅读困难。此后，美国教育在监控学生的阅读行为、提高学生的阅读能力方面都进行了有益的探索与实践。

一、阅读难题谁解决、怎样解决

对教育改革而言，阅读是基石，是基础。美国学生阅读成了难题，矛头没有直接指向教师和学校，而是全社会共同面对，政府出面来解决。《不让一个孩子掉队法案》颁布后，联邦政府承诺：保证每个孩子在三年级时能够学会阅读。为了实现这个目标，政府提出一项名为“阅读第一”的行动项目，为各州提供消除阅读障碍所需要的经费和“工具”，并且强调解决阅读难题的“工具”必须建立在雄厚的科研成果基础之上。这类“工具”指的是美国国家读写能力研究会借助国家阅读小组的研究报告《教孩子阅读》等相关研究成果编写的《把阅读放在第一位》等教学指导手册。

第一，认识阅读的实质与意义。研究表明，阅读是一种复杂的学习行为，它既不是主动的，也不是被动的，而是一个高度的相互作用的过程。在这个过程中，学生必须迅速、流利、自动地处理语言文字，然后，融入自己在现实世界里的生活经验和已有知识，构建文本的意义。为此，能够流利地阅读，成为阅读教学的目标之一；学生已有生活经验和知识在阅读中被唤醒，进而生成与构建文本的意义。

第二，监控阅读行为。“孩子只有通过阅读才能学会阅读。学习阅读的最好方法就是把各种方法综合起来。克服阅读失败的最好方法是良好的阅读入门。”为此，州或地方学区通过规定阅读数量来监控学生的阅读行为，完成任务的学校将获得资金奖励。

第三，研究阅读过程。这一时期，美国基础教育阶段的英语教科书及阅读课堂教学，都强调学生在阅读前、阅读中、阅读后应该思考哪些问题、做些什么。

第四，消除阅读障碍。在州标准考试中，对阅读成绩不能及格的学生进行阅读干预，启动“阅读 180”项目，帮助这些挣扎在阅读贫困线上的学生，让他们发生 180 度的大转变。

第五，提供阅读清单。选择读哪些书也是令人头痛的事情，因为学生的年龄层次、阅读兴趣和阅读水平各不相同。美国的州或地方学区已经研制出适合相应水平的阅读清单，供家长和学生选择，如“加州阅读清单”。这份清单并非由个别教师或专家凭借个人经验列出，而是由州教育厅集中有经验的教师、研究者等专业人士共同研制出来，并向全州发布，切实解决“读什么”的问题。

在上述努力的基础上，美国教育虽然解决了监控学生阅读行动以及读什么的问题，强调人人阅读，但是学生的阅读难题仍旧没有完全得到妥善解决。例如，如何通过细致研读文本，把握字里行间的意义，从而获得对文本更加深刻的理解，形成表达能力？为此，新的课程标准的研究与制定已经迫在眉睫。

二、“新标准”由谁来制定

联邦政府投入大量资金与科研力量解决阅读难题，但是学生的阅读状况并没有改变。例如，在学生素养国际评估项目测试（PISA）中，美国学生的阅读成绩一直排名靠后：2003 年与 2009 年排名第十五位，2006 年则排在第二十名之后。同时，在州标准考试与国家教育进步评估（NAEP）中，美国学生的阅读问题也频频暴露。为此，美国基础教育改革再次被提到议事日程上。教育改革从制定新的标准开始。全美各州教育委员会认为：“在过去 15 年里进行的所有教育改革中，没有什么比为学生制定具有挑战性的学术标准更为有力和更具持久性。”为此，2009 年 6 月，美国州长协会和各州教育长官委员会联合发起“共同核心州立标准倡议”，旨在制定统一的美国 K ~ 12 年级标准，以确保学生做好“升学和就业的准备”，从而提升美国学生的国际竞争力。

2010 年 6 月 2 日在亚特兰大市举行的新闻发布会上，《共同核心州立标准》由各州教育长官委员会和全国州长协会联合颁布，率先推出《共同核心州立英语语言艺术、历史、社会学、科学、技术领域读写能力标准》（以下简称“新标准”）及数学标准。与新标准相匹配的考试评估体系智能平衡评估联盟也应运而生，并于 2014 年 3 月完成了首次评估任务。

三、“新标准”有哪些新突破或新举措

与过去各州标准相比，新标准对中小学阅读教学作了很多调整，具体内容如下。

第一，确定读什么，解决阅读的首要问题。首先，确定文本类型。新标准规定 K ~ 12 年级学生必须熟练阅读两类文本：信息类文本和文

学类文本（包括小说、诗歌、戏剧），并且要求平衡两类文本的比例。其次，指定阅读篇目。与新标准同时出台的课程文件还有 3 本附件，其中附件 B 按照年级层次列出了 K ～ 12 年级推荐阅读的每篇范文的原文（包括标题、作者及版本信息），以及相应年级阅读应该完成的任务及达到的标准，为教科书编选课文与阅读教学提供了参考依据。附件 B 与各州提供的“阅读清单”解决了课内与课外“读什么”的问题，也解决了教材编写与教师选文的困惑。

第二，扩大了读写能力的学科范围。新标准所指的“读写能力”，不仅包括英语语言艺术的读写能力，而且包括历史、社会学、科学和技术学科的读写能力，这些读写能力已经充分考虑到为升学或工作做准备这个最终目的。

第三，强调重视文本的复杂性。2006 年 ACT（美国大学入学考试）公司的一项名为《读出弦外之音》研究报告表明，学生阅读成绩很不理想，2004 ～ 2005 学年，50 万考生中只有 51% 的人能够获得 C 或更好的学分成绩；在美国历史或心理学的入门课程（大学一年级新生的两门公共精读课程）中，只有 50% 的考生获得 B 或更好的成绩。阅读或回答认知过程的试题，例如确定主题思想或者判断语境中的词或短语的意义，结果都很不理想。这是升入大学或工作培训的要求，也是提高公民素质的必要途径，但过去 50 年里，在 K ～ 12 年级文本中都很少得到强调。

第四，从表层阅读转向深层阅读。此前 10 年，美国学校实现了对阅读行为的监控，基本上做到让每个孩子都在阅读，但是学生的阅读现实依然不容乐观：在 PISA、NAEP、ACT 等测试中，美国学生对文本主题及深层意义的理解表现得很不理想。看来，关注阅读行为，对阅读前、阅读中、阅读后的监控与落实，也只是解决了表面的浅层次阅读问题。因此，新标准特别强调阅读教学要从表层阅读转向深层阅读，并且研究出一套教学方案，这些方案与课程文件配套并相继发行，在全国范围内推广应用。

怎样进行深层阅读教学呢？可以从以下方面进行：（1）教师示范（全国有统一规范）；（2）带领学生找到重要的片段并进行阅读实践；（3）在文本里加注释，标记词语的选择、句子的模式、图片或对话；（4）仔细品味片段，体会文字包含的内容和感情，可以用3个层次的问题加以引导，例如“这些文字说了什么”（文字层面的理解）、“这些文字表达了什么意思”（对文字内容的解释，有时是在欣赏故事的主题）、“这些很重要吗”（阅读文本的重点，需要读者对此进行反应和思考）。面对文本，从哪些方面阅读，理解重点在哪里，读到什么程度，完成哪些阅读任务等，新标准都按照年级层次和不同类型的文本进行了具体描述。

深层阅读要求学生“像侦探一样阅读，像调查报告者一样写作”（戴维·科尔曼）。仔细阅读文本，进行批判性思考，从文本自身找到回答问题的证据，这也是2016年开始实施的最新美国高考（SAT）阅读考试的新要求。专家警告说：“如果没有阅读，不能真正地理解文本说了什么，要成为一个有教养的世界公民，成为一个知识渊博的选民，甚至是一个富有想象力的思想者，那是不可能的。”（劳拉·凯西）

第五，清晰的、垂直的年级进步标准。新标准以年级为单位，体现了各年级读写能力的垂直进步梯度。例如，在文学文本的阅读技巧与结构方面，四年级要求“比较和对比不同的叙述故事，包括第一人称与第三人称叙述角度的不同”，五年级则要求“描述叙述者或说话人的观点是如何影响整个事件的”。

此外，新标准要求K ~ 5年级必须掌握包括印刷概念、音位意识、发音和单词识别、流利的阅读等“基本技能”。

十几年来，从《不让一个孩子掉队法案》《把阅读放在第一位》到《共同核心州立标准》的颁布与实施，以及奥巴马政府用43.5亿美元的“竞争登顶基金”以支持教育改革和课堂创新，这一系列政府文件及国家行为都体现了美国基础教育阶段阅读教学改革的进程，他们在一步步地解决阅读难题。

表面上看，似乎有些小题大做，举轻若重，然而这里却有不少值得我们反思与借鉴的地方。第一，借助科学评估体系，知道孩子真实的阅读状况，对此既不盲目自信也不消极悲观。第二，针对阅读实际困难进行研究，阅读理论要接地气，研究成果要能在全国推广应用。第三，从表层阅读向深层阅读转变，学生应该读什么、怎么读、读到什么程度，课程标准都有清晰而具体的描述。第四，科学制定读书清单，学生的阅读清单应该组织有经验的教师和研究者从专业的角度，根据学生实际及学科知识等方面共同研制，并在全国推广应用，避免理论研究的巨大浪费。第五，提高阅读能力人人有责，更是全社会尤其是政府的事情，而不仅仅是学校和语文教师的职责。

当然，美国阅读教学改革未必能够解决阅读的全部问题，其阅读理论也未必完全符合科学规律，但是，能够解决实际问题，实事求是，不断求索，慢慢前进，这个思路和方向无疑是对的。

四、如何指导“新标准”下的深层阅读教学

2010年6月《共同核心州立标准》颁布后，美国基础教育改革又进入了一个新的阶段。阅读教学更加强调对核心标准的实施，要求紧扣文本，读出弦外之音。下面以美国8年级《罗密欧与朱丽叶》（第二幕第二场）的教学为例，看新标准下的美国阅读教学是如何实现从

表层阅读向深层阅读的转变的。

1. 强化标准，训练多项语文能力

美国课堂强调用课程标准引领教学，教学中严格遵守标准。每篇课文教学要实现哪些标准，教材中都明确标注出来。莎士比亚这篇戏剧教学一共要实现包括阅读、听说、写作和语言在内的9项标准，如在“重要思想和细节”方面，“引用文本中的证据，这个证据来自对文本中已经明确表达的内容的分析之强烈支持，以及从文本中推导出来的”，“确定文本的主题或中心意思，分析它的发展过程，包括各类人物的关系、环境和情节，为文本提供一个客观的总结”。在技巧与结构方面，“确定文本中词汇、短语的意义，包括比喻、象征的内涵。分析具体词语的选择对表达意义和感情的影响，包括类比和典故”。

2. 紧扣文本，具体强调学的过程

美国教师在教学《罗密欧与朱丽叶》时，立足文本，把选文分为三个部分，每一部分1课时（50分钟），共3课时（还可适当增加课时）。他们把教学目标称为“学习目标”，以“任务”来体现，包括阅读任务、词汇任务、句法任务、讨论任务和写作任务。每堂课都按照三个步骤进行：第一步，教师介绍本节课要学习的片段并简要评论，然后学生独立阅读文本，10分钟；第二步，学生大声朗读这个片段，5分钟；第三步，讨论“基于文本的问题”，完成片段目标，即给定的学习任务，做笔记，用注解的格式回答，或者用更正式而恰当的方式回答问题，35分钟。教学过程中，教师始终强调学生“学”的行为和过程，有默读，有朗读，有讨论，甚至朗诵台词和表演，要求学生用恰当的格式书面回答问题。

3. 问题导学，有效读出弦外之音

目前，美国教育把“提出基于文本的问题”当成学科研究任务，目的是让学生紧扣文本，读出弦外之音，实现从表层阅读向深层理解的转变。教学时，教师按照内容顺序依次提出 7 个问题供学生讨论，例如："罗密欧为什么要说这句话？这句话表达了什么意思？""罗密欧用什么比喻来形容朱丽叶？""哪两句话说明朱丽叶考虑了罗密欧的行动？从她的话语里看出朱丽叶有什么样的洞察力？""仔细阅读'我们叫作玫瑰的这一种花，要是换了个名字，它还是同样的芬芳'，读出弦外之音。"这些问题都来自文本，教学中，要求学生从文本中获得证据来证明与回答。一堂课只解决两三个问题，探讨得比较细致透彻。

4. 引进新的概念，切实把握文本要素

不断引进新的概念，更新教育理念，并付诸实践，这是美国教育改革的趋势。2006 年 ACT 考试公司出版了《读出弦外之音》阅读考试分析报告，提出"文本的复杂性"的概念，指出文本要素包括关系（人物或思想）、丰富性（通过数据和文字技巧传达的信息的数量和综合性）、结构（文本是如何组织、如何推进的）、风格（作者的语调和语言运用）、词汇（作者对词汇的选择）和目的（作者写作文本的意图）等 6 个方面。核心标准采用了"文本的复杂性"这个概念，进一步确定了阅读教学的基本内容框架。这些文本要素已经成为美国各州各校阅读教学的基本内容。

第四节 美国语文课程标准评介

美国义务教育阶段（K ~ 12 年级）课程标准的设置，与其联邦制度相一致，既有国家标准来体现统一的国家意志，又有各州标准实现地方自治，这使得美国语文课程标准呈现出多样化层级化的面貌，国家课程标准的理论框架与各州标准的具体实践在某种程度上达成了统一。由于美国国家《英语语言艺术标准》不被各州采用，因此语文工作者看到的往往只是各州使用的课程标准，误以为美国语文课程没有国家标准，其实，这是一种误解。

下面从美国国家《英语语言艺术标准》的理论定位与教学行为规范的价值，以及各州课程标准之间的共性与特点方面，综合评价美国国家与各州的语文课程标准情况，以此探讨我国《全日制义务教育语文课程标准（实验稿）》目前尚存在的一些不足，希望能对我国课标的修订产生一定的启迪意义。

一、美国国家《英语语言艺术标准》的理论探讨

1991 年 8 月，一位名叫 Judit Thelen 的人写信给联邦教育部秘书长 Lamar Alexander，建议设置英语语言艺术（以下通称“语文”）课程标准。1992 年秋季，联邦教育部授权语文课程标准项目给伊利诺大学的阅读研究中心。该研究中心同意与国际阅读协会和英语教师全国委员会密切合作，共同制定标准。1994 年，联邦政府结束了对标准的介入，该标准项目由国际阅读协会和英语教师全国委员会负责完成，并于 1996 年出版。这套《英语语言艺术标准》从起草到出版，历时四年。而在

国家标准出版之前，除了七个州的课程标准仍在制定过程中，其余各州基本上都有了一套适合自己州教育实际水平的课程标准或课程框架。

《英语语言艺术标准》与各州标准有着怎样的关系？国家标准对地方标准没有行政约束力，各州或地方自愿采用。事实上，各州所使用的都是本州制定的课程标准，国家语文课程标准只作为一种教学规范与严格要求，从课程的理论定位、一些概念的定义，以及教学行为的规范等方面影响着各州课程标准的制定与实施。

1.《英语语言艺术标准》统摄着各州语文学术标准

相对于各州标准来说，《英语语言艺术标准》相当于一个理论框架，无论是它的制定过程、设置的理论框架，还是提出的新概念的定义，以及设置课程标准的最终目的等方面，都凌驾于地方或州课程标准之上。《英语语言艺术标准》所提出的一些理念，所界定的概念术语，在各州标准里不同程度地被应用推广。具体说来，国家标准包括以下方面的内容。

（1）关于“标准”的定义

《英语语言艺术标准》对“标准”的定义是：“学生对语言应该知道什么和运用语言能够做些什么。”这个定义在各州课程标准中已经达成共识。

（2）关于语文教育的最终目标

《英语语言艺术标准》规定语文教育的最终目标是：“确保所有的学生都能获得语言学习的机会，并得到鼓励，使他们形成为追求个人生活目标，包括丰富个人生活而发展语言技巧的观念，作为有教养的、有生产力的成员充分参与社会生活。”同时，还从宏观上指出课程标准应该完成的使命：

满足学生今天和明天的读写需要；

提出一个读写教育共同分享的远景；

为所有的孩子提供平等的教育环境，促进其卓越发展。

（3）关于一些概念和术语的定义

《英语语言艺术标准》对一些新概念或术语作了明确的定义，以便统一认识。比如对“文本”“阅读”等具有时代特征的概念的解释是：

文本：不仅指纸质的印刷品，而且指口头语言形式、书面作品，以及信息技术的交流媒介。

语言：除了指口头与书面形式的表达之外，还包括视觉交流形式。

阅读：除了对印刷品的阅读之外，还涉及听和观察。

美国基础教育特别强调训练学生的“批判性思维”。什么是批判性思维？《英语语言艺术标准》在术语表中对此概念作出的定义是：

批判性思维，是指在文学、艺术、科学和其他学科领域中，具有创造性、批判性和逻辑性的思维过程特征；发散性思维。

与此相联系的“批判性阅读”成为美国语文教育的一个重要概念。《英语语言艺术标准》对此作出如下定义：

用这样的方式阅读文本：提出假设，探讨观察问题的视角，批评社会和政治的基本价值观或立场。批判性阅读是一种对抗性的、积极的阅读方式，把注意力集中到文本与世界两个方面。批判性读者从文本中获得经验，反过来，又借助文本形成并发展自己对个人和社会经验的批评性观点。

《英语语言艺术标准》对批判性阅读的定义及其规定性内涵，已经成为各州共同遵守的规范，批判性阅读成为各州标准考试，甚至SAT 阅读考试的项目之一。

（4）把学习者放在语言学习的中心位置

《英语语言艺术标准》强调，应该把学习者放在读写训练与语言学习的中心位置，提出了以学习者为中心的交互模式，如下图所示。

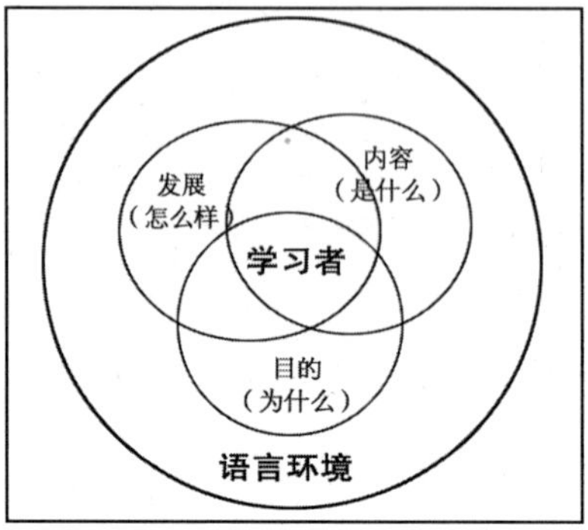

语文课程标准交互模式图

图示表明，学习者周围是一个非常宽松广泛的语言环境，在这样的环境中学习语言，首先应该明确学习的内容，即知道学什么；其次要了解学习的方式，即知道怎么学；同时还要考虑学习的目的，即知道为什么学。

《英语语言艺术标准》提出的这些理念，对某些概念术语的认识，以及语言学习使用的方法技巧策略等，使各州语文课程标准在相当大的程度上彼此达成一种默契。因此，从这种意义上说，《英语语言艺术标准》为各州语文课程标准的制定与实施构建了一个理论框架。

2.《英语语言艺术标准》确定了各州制定语文课程标准的要求

《英语语言艺术标准》为各州语文课程标准的制定提供了理性认识与参考，使之更具体，更富有实践性和可操作性。《英语语言艺术标准》规定，语文课程标准“必须建立在我们所熟知的语言知识和语言学习这个牢固的基础之上”，“如果脱离这个很重要的基础，就无法兑现国家的承诺：教育所有的学生、突出读写能力的思想，以及公开资助学校”。《英语语言艺术标准》强调，必须把语言学习放在语文课程的核心位置。学习语言，提高语言表达能力，则是语文课程的中心任务。

《英语语言艺术标准》对各州语文课程标准的制定作出如下规定：（1）标准必须反映学生如何学习，特别是反映如何进行语言学习的最新研究与理论成果；（2）各州语文课程标准必须是严格的；（3）不限制每门学科领域只有一套标准；（4）内容标准必须清晰准确，体现某个学科领域连贯的、具有专业水准的框架，这个框架不是静止的、不连贯的纲要清单。

3.《英语语言艺术标准》规定了语文课程的内容构成

《英语语言艺术标准》明确表示，编写者制定这套标准的目的是在英语语言艺术——阅读、写作、听话、说话、观察和表达观点方面，尽可能作出清晰而具体的规定，使教师与研究者之间统一认识。这样就使得各州语文课程标准的内容构成基本上围绕着阅读、写作、交际和表达等方面展开。比如，加利福尼亚州课程标准分为阅读、写作、口头与书面表达习惯、听与说四个部分，南达科他州课程标准分为阅读、写作、听话—观察—说话三个部分。

《英语语言艺术标准》提出语文教学的12项内容（具体见本书第40～41页）。这12项内容分别从阅读（1～3）、写作和交际（4～6）、探究能力（7）、信息技术与文化课程的整合（8）、尊重多元文化（9）、对移民英语能力的教学要求（10）、对学生综合语文能力的要求和语文教学的最终目的（11～12）等方面向人们展示了语文教育应该完成的任务，以及最终要达到的目标。《英语语言艺术标准》从设置该项内容的环境背景、学生的实际情况、评价标准等角度对以上每项内容逐条进行详细阐述，为内容标准的设置提供科学的理论依据。

4. 吸收全国众多人士的智慧，确保课程标准的制定有较高的科学基础

《英语语言艺术标准》在制定过程中做了许多调查访问和求证工作，有上千位K ~ 12年级的一线教师接受访谈，参与讨论和修订工作；几百名家长、有立法权的领导者、管理者、研究者和政策分析家，在制定标准的每一个环节起着关键作用。这些名单在《英语语言艺术标准》的附录里全部列出，多达25页。这样做，既反映了对个人劳动成果与知识产权的尊重，也反映了他们对制定课程标准的高度重视与科学严谨的态度。由此可见，这套国家《英语语言艺术标准》虽然起初是由大学研究人员牵头制定，但并非少数权威专家或理论家闭门造车的产物，而是建立在最新的教育科研成果与教学实践的基础之上。

课程标准的附录部分，还列出《英语语言艺术标准》中使用到的，以及教学中常用的相关术语，比如"审美""分析""听众""交际""认知过程""理解""结构意义""课程"等，共95例，并且对这些专用术语一一给出明确的定义。这使得教师与学生对一些关键概念的认识与把握，在全国范围内达成一致，不会产生分歧。

总之，《英语语言艺术标准》是一套严谨而完整的教育纲领文件，它由导言、标准的设置、标准的远景、12条标准、标准在课堂、结论、术语表、附录等部分组成。《英语语言艺术标准》就像一只看不见的手，掌控并牵引着美国语文教育的大方向。

二、美国各州语文课程标准的共性与特点

美国教育实行地方分权自治，各州都有一套适合本州教育实际的课程标准。由于各州教育的实际情况不同，课程标准的名称也不尽相同，

比如，纽约州称作《课程、教育和评价草案初稿框架》（1994 年），加利福尼亚州称作《加利福尼亚公立学校英语语言艺术内容标准》(1997 年)，马萨诸塞州称为《马萨诸塞英语语言艺术课程框架》(2001 年)，南卡罗纳州称为《南卡罗纳英语语言艺术标准》（2002 年），等等。这些标准无论叫什么，它们所行使的职责是一样的，即指导教学并评价学习结果，成为教学与评价的指南与依据。这些标准虽然是在各州不同的教育背景与环境下产生的，但它们对一些根本问题的认识，例如“标准”的定义、教学内容的构成、语文教学的核心任务，以及对一些概念术语的理解与把握，是一致的。具体说来，美国各州语文课程标准具有如下方面的共性与特点。

1. 各州标准对语文课程本质的认识，与《英语语言艺术标准》保持一致

各州标准没有对课程性质与特点的探讨，但是在对课程本质的认识、对很多概念术语的理解上是一致的，没有分歧。

对“标准”一词的理解，各州与国家标准保持一致。国家标准定义“标准”为“学生对语言应该知道什么和运用语言能够做些什么”，这个定义已经成为全美语文教育界的共识，而且成为各州制定语文课程标准首先要解决的问题，即教什么和学什么。

对语文教学内容构成的认定，各州标准基本保持一致。比如，南卡罗纳州规定语文教学的四项内容为阅读、写作、交际和研究，亚利桑那州则描述为阅读、写作、听和说、观点与表达。总体上说，各州语文课程内容基本上锁定在阅读、写作、交际和表达或研究等方面，课堂教学围绕这些方面展开。

把语言学习作为语文课程的中心任务。虽然美国语文教育很强调文学教育的作用，强调人文精神与自由精神的培养，但同时认为，审美情趣与情感培育都是建立在语言学习的基础之上，没有语言这个工具作基础，一切都是空谈。1995年，卡内基在他的《基础学校》一文中谈到基础学校的构想时，就强调把语言学习放到学校教育的中心位置，这个观念至今一直影响着美国的语文课堂教学。比如，纽约州课程标准规定语文教育的目标是："为获得信息和理解而学习语言，为进行文学反应和表达而学习语言，为进行批判性分析和评价而学习语言，为进行社会交流而学习语言。"这四条教育目标充分体现了语言学习的目的和用途。

把学习者放在语文教育的核心位置。比如，加利福尼亚州课程标准明确提出语文课程的目标是培养"流利的阅读者和熟练的写作者""自信的演讲者和积极思考的听众"，内华达州的目标是使学生成为"有效的交际者、读者、写作者、演讲者和听众"。语文课程把学生的语言学习作为中心任务，把培养学生成为积极有效的语言使用者与交际者作为目标，这一点的确值得我国语文教育参考借鉴。

全面提高学生语言水平不单单是语文一门学科的事情。对语文课程在学生的学业提高与个人成长中具有怎样的作用，各州课程标准的看法一致。比如，纽约州在《英语语言艺术课程资源指导》"导言"部分的"哲学理念"里明确提出："承认所有内容领域的教师共同承担提高学生阅读、写作、听话和说话能力的责任。"《南卡罗纳州英语语言艺术课程标准》也认为，"语文教育的成功，是建立在语言艺术与其他内容领域整合的基础之上的"。

2. 各州语文课程标准的总目标简洁明了，阶段目标具体实在

各州课程标准对其总目标的描述一般比较简洁明确。例如，《南卡罗纳州英语语言艺术课程标准》"导言"指出，语文教育的总目标是："通过教育和沉浸在文学和信息文本里，学生可以更好地理解与欣赏

语言，最终成为熟练的交际者。良好的交际能力是一个人适应终身学习的基础。”该课程标准的阶段目标以年级为单位，从学前班、幼儿园、1年级，一直到英语4（高中毕业），分为14个阶段，按照年级顺序，分别从阅读、写作、交际和研究四个方面展开，条分缕析。各个年级的阶段目标，在层次与难度上呈现出渐进的梯度，其难度与复杂性随着年级的升高而增加，虽然各年级阶段目标的有些表述相同，但随着文本难度的加大，复杂性的增加，目标难度逐渐加大。

再比如，《加利福尼亚州公立学校英语语言艺术内容标准》规定语文教育的总目标是培养“流利的阅读者和熟练的写作者”“自信的演讲者和积极思考的听众”，然后以年级为单位，按照年级顺序，分别从“阅读”“写作”“口头与书面语言习惯”“听和说”四个方面列出阶段目标，内容具体实在，教学中易于操作。

从课程目标设置的情况来看，不管是在东部的纽约，还是西部的加利福尼亚，抑或是中部六州，甚至北边的阿拉斯加，情况大体相同。因为各州在课程标准的制定过程中，也在相互借鉴，互为补充，并不断完善。

3. 各州课程标准成为课堂教学必须遵守的规范，在全州范围内强制执行

与《英语语言艺术标准》“自愿采用”的原则不同，州内公立学校对州课程标准的采用是强制性的，必须遵守执行。自布什总统的《不让一个孩子掉队法案》实施以来，各州开始按照严格的学术标准教学，绝大多数州从2年级开始，各年级都要参加州标准考试，以此评价学生是否达到标准规定的熟练程度。

各州课程标准阶段目标的具体条款，不仅成为指导教学的“令箭”，成为培养学生语言能力的指标，而且成为各州标准考试的评价标准设

置的重要依据。教学中，美国语文课堂对课程标准的落实非常具体。笔者在加利福尼亚州尔湾学区的语文课堂上看到，教师把课程标准打印了贴在墙壁上，把相应的标准条款写在黑板上，当成近期作业，让学生熟悉并掌握；学校在举办家长会的时候，会把课程标准发放给家长，让家长熟悉课程标准。

美国的教材编写起初并不以课程标准为依据，而是以最新教育科研成果为依据编写的。但是，从现行美国语文教材来看，教材编写者为了使教材能够适合某州使用，而把该州课程标准内容的具体条款写进了教材的相应位置，使教师与学生在完成教学任务的时候，明确自己要达到的目标是什么。这样，就使教科书非常方便教师教和学生学。

4. 各州语文课程标准具有系统性和连贯性的特点

美国基础教育实行 12 年义务教育制，因此，各州标准，从学前班直到高中毕业，体现了 12 年一贯制的特点，12 个年级的教学内容是前后连贯的，其难度呈现出循序渐进的上升态势。12 个年级的课程标准，无论是语言表述的风格，还是语文训练的具体目标和内容构成，都具有连贯性和系统性。

5. 各州语文课程标准重视科研基础，强调术语内涵的确定性

《英语语言艺术标准》在附录部分明确列出课程标准所引用的各项科研成果的资料来源，以及参与编写者名单。各州课程标准的制定以此为蓝本，也都列出参与编写者的名单，一方面示以鸣谢，另一方面让我们从中看出他们认真对待课程标准的科学严谨态度，以及力求使标准严格清晰准确所做的努力。每套课程标准都列有术语表，把课程标准中提到的一些概念、语文教学与阅读中经常遇到的一些关键术语，用加粗黑体字标明，并且在篇末列表解释其定义。同一个州范围内，对这些术语的理解达成一致，不会存在理解上的分歧，充分体现了美

国教育追求的科学主义和实用主义价值观。

总之，联邦制的美国，这种语文课程标准国家统一意志与地方分权自治的上下层级关系，值得我们学习思考与借鉴。

三、对我国语文课程标准问题的探讨

相对而言，我国《全日制义务教育语文课程标准（实验稿）》的制定与实施比美国滞后近十年。中美两国教育文化背景不同，语文教育的传统与积淀之深浅也不相同，我们不能将美国课程标准照搬使用，但是可以从中获得启示，从他们对课程性质的认定，对一些基本理念的认识，对课程目标的设置研究方面获得启迪，从而更好地思考我国的课程标准还需要做哪些方面的改进，才能使之更加符合并适合于语文学科教学，使教师们知道语文课该做些什么，使学生知道语文课要学什么，我们能够运用语言做什么。

我国《全日制义务教育语文课程标准（实验稿）》从2001年秋季投入使用以来，发挥了相当重要的作用：指导课堂教学实践，更新广大教师的教育观念，顺利完成了世纪之交的语文课程改革的实验任务。这种甘为“前车”的开拓性和创造性，以及其对新课程所作出的贡献，的确功不可没，应该给予充分的肯定。笔者在这里不想评述这套标准的功过，只是想就其中存在的一些不足，甚至不科学的地方，提出来共同探讨，以使我们的语文课程标准更准确更严格更科学，更适合课堂教学使用，使之更臻于完美。

1. 对语文课程的定位不准确，对学科性质认识不足

笔者认为，《全日制义务教育语文课程标准（实验稿）》对学科本质的认识存在一定程度的偏误。例如，前言部分的“课程性质与地位”

里写道：

语文是最重要的交际工具，是人类文化的重要组成部分。

大抵有语言学知识的人都会觉得这句话有问题，语意不明确。这里的“语文”究竟指什么？是指学科，还是指用以传达文化思想的语言文字？内涵不确定，令人费解。从语言学的角度讲，语言才是人类“最重要的交际工具”。无论进行口头交流，还是书面交流，人们运用的都是语言这个媒介。“语文是人类文化的重要组成部分”的表述也不够科学，关键在于“语文”一词的内涵不确定。如果语文是指一门学科，那么说学科“是人类文化的重要组成部分”，表达不严密；如果“语文”指的是语言文字，那么“语言文字”与“人类文化”不是同一个层面的概念。我们只能说语言文字是人类文化的载体，它本身传递着文化信息，而不能说是其“重要组成部分”。

工具性与人文性的统一，是语文课程的基本特点。

这句话的表述也不妥当。工具性可以看成语文课程的特点，而人文性则不具有学科特性。试想，政治、历史以及其他学科，难道就不具有人文性了吗？语言文字本身就包含着人类情感体验与生活经验，包含着人们对世界的认知与看法。什么是人文性？一言以蔽之，对人类的终极关怀。所以，过去对于语文课程到底具有人文性还是工具性的争论，对于语文课堂教学来说，很少具有实质性指导性的意义。

语文课程应致力于学生语文素养的形成与发展。语文素养是学生学好其他课程的基础，也是学生全面发展和终身发展的基础。

这几个句子告诉我们两层意思。第一层意思是，全面提高“语文素养”是语文教育的最终目标。但是，这个最终目标包括哪些具体指标？如何测量与界定？“语文素养”的定义是什么？这一系列问题，《全日制义务教育语文课程标准（实验稿）》并没有给出答案，这种对课程内容缺乏内涵的规定与外延的划分的表现，令广大一线教师无所适从，不知道我们的新课程语文教学到底应该做什么。第二层意思是，强调“语文素养”是学好其他课程的基础，是全面发展和终身发展的基础。这种认识抬高了语文课程的地位，忽略了“语文素养”的提升离不开其他课程的培养与训练。如果对最终目标包含的基本内涵都没有认识清楚，又怎么能奢谈实现语文教育目标呢？

在这种意义上说，《全日制义务教育语文课程标准（实验稿）》对于课程性质与基本理念的定位反映了我国语文教育长期以来对一些概念的模糊认识。由于对这些概念缺乏理性思考与基础研究的延续性，并伴之以旧有的经学观念的影响，于是把语文看成是“不朽之盛事，经国之大业”。所以，无论是对课程基本理念的阐述，还是总目标的设定，都离不开爱国教育、社会主义道德品质教育、人生观教育，以及审美教育等。如此一来，把学校教育内容个别化为学科教学内容，冲淡了语文学科教学的重点，给语文课程背上了沉重的包袱。其实，一个人价值观、人生观的形成，以及审美情趣的培养，都不是一时一地或一门学科能够完成的任务，它需要其他学科的配合，需要在社会环境与时代价值观念的影响下，才能逐渐形成与发展。情感态度价值观的培养，绝不是语文课程的核心任务。目标太大，容易空泛，难以实现。

我们应该看到，同数学、物理、化学一样，语文只是一门学科，它应该有自己的学科特点，有自己的学科知识体系（语文知识），学生在学习中应该培养语言技能，能够用语言做事。因此，我们要把语文课程从繁重的思想道德审美教育中解放出来，回归语言文字的世界，把语言学习放在课程的重要位置，把提高学生的语言理解与表达能力作为语文课程的最终目标。

2. 对语文教育特点的把握不够准确

课程标准的前言部分提到要“正确把握语文教育的特点”，可是，语文教育的特点是什么？课程标准里面说得比较含糊，表述不够清晰，内容比较庞杂。严格地说，语文课程的特点应该从学科内容、教育目标、教学方式手段，以及学科教学需要的技巧策略等方面思考。汉语性应该是语文教育的首要特点，汉字的方块特点和表意功能，汉语的句法结构、语意特征等将成为语文教学的内容；语文教学须从理解汉语的语言意义、分析句法结构，到理解与欣赏文本，逐步提高学生的语言理解与运用能力。为此，《全日制义务教育语文课程标准（实验稿）》的阶段目标把“识字与写字”作为第一项内容是正确的。其次，应该把语言学习放在中心位置。再次，强调阅读、写作和交际过程的训练，教会学生如何阅读，如何写作，怎么有效得体地运用语言进行交流。我们的课程标准对学习的“过程与方法”这一目标体现得不够具体，大家往往把“过程”当成学习行为的过程来看，而忽视了对具体的学科内容学习过程中的思维程序的指导与把握，比如“阅读过程”“交际过程”“写作过程”等。至于如何多角度、多元化地理解文本的内容与思想，仅仅是阅读过程中的子目标，属于教学训练的阶段目标，而不是语文教育的主要特点。最后，语文学习必须与其他课程的学习紧密结合，共同完成提高学生语言水平和能力的任务。至于课程标准中提到的“综合性”“实践性”，不属于语文教育的特性，其他各门学科都有这些特点，因此不能把“综合性”“实践性”算作语文教育的特点。笔者认为，对语文教育的特点应该重新审视，抓住学科本身的特点进行阐述。

3. 总目标与阶段目标缺乏对应关系

《全日制义务教育语文课程标准（实验稿）》的总目标和阶段目

标虽已分类列出，但仔细阅读会发现，总目标与阶段目标的分类标准不一致，阶段目标按照内容构成划分，总目标却是按照“知识与能力”“过程与方法”“情感态度价值观”三维目标进行划分的，并且总目标与阶段目标缺乏对应关系。笔者认为，总目标应该与阶段目标对应起来，都按照“识字与写字”“阅读”“写作”“口语交际”等内容进行归类，这样有利于在教学过程中逐步实现其目标。

课程目标的具体内容是《全日制义务教育语文课程标准（实验稿）》的核心所在，必须结合语文教学的特点与规律，以及学生的实际情况精心编写，认真科学地研究探讨。而目前这本实验稿阶段目标里的很多内容需要重新审定，不少地方的语言表达也欠准确。阶段目标的设置，特别是 7 ~ 9 年级的阶段目标，除了“综合性学习”之外，总共才 36 项条款，而且这些条款没有阶段划分，初中三年，每一学年应该完成哪些教学任务、达到哪些标准，课程标准里都没有明确划分。所以，笔者认为，修订时应该以年级为单位，按照年级顺序，把各年级应该完成的教学目标具体化细致化，使之更加具体明晰，具有可操作性，并且具有可控制可测量的特点。

4. 语文教学内容构成的划分值得思考斟酌

《全日制义务教育语文课程标准（实验稿）》阶段目标把教学内容分为五个部分：“识字与写字”“阅读”“写作”“口语交际”“综合性学习”。笔者认为，“综合性学习”不应该与其他四项并列，严格地说，“综合性学习”不是语文教学的内容，而是一种学习方式，是语文学科与其他课程整合的一种途径。无论是“戏曲大舞台”的说学逗唱，还是“背起行囊走四方”的虚拟旅行，都只是一种运用现代科技手段、融合其他学科内容于语文学习过程的一种方式而已。

另外，“自主合作探究”的学习方式也并非语文课程所独有，而是新课程所提倡的一种学习方式，这种把共性当成特性的表述方式也不妥当。

5. 某些概念的称谓没有保持一致性

比如，小学阶段的写作部分，在低年级时称为“写话”，中高年级时称为“习作”，初中阶段才称为“写作”。“写话”“习作”“写作”这三个概念之间究竟有什么区别？它们仅仅具有篇幅长短的不同吗？课程标准中没有具体的内容可以回答这些问题。笔者认为，如果继续使用这三个不同的概念，就应该在课程标准里相应的地方加以说明，表明在此运用这个概念的意图，从而使人们在解读课程标准时不会产生异议。

6. 对课程标准依据的科研成果没有注明，显得科学依据不足

比如，小学 1 ~ 2 年级认识常用汉字 1600 ~ 1800 个，其中 800 ~ 1000 个会写；3 ~ 4 年级累计常用汉字 2500 个，其中 2000 个左右会写；7 ~ 9 年级累计认识常用汉字 3500 个，其中 3000 个左右会写。这“常用汉字”的概念内涵是什么？依据什么说它们是“常用汉字”？这些汉字是以哪一年的字频统计结果为依据的？每个年级阶段认识那些数量的汉字的可能性与必然性何在？课程标准应该提供科学依据。

还比如，阶段目标里，1 ~ 2 年级的阅读部分第 2 条：

学习用普通话正确、流利、有感情地朗读课文。

“正确、流利和有感情”的具体含义是什么？读到怎样的程度才算是“正确、流利、有感情”？这项要求，小学阶段与初中阶段有没有区别？课标里都没有说明。

1 ~ 2 年级阅读部分的第 3 条中提到：

学习默读，做到不出声，不指读。

5 ~ 6 年级阶段目标的阅读第 2 条指出：

默读有一定的速度，默读一般读物每分钟不少于 300 字。

7 ~ 9 年级同样内容的条款写道：

养成默读习惯，有一定的速度，阅读一般的现代文每分钟不少于 500 字。

这些不同的数据所表示的默读速度，有没有科学依据？如果有，科学依据是什么？如果没有，又凭什么说 7 ~ 9 年级阶段的默读速度要达到每分钟 500 字呢？

因此，笔者认为，制定标准需要对近些年来语文教育科研成果进行总结梳理，确证认定，把标准的内容与目标建立在雄厚的科研基础之上。

7. 课程标准缺少一份术语表

《全日制义务教育语文课程标准（实验稿）》应该包含一份术语表，其中出现的一些概念或术语需要加以解释，使读者明确概念的内涵，比如“语文素养”“常用汉字”。教学过程以及学生在阅读中常常遇到的一些概念和术语，以及一系列的语言知识名称、语法修辞的定义，都必须清楚明确。只有这样，课程标准才能起到“标准”导向的作用。如果对某些新理念或术语的解释不清楚，势必引起理解的困惑，造成解读的混乱，甚至误读。

8. 义务教育的课程标准与高中课程标准没有保持连贯一致

笔者认为，高中阶段与义务教育阶段的语文课程标准应该而且必须保持一致、连贯。义务教育到底是几年制，这是教育体制的问题，而课程标准的设置应该属于学科教学教育问题，应该由教育科学规律来决定。因此，高中阶段的语文课程标准无论是阶段目标的内容构成，还是最终目标，都应该与义务教育阶段保持承继性，使学生在语文素养上获得循序渐进的提高。

总而言之，“课程标准是教材编写、教学、评估和考试命题的依据，是国家管理和评价课程的基础。它是整个基础教育课程改革系统工程中的一个重要枢纽”[1]。因此，语文课程标准不应该是少数学者专家所进行的理论概括，或者是一些见解的拼凑，而应该是建立在雄厚的学科理论建设与庞大的教学实践队伍基础上的严格的规范和标准。制定课程标准既要借鉴国外母语教育经验，也要符合我国的教育实际。制定一套标准需要集中大量的人力物力，大家集中在一起，群策群力，才能更好地完成这项艰巨的任务。我们期待着能够为广大一线教师提供科学适用严格的标准、为教师指明教学方向、让教师知道语文教育需要教什么、学生明白语文课堂必须学什么的语文课程标准的问世。

[1] 刘兼. 国家课程标准的框架和特点分析[J]. 北京：人民教育，2001（11）.

第三章 识字和拼写教学

公立学校的质量直接影响到我们每一个人——不论是家长、学生还是公民。但是，美国有太多的孩子因期望值低、识字少和缺乏自信心而被隔离开来。在劳动力技能要求日益复杂化的世界里，仅就识字而言，孩子们正在落后。

——布什

人生欢乐识字始，能够识文断字是有文化的标志。在英语里，“识字”“读写能力”“有文化”这三层意思，一词以蔽之，曰：Literacy，即读写能力。张志公先生曾经说过，“学好语文必须过好三道关口：字关、句关、篇章关，其中‘字关’是学好语文的第一关。这是个大关。过不了这一关，提高语文程度很困难；过了这一关，提高语文就比较容易”[1]。中国语文教育如此，美国语文教育也不例外，识字教学同样成为美国早期教育的重要任务。

英语是表音文字体系，识字教学中，首先强调培养音位意识，其次，注意词汇的拼写规则，从语言结构成分上分析、理解词语的意义。

在美国，识字教学从幼儿园开始，一直持续到小学 5 年级。教学中强调对识字策略与方法的掌握。识字策略是读者用于识别词语的手段，词语识别指的是正确地说出或解码（decode）词语的能力，它不是指知道这个词语的意思；帮助学生理解词语意义的知识的教学叫词汇发展。“词汇发展”及词汇教学内容将在本书第四章进行具体介绍。

本章以《加利福尼亚州公立学校英语语言艺术内容标准》为例，介绍识字教学的目标与任务，探讨识字教学的策略技巧及其评价方式等内容。

[1] 张志公. 漫谈语文教学 [M] // 张志公文集（三）. 广州：广东教育出版社，1991.

第一节 培养音位意识

汉语的字是由笔画组成的，识字教学从认识笔画名称开始；英语的词是由字母构成的，因此，识词教学便从认识字母开始。经过 12 天的字母学习，学生认识 26 个字母之后，教师开始培养他们的音位意识。

一、什么是音位意识

音位意识，是指在口头语言中，能够听懂、识别和控制单一的音——音位——完成听说任务的能力。孩子们在学会阅读文字材料以前，需要有意识地知道这些单一的音在词语中起到的作用，知道词是由这些单一的音或音位组成的。音位在书写时用两条斜线，把记音符号括在里面，比如 /p//t//k/ 表示三个不同的音位。

音位是语言中能够区别意义的最小的语音单位。音位的最大特点是它们能够区别词语的不同意义。比如，把 hat（帽子）的第一个读音 /h/ 换成 /p/，这个词就变成了 pat（抚摩），显然，hat 和 pat 具有不同的意义。可以看出，这里用来替换的字母代表的不是笔画符号表示的音素或单一的音 h 和 p，而是它的音位 /h/ 和 /p/。

怎么判断学生是否具备了音位意识呢？可以从四个方面进行评价。

第一，在一系列的词语中，辨别用相同的音开始的词，比如，bell（铃）、bike（咬）、boy（男孩），开头都有一个共同的音 /b/。

第二，分离和说出一个词的第一个或最后一个音，比如，dog（狗）开头的音是 /d/，sit（坐）最后的音是 /t/。

第三，在一个词语中，组合或合并分离的音，说出这个词，如

/m/ /a/ /p/——map。

第四，把一个词拆散成分离的音，比如 up——/u/ /p/。

教学实践证明，那些具有音位意识的孩子比缺乏或没有音位意识的孩子更容易学会阅读和拼写。

在美国阅读教学中，音位意识是一个使用频繁的术语，学生很容易把它与别的概念混淆，产生误解。误解之一是把音位意识和自然拼读法看成同样的东西。实际上，音位意识不是自然拼读法，音位意识是把口头语言中的音联合起来组成词的知识；自然拼读法是一种训练学生把语音和符号联系起来的阅读教学法，是预测音素和字素之间的关系的知识，自然拼读法中提到的字母代表书面语言中的那些音。孩子们必须先具备音位意识，然后才可以从自然拼读法教学中获得益处。那些不能够听和说出词语的音位，不能用这些知识完成学习任务的孩子，他们在书面语言中看到音位的时候很难学会怎么把读音和符号联系起来。误解之二是把音位意识与语音意识等同起来。实际上，音位意识和语音意识这两个名词是不可以互换使用的。音位意识是语音意识的下位概念。语音意识具有更宽泛的意义，它不仅包括音位意识，而且包括音素，比如辨别和应用口头语言中的语言结构单位，如词语、音节、爆破音和韵脚，甚至还包括声音的其他方面的意识，如节奏、头韵和语调等。

二、培养音位意识需要多少时间

音位意识的养成对识词和拼写具有很大的促进作用，它有助于学生学会阅读。但是，音位教学的课堂时间也不必过长，全部教学时间一般不超过 20 个小时。

学生的音位意识往往会有不同程度的差异，有些学生比其他学生需要更多的教学指导。区分音位意识差异的最好办法是在开始音位教学之前，对学生的音位意识进行评估，评估的结果将会告诉教师哪些学生需要指导，哪些学生不需要指导，哪些需要教更难一些的知识。

三、为什么要培养学生的音位意识

从本质上说，音位意识的养成可以帮助学生学会阅读，包括学前班、幼儿园和 1 年级的孩子，以及那些刚刚开始阅读，或者稍大一点还不能阅读的孩子。

音位意识教学能够提高学生阅读作品的能力，通过影响词汇阅读来提高他们的阅读理解水平。如果要求孩子能够理解他们所读的材料，他们就必须能够快速、准确地朗读词语。孩子一旦能够快速、准确地朗读词语，他们就能够把注意力集中到所读内容的意义上。当然，词汇量的大小和生活阅历也会影响阅读理解的水平。

音位意识教学特别强调怎么把一个词分离成一个个的音位，帮助孩子学会拼写。具有音位意识的孩子能够懂得把音和字母用一种可预测的方式联系起来，这样，当他们拼写的时候就能够把读音和字母联系起来了。笔者在加利福尼亚州的一所小学考察时，就亲眼观察到一位老师领着几个孩子坐在圆桌边，用积木做成的字母块进行拼写训练，培养学生的音位意识。

四、怎样进行音位意识教学

实践证明，音位意识是可以通过教与学来获得的。教师在教学过程中可运用多种活动来构建学生的音位意识。

音位意识教学的科学研究成果表明，下面这些教学方式方法和手段对于教师的课堂教学来说，具有特别的价值，教师也特别感兴趣。

1. 音位分离法

让学生辨别一个词里的单一的音。

教师：van（运货车）这个词的第一个音位是什么？

学生：van 的第一个音是 /v/。

2. 音位同一法

让学生辨别不同词语里的相同的音位。

教师：fix（固定，修理）、fall（秋天，落下）和 fun（有趣的）这几个词里相同的音位是什么？

学生：它们的第一个音位 /f/ 是相同的。

3. 音位归类法

让学生辨别一组词语中有“奇怪”读音的词。

教师：bus（公交车）、bun（卷曲状的头发）、rug（地毯）这三个词中，哪个词不属于同类？

学生：rug 不属于同类，它开头的音位不是 /b/。

4. 音位合并法

让学生分别听一系列口头音位，然后，把它们合并起来成为一个词，并且写下来，朗读出来。

教师：/b/ /i/ /g/ 是什么词？

学生：/b/ /i/ /g/ 是 big。

教师：现在，让我们写下 big 这个词的音：/b/ 写作 b，/i/ 写作 i，/g/ 写作 g。

教师：（在黑板上写下 big）现在，我们一起来读 big 这个词。

5. 音位分解法

让学生把一个词分成独立的音，当老师点到这个音的时候，学生说出它们的每一个音。然后写下来，并朗读这个词。

教师：grab（攫取）这个词里有多少个音位？

学生：/g/ /r/ /a/ /b/，四个音位。

教师：现在，让我们写下这个词里的音：/g/ 写作 g，/r/ 写作 r，/a/ 写作 a，/b/ 写作 b。

教师：（在黑板上写下 grab）现在，我们一起来读 grab。

6. 音位减除法

把一个音位从一个词里搬走，让学生辨识余下部分组成的词。

教师：smile（微笑）这个词去掉 /s/ 是什么词？

学生：smile 去掉 /s/ 是 mile（英里）。

7. 音位添加法

让学生通过给已有的词添加一个音位的方法，组成一个新的词。

教师：如果在 park（公园）这个词前面加上 /s/，会组成什么词？

学生：spark（火花）。

8. 音位替换法

让学生给已有的词替换一个音位，组成新的词。

教师：这个词是 bug（臭虫），把这个词里的 /g/ 换成 /n/，这个新的词是什么？

学生：bun（卷曲状的头发）。

五、怎样评价音位意识教学

联邦教育法案规定，从 2 或 3 年级开始，所有公立学校的学生都必须参加州标准统一考试，那么，音位意识教学发生在语文学习的初始阶段，不作为州标准化考试的评价项目，如何考查与评价学生的掌握程度？加利福尼亚州尔湾学区运用与加州《阅读》教材配套的评价资料，如 Summative Tests（综合测试）对学生进行评价，对音位意识的评价标准与教学目标相一致。南卡来罗纳州的“早期教育评价”中，K ~ 1 年级的准备指导评估也包括对音位意识的考查和评价。

第二节　自然拼读法教学

一、自然拼读法的定义

自然拼读法，也叫看字读音教学法，是美国小学语文常用的识字教学方法，是一种训练学生把语音和符号联系起来的阅读教学法。比如，在教学 Phonics 这个词的时候，让学生把字母 ph 与它的读音 /f/ 联系起来。

自然拼读法教学与音位意识教学是两个不同的概念。音位意识是关于词是由单个的音组成的知识，比如，当学生在学习 duck（鸭子）和 luck（幸运）两个词的时候，能够说出 duck 有三个音位 /d//u/ 和 /k/，那么他就具有了音位意识。音位意识是关于语言的读音的意识，它可以不借助印刷文本的教学而获得。音位意识的发展是幼儿园教师的重要教学目标。

自然拼读法教学，主要教给孩子关于词的书写符号（形）和读音之间正确联系的知识，让孩子们运用这些联系去朗读和书写词语。教学中，自然拼读法教学往往有不同的名称，包括：

笔画—音位联系（graph–phonemic relationships）

字母—声音联系（letter–sound associations）

字母—声音对应关系（letter–sound correspondences）

声音—符号对应关系（sound–symbol correspondences）

声音—拼写（sound–spelling）

尽管有这些不同的名称，但是自然拼读法教学的最终目标是帮助孩子学会并且正确运用符号系统的规则。这些规则在口头和书面语言之间存在着系统的、可预测的关系。知道这些关系将有助于孩子准确、熟练地辨别熟悉的词，理解（解码）新的词。简言之，符号系统规则有助于提高学生在孤立和有联系的两种情况下的读词能力。

二、自然拼读法教学需要持续的时间

对大多数学生来说，自然拼读法教学大约持续两年的时间。如果自然拼读法教学在幼儿园开始，那么，教师将在 1 年级结束的时候完成教学任务；如果自然拼读法教学在 1 年级初期开始教学，教师应该在 2 年级结束的时候完成教学任务。

三、自然拼读法教学的重要意义

第一，系统而直接的自然拼读法教学能够极大地提高孩子的识词和拼写能力。在幼儿园或 1 年级就开始系统而直接的自然拼读法教学的话，将会对孩子的阅读成绩产生很大的影响。实践证明，那些接受了系统直接的自然拼读法教学的孩子将比没有接受这种教学的孩子具有更强的朗读和拼写能力。

第二，系统而直接的自然拼读法教学能够显著提高孩子的阅读理解能力。与没有接受系统的自然拼读法教学的孩子相比，接受了系统的自然拼读法教学的孩子对所读内容具有更强的理解能力。这并不奇怪，因为准确、快速地读词能力与成功的阅读理解能力有着很大的联系。

第三，系统而直接的自然拼读法教学对来自不同社会阶层和经济地位的孩子都是有效的。不管学生的社会经济地位如何，系统直接的自然拼读法教学对他们的语文学习都是有利的。与没有经过系统的，或者没有接受过自然拼读法训练的孩子相比，自然拼读法训练能够帮助那些来自不同社会背景的孩子在阅读方面取得很大的进步。

第四，系统而直接的自然拼读法教学对那些阅读有困难的孩子，发展未来阅读能力相当有利。系统的自然拼读法教学能够帮助那些处在学习困境中的孩子克服阅读困难。

第五，系统而直接的自然拼读法教学开始得越早将会越有效。在幼儿园或 1 年级就开始自然拼读法教学，将会更加有效。要使年幼的学习者的自然拼读法学习变得有效，系统的自然拼读法教学必须经过适当的设计，它应该包括字形、名称、音位意识教学，以及所有的“形—音联系”教学。应该确保所有的孩子都能学会这些技巧。在教学过程中，孩子应该学会使用这些知识读写词语。

第六，对初学阅读的孩子来说，自然拼读法教学也可以与其他阅读项目结合起来进行。在自然拼读法教学的同时，应该巩固孩子的语言符号系统知识，进行一系列的音位意识教学活动，给他们大声朗读故事和说明性文本。他们还可以大声地朗读和默读文本，书写字母、词语、消息和故事。

如果只是把自然拼读法教学与其他教学活动混合起来进行，而不是直接而系统地进行教学的话，学生所获得的读写词语的能力将会受到很大的限制。

四、自然拼读法教学的方法与策略

一般说来，自然拼读法教学主要有两类方法：一是直接自然拼读法教学，二是间接自然拼读法教学。

1. 直接自然拼读法教学

直接自然拼读法教学主要有两种课型：一是整体—部分课，也叫作分析自然拼读法；一是部分—整体课，也叫作归纳自然拼读法。这两种课型都有各自的支持者。

（1）整体—部分教学法

从句子开始，然后回归到词，直至读音—符号之间的联系，是使用这种方法的课型要解决的主要问题。怎样运用这种方法实施教学呢？下面以对 sh 结尾的词的教学为例来说明。

①教师在黑板或卡纸上写出一组句子，每个句子的某个词里都有一个共同的成分，画出目标词。

My mom went to the bank and came home with a lot of cash.

We went to the market and bought some fish and potatoes.

I helped her mash the potatoes.

After dinner, my brother Fred broke a dish.

②学生跟教师一起大声朗读每一个句子，然后大声地朗读画线的词（cash，fish，mash，dish）。

③教师再说："画线的词语里有个同样的成分，它是什么呢？"学生就会注意到每个词结尾部分的 sh，如果他们说不出来，教师就告诉他们。

④现在，可以把关注的焦点放到词的读音—符号的联系上。教师在黑板上写出 sh，当教师指到字母的时候，学生读出正确的读音。

⑤学生再重新朗读这些目标词，反复几遍。

（2）部分—整体教学法

这种方法从单一的读音开始，然后建构词语。教学步骤如下：

①教师在黑板上写出符号（sh）然后告诉学生它读什么音。

②学生说出目标词，每一次教师都指向那个词。

③教师展示出字母的组合，把它们组合起来使之成为词。教师在卡片上写出大大的 ca、fi、ma、di，使学生都能看得清楚。教师把这些卡片放到黑板上的 sh 前面，学生再把这些音组合起来，形成新的词，比如 ca 和 sh 读作 cash。

2. 间接自然拼读法教学

教师用来进行音位意识训练及关于印刷品概念[1]的教学活动，同样可以运用于间接自然拼读法教学。当然，重要的是帮助学生把词的读音与符号联系起来。

（1）分享读书的体验

幼儿园的教室前方一本大大的教科书摆放在高高的书架上，学生可以看到教师正在朗读的词。教师可以翻到有韵的词语的页面，指着这些词，学生跟他一起说出这些词。有时候，这些故事里的词可以看作是直接教学法的基础。比如，读了那篇由 Dr. Seuss 写的 *The Cat In The Hat* 之后，教师可以顺着课堂教学引导学生学习韵脚是 -at 的词。

（2）用韵脚和单调的儿歌进行的语言游戏

韵脚和单调的儿歌可以用于读音—符号关系的教学。如果教学的目标是自然拼读法教学而不是音位意识训练的话，学生必须看到他们正在唱的这些词，要记住它们（音位意识只是简单地听懂读音）。比如，教师教学混合辅音 br，教师在一张卡纸上写下这个绕口令：

Brilliant Brenda broke the brand new brush.

[1] 关于印刷品概念的教学只集中在幼儿园与 1 年级阶段。幼儿园时要求掌握的印刷品概念有：识别封面、封底和扉页，在印刷页面上看词依照从左到右、从上到下的顺序，了解印刷材料提供的信息，认识书面句子是由单个的词语组成的，从词中辨别字母；认识和说出字母表中所有大写与小写字母的名称。1 年级时要求掌握的印刷品概念有：把口头词语和相应的书面词语的搭配起来，辨别阅读文选的标题与作者，辨别字母、词和句子。

杰出的布罗恩达打破了这个牌子的新刷子。

大家一起大声地朗读这个绕口令，画出 br，慢慢地读出绕口令。

（3）问候语、环境印刷品、孩子的名字，教室里的各种东西

这些东西都可以成为自然拼读法的教学材料，都可以通过把字形和读音联系起来的方式用于自然拼读法教学。比如，孩子们被要求制作一个以 p 开头的词汇表（pencils、people、paper 等）。把这些词写在黑板上，强调目标词的音形联系（比如，在每个词开头的 p 下面画上横线）。

五、自然拼读法教学的评价

1. 孤立状态的解码

给学生一组词语表，要求他们朗读这些词，教师做好记录。

2. 语言环境的解码

这是最重要的自然拼读法考试，因为它要求学生读出故事或者信息文章的一部分。学生大声地朗读一个片段，或者两三个片段里的句子，教师记下学生的差错，寻找那些被错误识别的词。教师特别找到那些读音—符号模式重复错误的词。这种考试是非正式的干预阅读的一部分。

3. 孤立状态的编码

传统的拼写测试就是在完成一项独立的编码任务。教师大声地读出词，学生写下听到的词。这是我们所说的听写词语。

4. 语言环境的编码

学生被要求写出一些句子或一个片段，教师分析学生写的内容，从中了解学生是否掌握了读音—符号之间的联系。

第三节　直接识字法教学

自然拼读法不是唯一的识字方法。本书第四章第二节“词汇教学的技巧与方法”部分将进一步讨论运用上下文语境和词的语素结构分析法识别词的方式，这里探讨视觉词语识字法。视觉词语识字法是一种不必依赖其他词语的辅助、一看即识的直接识字法。从使用的角度，学生应该掌握的一看即识的基本词有四种类型：

高频词，这些词语在孩子的阅读文本里出现的频率很高，比如“和”“的”“或”等。有许多现成的高频词语表供学生学习使用，比如*Edward Fry's List of 240 "Instant Words"*（爱德华·弗拉尔的240个一见即识词语表）。

拼写不规则的词语，如dove（潜水）、great（伟大）。

孩子们很想知道的词语，通常为他们在写作中想用的词语，比如dinosaur（恐龙）、Burger King（汉堡王）。

在内容领域中常用的词，像社会研究和科学研究中常用的词语，比如insect（昆虫）、butterfly（蝴蝶）。

学生学习基本词的方法很多，这里介绍常用的三种。

一是词语库。

词语库是孩子们自己的词语集，他们能够独立识别这些词语。这些词语被印刷在小卡片上，装在一个小塑料包或其他容器里（常常由教师写下这些词）。最初是孩子们的名字，以及其他一些孩子们可能知道的词语，比如宠物、兄弟以及自己所住的大街的名字。教师再添加一些词，比如高频词、孩子们想知道的词，以及内容领域里的词。当词语库增加到100个词的时候，它就变得很笨重，这时候应该把它变成个人小词典，把相同字母开头的词放在一起，给它们编上页码。

二是词语墙。

教师在教室里制作了各种各样的“词语墙”，上面陈列着学生正在学习或将要学习的词语。用一张大卡纸在中间写着主题，比如“昆虫类”，与此有关的词语写在周围。开学的第一周，教师就把学生的名字写到“词语墙”上，然后再把高频词和内容领域的词逐渐添加进来。

三是基本词的直接教学法。

一般采用“整体—部分”的方式教学下面这些基本词。

（1）教师把要教学的词写出来，比如 who, want, there, your。

（2）教师在一个句子里写出每一个词，完全用故事的形式写出来，在目标词下面画线。

“Who has my ball？” Matt asked. “I want it back.”

“There it is,” Janet said. “Your coat is on top of it.”

（3）教师大声地朗读这些句子，用手指着读到的每一个词。

（4）学生跟教师一起大声地朗读这个故事。

（5）接下来，教师把每一个目标词写在黑板上，指着一个词，拼读，要求学生拼读，最后再说。

（6）这些词会被添加到学生的词语库里去，也可以写在纸板上。

例如，笔者在加利福尼亚州尔湾学区 Northwood 小学里考察时发现，教室的墙壁都被装饰得五彩缤纷，贴满了各种名目的识词卡纸、识词儿歌，真可谓是琳琅满目。这一个个词语库，一张张词语墙，仿佛是一本本识字教科书。

教室的墙壁成为识字教学的园地，成为孩子们学习词语的资料库，像“我们从日历中学词”“快乐的生日”“我喜欢的节日食品”等都是用来识词的宝贵资料。

该校3年级教室的黑板下面挂着一份“秋天”的词语表，这是圣诞节来临之际学生写作时需要用到的一些词语，它们分别是“秋天的名词”“秋天的动词”“秋天的形容词”，如下表所示。表中词语反映了第一批清教徒登陆美洲历经磨难的故事，他们在当地土著人的帮助下幸存下来；第二年秋收的时候，他们开始感恩，感谢当地人对他们的救命之恩。学生掌握了这些词语，写作时表达的内容就会丰富起来。在这里，词语成为建筑语言大厦的材料。这种集中识字法有利于成群地记忆和掌握大量的词汇。

秋天的名词	秋天的动词	秋天的形容词
美国早期移民	降落	幸福的
印第安人	航海	快乐的
火鸡	生长	悲伤的
五月花	采摘	悲哀的
英格兰	烹调	饥饿的
丰饶角	援助	感激的
感恩节	准备	寒冷的
越橘	分享	愤怒的
南瓜饼	感恩	储藏的

与教材配套的资料还有看字自然拼读法资料库。

这种识字教学大致从幼儿园开始一直持续到小学毕业。识字教学的具体目标与任务，在加利福尼亚州语文课程标准的“识字”部分有具体的陈述，这里从略。

第四节 拼写教学

一、拼写的定义

在美国，拼写教学是语文基础知识教学中一项不可忽视的内容。拼写知识与词语识别技巧密切相关，那些很好地掌握了自然拼读法技巧的孩子，能够很好地把词的符号与读音联系起来，他们可以成为熟练的拼写者。学会拼写，有助于扩展他们的词汇量，提高他们的写作能力。

英语中的拼写主要指学生能够运用“正字法”知识，正确地拼写词语。

自然拼读法教学主要训练学生把读音与符号或图画联系起来的能力。严格地说，拼写不是一门单独的课程，它不像音位意识和自然拼读法教学那样，需要在一定的时间里专门完成特定的教学任务。

二、拼写教学的目标与任务

拼写教学需要完成哪些教学任务？表 1 是《加利福尼亚州公立学校英语语言艺术内容标准》K ～ 8 年级拼写教学的具体目标与任务。

表 1　加利福尼亚州 K ~ 8 年级拼写教学具体目标与任务

内容领域	年级	目标与任务
书面语言和口头语言规范	K 年级	运用前语音知识、字母表的发音和字母名称知识独立地进行拼写
	1 年级	正确地拼写由 3 ~ 4 个字母组成的短元音单词和适合本年级水平的基本词（sight words，亦称视觉词汇）
	2 年级	正确地拼写常用的不规则的单词（如 was, were, says, said,who），正确拼写基本的短元音、长元音、r 音节和辅音组合
	3 年级	正确拼写含有组合、缩约（缩略）、复合、正字法式样的单音节词（如 qu，辅音双写，单数变成复数时将词尾的 -y 改成 -ies）和同音异义词（如 hair,hare）
	4 年级	正确拼写词根、屈折成分、后缀、前缀以及音节构成
	5 年级	正确拼写词根、后缀、前缀、缩写词、音节合并
	6 年级	正确拼写易拼错的词（如 their, they're, there）
	7 年级	通过词根和词缀拼写派生词
	8 年级	正确使用拼写规范

实际上，拼写属于语言规范的问题。音位意识是关于词语读音的知识，学生听到词语的读音，知道它是由一个个单一的音位组成的，并且能够把整体的词转变成单个的有意义的音；自然拼读法教学则主要是把词的读音与符号联系起来，让学生对自己听到或看到的词进行解码，识别词语。至此就主要完成了识词中音、形联系的教学任务。

我们知道，要想牢固地掌握一个词，仅停留在词的音、形联系阶段还远远不够。词是有意义的，学生能够把词的音、形、义联系起来，并且牢固地掌握和正确地运用它，能够自如地对听到或看到的词进行编码或解码，才算是真正地掌握了这个词，才算是建立起了这个词的“心理词典”[1]。“所谓识字者，谓见形而知声、义，闻声而知义、形也。”[2]这些正是拼写教学需要完成的任务。

三、教学拼写的策略与方法

拼写发展阶段理论认为，学生的拼写发展一般要经过四个阶段：前语音阶段—语音阶段—过渡阶段—规范阶段。

学生的拼写发展阶段不是在一夜之间能够完成过渡的，而是逐渐从一个阶段过渡到另一个阶段。在拼写教学中，教师要做的第一步就是确定学生所在的拼写发展阶段。这一点很重要，因为教师的最终目标是把学生从他所在的这个拼写发展阶段提升到下一个阶段。

一般情况，教师可以采取下面两种方法进行拼写教学。

1. 系统的拼写教学

（1）拼写列表和测试

传统的教学方式是教师每周在课堂上为学生提供 10 ～ 20 个词语，让学生去学习。教师需要考虑学生应该学习的词汇数量。对有些学生而言，一周学习 4 ～ 5 个词是比较合理的。为学生选择合适的词语也是很重要的事情。哪些词语类型应该出现在拼写测试里呢？

[1] 心理词典（mental lexicon）最早是特雷斯曼（Treisman）在 1960 年提出来的。他认为心理词典是由许多词条组成的，这些词条具有不同的阈限。当一个词条的激活超过阈限时，这个词就被认知了。

[2] 艾伟《汉字问题》，转引自《语言文字应用》1999 年第 4 期 第 52 页。

那些有共同的正字法模式的词族：韵脚、缩合词（如 motel=motor+hotel）、二合字母（如 ch, sh, ea）、复合元音、前缀、后缀，以及有共同词根的词。

高频词，特别是那些词形变化不规则的词。

共同需要的词：一个班里的几个学生有正确拼写的共同需要，但都感到困难的词。

内容领域里的词：来自社会研究和科学单元的词。

教师在拼写教学过程中，可以运用这样一系列拼写策略帮助学生学会正确的拼写。

第一，当这个词含有正字法模式的时候，教师应该直接、明确地教学正字法模式的知识。比如教到韵脚是 -ate 时，拼写列表中应该有几个词拥有这个模式，比如 mate（老练的）、fate（命运）、late（迟的）、hate（恨，讨厌）。

第二，应该教会学生怎么去自学这些词。下面的步骤正是自学词语的简单方法：

看这个词，自己说出来；

自己说出词里的每一个字母；

闭着眼睛，自己拼出这个词；

写出这个词，检查拼写；

再次写出这个词。

第三，教师应该使用多种感觉技巧教学，特别是对那些年幼和学习有困难的孩子。这些技巧包括运动感觉的方法，像用大大的笔画“书空”，触觉的方法，比如在砂纸上描写出某个词，等等。

第四，教师应该选择那些便于直接教学构词法和词源学的词。构词法的教学集中在前缀、后缀和词根方面，词源学主要研究词的起源和发展。比如 6 年级教师可以把下面这些词包括在拼写测试里：nutrition（营养）、nutrient（营养的）和 nurse（护士）。这些词有一个共同的来源，即拉丁语的 nutrire，它的意思是 nurture（培育）。

（2）小组和个别拼写指导

拼写教学和测试必须同小组和个别的教学指导衔接起来。对拼写测试和学生的写作分析两个方面的评价结果表明，一些孩子需要提供特别的指导。这些孩子应该组成一个小组，教师对他们进行直接而明确的正字法模式指导。有时候只需要 10 分钟的课，在一对一的情况下教给学生一些学习模式，让学生重复他们不能正确拼写的那些词，效果就非常明显。

需要注意的是，小组和个别指导的目标不是立即达到完美的阶段，而是让学生从拼写学习的一个阶段向下一个阶段过渡。因此，教师需要考虑下面这些因素：

在前语音阶段，课堂教学应该集中在关于印刷品的概念、音位意识和自然拼读法方面，学生需要获得符号系统的规则，然后在词的符号和读音之间建立正确的联系。

在语音阶段，主要集中在自然拼读法教学上，教给学生有规则的、经常出现的音、形联系的词汇，课堂教学应该涉及韵脚、前缀和后缀等知识。

当学生成为过渡阶段的拼写者的时候，教给学生一些构词法和词源学知识相当有用。

到了规范阶段，拼写者应该扩展他们的知识，通过学习不规则的词和特别的内容领域的词，比如，在“行星”这个单元，学生将会学习怎么拼写“小行星”（asteroid）、“卫星”（satellite）和“运行轨道”（orbit）。

2. 情境中的拼写教学

学生在社会研究和科学等内容领域里借助写作活动已经学会了一些拼写技巧，他们需要有机会去应用和实践。相关年级的拼写列表中应该包括这些来自其他学科领域的词。关键是在社会研究和科学课上，为学生提供写作散文、笔记和报告的机会。在写作中运用和实践他们已经学到的拼写技巧。

拼写测试，主要从两个方面进行：一是词语听写，二是通过写作运用拼写技巧和方法。

加利福尼亚州尔湾学区小学正是按照这些方法和策略指导学生识词的。一个教师领着几个学生，大家围坐在圆桌边摆弄着各类识字卡片或学具，学生在教师的指导下把一个个的字母拼写成词语。

识词教学在小学很受重视。他们认为："教育改革最具希望的前景在小学，在正规教育的头几年。"布什总统在《不让一个孩子掉队法案》里忧心忡忡地说道：

"公立学校的质量直接影响到我们每一个人——不论是家长、学生还是公民。但是，美国有太多的孩子因期望值低、识字少和缺乏自信心而被隔离开来。在劳动力技能要求日益复杂化的世界里，仅就识字而言，孩子们正在落后。"

第四章 词汇教学

词汇教学是在词语的音、形、义之间建立一种相互联系。学生需要掌握有效的词汇学习策略和方法，养成自主学习和独立阅读理解的能力，最终获得词汇与概念发展能力。

词汇教学是阅读教学中不可分割的一项重要内容，是《不让一个孩子掉队法案》“阅读第一”项目中规定的五个教学领域的重要组成部分之一。在美国，词汇教学贯穿了从小学到高中语文教学的全部过程。

严格地说，词汇教学不是独立的教学项目，而是与文章或作品的阅读理解紧紧联系在一起的。各州阅读标准考试和毕业考试中都涉及词汇考查项目，国家教育进步评估测试也包括词汇测试项目。笔者从美国《2009 年国家教育进步评估阅读框架的规定》中了解到，从 2009 年开始，国家教育进步评估专门设置对“意义词汇”的考查项目，对“怎么考”“为什么要考”这类问题，他们有一套以科学研究为基础的理论依据。可见，词汇教学在美国语文课堂教学中深受重视，因此，本书单独设立“词汇教学”一章，具体介绍美国语文课堂上词汇教学的方法、策略等相关的理论问题。

需要说明的是，本章讨论的词汇教学与第三章“识字教学”不是一回事。识字教学是为了培养学生在读音与符号之间建立联系，正确地说出或理解（解码）词语的能力，一般不严格要求知道所识词语的意义，只要求识别这个词的音和形，在音形联系的基础上理解它。根据上下文语境正确地理解某个词的意义，将其与概念发展联系起来，提高阅读理解能力，帮助学生知道词语意义的知识，则是词汇教学的目标。

第一节　培养词汇发展能力

从词义的角度说，对词汇意义理解程度的高低与学生能否进行有效交流密切相关。词汇理解在阅读理解中起着相当重要的作用。理解文本，从理解文本中的大多数词的意义开始，如果不理解文本中的大多数词的意义，就不可能理解正在阅读的文本。而教师又不可能教给学生所有的词汇，因此，系统的词汇发展知识和词汇分析技巧，在阅读教学中显得相当重要。

从语言类型特征来看，英语属于屈折语[1]，英语的词除表示词汇意义的词根之外，还有表示语法意义的附加成分，词根和附加成分结合得很紧密，二者共同构成词汇的整体意义。比如 important 这个词，它的词汇意义是“重要的”，是形容词，如果在前面加上“un-”表示否定意义“不重要的”；如果在后面加上“-ly”表示词性由形容词变成了副词；而 importance 则成为一个名词，后缀“-ance”表示名词性的语法意义。由于词性的变化，词在句子中的意义和用法都会发生相应的变化，否则该句就会成为有语病的句子。正是由于英语语言的这些特征，词汇教学便成为阅读教学中不可忽视的一项重要内容。另外，在语言的使用中，英语的词还有人称、数和格（主格 / 宾格）等形式的变化，这些知识对学生的阅读和写作都非常有用，它们是学生学好

[1]　这是以词语构造为标准对语言进行的分类，从词的语法结构上把语言分为四种类型：（1）词根语，也叫孤立语，如汉语，其标志是在一个词里，词根和词缀本身没有变化，以词序和辅助词作为主要的语法手段；（2）屈折语，如英语，主要依靠词的内部屈折和外部屈折来形成词的语法形式；（3）粘着语，如日语，将具有一定语法意义的附加成分粘连在词根或词干上形成语法形式的派生词；（4）多式综合语，如北美印第安的契努克语，该语言的特点是，一般语言中，句子成分作为附加成分包括在词里，一个句子就是含在一个动词的大的语法形式里面了。

语文必须掌握的基本知识。

英语词汇研究表明，英语语言系统自身有着严格的特征，虽然英语属于表音文字，但是英语词汇拼写却不仅是基于声音的，而且是建立在词汇意义基础上的，声音和意义的联系是拼写基础的重要部分。

词汇教学就是在词语的“音—形—义”之间建立一种相互联系。由于教师不可能为学生提供所有陌生词的直接科学的教学，也不可能教给学生一篇课文里所有词的意义，学生必须能够自己去推断和理解一些新词的意义。这样，他们需要发展有效的词汇学习策略和方法，以便培养自主学习、独立阅读理解的能力，获得词汇与概念发展能力。

学生究竟需要获得哪些词汇与概念发展能力呢？下面以《马萨诸塞州英语语言艺术课程框架》为例，介绍学生应该养成的具体的能力目标。该州课程框架“普通标准”的语言部分提出，学生学会并掌握成年生活所需要的词汇的最有效途径，就是阅读各类资料。

据估计，一般的孩子进入学校学习时，他们所拥有的词汇量很少，但是一年之内他们学会的阅读词汇量便在 3000 ~ 4000 个，到 8 年级时他们所掌握的词汇量将在 25,000 个，高中毕业时能够达到 50,000 个。有计划地安排词汇教学项目将有助于学生扩大词汇量，这样，不仅能够帮助学生发现他们在阅读和写作中遇到的有用词汇，而且能够帮助他们理解所读的文段，同时还可以教给学生通过运用语境知识、词缀知识和词典，独立地理解陌生词汇意义的方法。

该课程框架还认为，学生理解并习得新词汇，在阅读和写作中正确地运用、进行清晰的思考和准确有效的交流的能力，都与个人词汇储备量有很大的关系。丰富的词汇量能使读者理解所读的文本，灵活地控制说话和写作的行为。学生调动已有的获得新词汇策略的时候，寻找和运用文雅词汇的兴致会提高词汇本身的趣味性。

具体地说来，马萨诸塞州要求 K ~ 12 年级学生应该获得的词汇与概念发展能力如下：

年级	学习目标
K ~ 4 年级	学前班 ~ 幼儿园（PreK ~ K） 4.1 辨别和分类普通词汇，把它们分成不同的类别（颜色、形状、质地）。 4.2 用通常的、具体的语言描述普通的物体和事件。 1 ~ 2 年级（G 1 ~ 2） （在需要和实践更难理解的文本的时候，继续提出先前的标准） 4.3 辨别和把普通词汇分成不同的概念类别（反义词、生活用品）。 4.4 辨别词根词（如 look）和它们的屈折变化形式（looks,looked, looking）。 4.5 辨别多义词在一定语境中的相关意义（saw/saw,see 的过去式，锯子或锯）。 4.6 辨别一般的反义词和同义词。 4.7 运用单纯词意义的知识推测陌生的复合词的意义（lunchtime, daydream, everyday）。 4.8 运用初级词典判断词语的意义。 3 ~ 4 年级（G 3 ~ 4） （在需要和实践更难理解的文本的时候，继续提出先前的标准） 4.9 辨别普通前缀的意义（un–, re–, dis–）。 4.10 辨别普通的希腊语和拉丁语词根的意义，来判断陌生词语的意义。例如，学生探讨普通的希腊语词根 graph（图表 / 曲线图）的意义，有助于他们理解 telegraph（电报）、photograph（照片）和 autograph（手稿）的意义。 4.11 辨别普通习惯用语和比喻性短语的意义。

续表

	例如，学生搜集和解说这些短语：It’s raining cats and dogs（瓢泼大雨）.It’s only the tip of the iceberg（冰山一角）. That happens once in a bluemoon（极为罕见）. 4.12 辨别语言趣味游戏的运用，Puns, Jokes, Palindromes（双关语、笑话和回文[1]）。 4.13 运用上下文语境判断陌生词语的意义。 4.14 鉴别和运用多义词（sentence, school, hard），能够判断句子语境中词语的正确意义。 4.15 判断词语的意义，依据词典和同类词汇编来更换词语的选择。 4.16 辨别和应用反义词、同义词和同音异义词这些术语的含义。
5 ~ 8 年级	5 ~ 6 年级（G5 ~ 6） （在需要和实践更难理解的文本的时候，继续提出先前的标准） 4.17 运用上下文线索（定义和例子）来判断陌生词语的意义。 例如，学生选择词汇词语，然后运用定义和例子中的上下文线索把它们写进句子里，如“Residents were aghast–shocked–at the destruction”（居民们被这种毁灭所震惊）。 4.18 运用普通的希腊语和拉丁语词根、前缀和后缀知识判断陌生词语的意义。 4.19 运用词典和同类词汇编判断词语的读音、意义、替换词语的选择，以及言语的各个组成部分。 7 ~ 8 年级（G7 ~ 8） （在需要和实践更难理解的文本的时候，继续提出先前的标准） 4.20 运用上下文线索（对照、因果关系）来判断陌生词汇的意义。

[1] 与汉语的回文格式有所不同，英语的回文（palindromes）以字母为单位，如 madam 是词的回文，Able was I ere saw Elba（我能够被看到之前看到 Elba）是句子的回文。

续表

	例如，学生搜集包含着对照、原因—结果线索的例句，如“Most organisms need oxygen to survive, but many types of bacteria are anaerobic（多数生物体需要氧气才能生存，但是许多细菌则是anaerobic）”（对照），或者“Because so much of the town was destroyed, rebuilding it will be anarduous task”（由于城市破坏程度如此严重，重建将是一件 arduous 的事情）（原因—结果）。学生可以把这些词和短语列成表格形式，属于对照线索一类的词语有“但是”“然而”“另一方面”“除外”，属于原因—结果类线索的词语有“因为”“由于”“作为结果”“因此”等。 4.21 运用普通希腊语和拉丁语词根、前缀和后缀知识判断陌生词语的意义。 例如，当读到在太空或海底探测的人的时候，学生会碰到 astronaut(宇航员）和 nautical（航海的）这些词，运用希腊语和拉丁语词根中体现这些词意义的上下文语境，然后列出一份词汇表，表中词汇是以其他普通的希腊语和拉丁语词根为基础的，并且在科学资料中能够找到的。 4.22 运用词典和同类词汇编来判断词语的读音、意义、替换词语的选择，以及词的组成部分和词源。
9 ~ 10 年级	9 ~ 10 年级（G9 ~ 10） （在需要和实践更难理解的文本的时候，继续提出先前的标准） 4.23 正确地鉴别和使用习惯用语、同源语、词语的字面意义和比喻意义，以及表示不同意义和功能的词形变化形式。 4.24 运用希腊语、拉丁语和斯堪的那维亚语神话、圣经，以及英国和美国文学中经常提及的知识去理解新词语的意义。例如，学生在文学作品中偶尔碰到 narissistic 这个词，让他们反复去读 narissistic（自我陶醉，自恋癖）神话，再去理解这个词的意义。当学生在科学阅读中遇到 genetic 或 mercury 这些词，让他们去读《创世纪》的一部分，

续表

	以便理解 genetic（创始的，遗传的）；或者去读关于墨丘利神的神话，以便理解 mercury（墨丘利神；信使，向导）或 mercurial（mercury 的形容词形式）这些词的意义。 4.25 需要拓展学习的时候，使用常用词典、专业词典、同类词汇编或相关的参考书。
11 ～ 12 年级	11 ～ 12 年级（G11 ～ 12） （在需要和实践更难理解的文本的时候，继续提出先前的标准） 4.26 通过对新词语与其他词语不同关系的研究，正确地鉴别和使用新词语。 4.27 需要的时候，使用常用词典、专业词典、同类词汇编、语言历史和引文所在的文本，以及其他相关参考书。 例如，学生在他们喜欢的文学选段中，每选择一个词，都到同类词汇编里检查它所有的同义词，从意义的角度，看看每一个同义词是否都可以替换，讨论它们的形式。学生也可以推断作者在专门选择使用该词时所做的其他方面的考虑。

这份课程框架清楚地表明马萨诸塞州词汇教学所应达到的教学目标，这些目标按照年级阶段逐步完成，内容具体、细致，并且随着年级的增长，难度逐年加大。美国其他州的语文课程标准中，关于词汇教学也都有类似的目标和要求。这些正说明：在美国，教育虽然实行州或地方自治，但某一领域或课程的教学目标与要求在科学研究的基础上逐渐达成一种共识。

第二节 词汇教学的技巧与方法

美国教育认为，词汇教学的全部目的在于使学生获得学习词汇的技巧和方法，帮助他们成为独立的词汇学习者，能够推断并理解在广泛的阅读中经常遇到的陌生词汇的意义。

一、词汇的类型

《加利福尼亚州教师阅读能力评价测试准备指导》把词汇分为五种不同的类型：

（1）听力词汇，指的是一个人在听别人说话时能够理解的词汇。

（2）说话词汇，指的是一个人与别人谈话时使用的词汇，这些词汇通常比听力词汇的数量要少一些。

（3）写作词汇，指的是写作的时候使用的词汇。

（4）视觉词汇，指的是学生能够辨认并且正确发音的词汇，也可以称为朗读词汇。

（5）意义词汇，指的是当学生默读文本时能够理解的词汇。学生要获得这类词汇，教学中，教师需要帮助他们发展词汇意义方面的知识。各类考试中所涉及的词汇都属于这种类型，对意义词汇的理解有助于读者对文本的阅读理解。

研究表明，要扩大学生的词汇量，让他们在默读过程中能够理解所读词汇的意义，教师应该做到以下三点：

（1）给足学生独立阅读的时间，增加他们阅读书籍的类型。

（2）教给学生重要词汇的意义。

（3）教给学生推断陌生词汇意义的方法和策略，当他们独立阅读遇到不认识的词时，能够根据已有的词汇知识推断并理解陌生词汇的意义。

词汇教学中，教师应该教给学生什么样的词汇呢？

（1）重要词汇。在学生阅读课文之前，直接教学那些对课文或概念理解很重要的词汇。教给学生一些词汇学习策略，让他们能够运用相关策略和方法来推断并理解其他词汇的意义。

（2）有用词汇。教给学生容易理解并且能够多次运用的词汇，比如，学生学习 fragment（碎片）或许比 fractal（碎片）这个词有用，同样，学习 revolve（旋转）或许比 gyrate（旋转）更有用。

（3）困难词汇。针对一些理解有难度的词汇，给学生提供一些指导。比如多义词，在上下文语境中，不同的拼写和读音有时会有不同的意义。遇到多义词，有时查字典仍会让人感到迷惑。看到一长串的义项，该选择哪一个才适合呢？教师必须帮助学生决定他们应该选择的义项。惯用语对某些学生来说也是很困难的，特别是对英语语言学习者（第一语言非英语的学生）来说。因为惯用语或俗语通常指的并不是单个词的意思，常常需要向学生解释它的整体意义，比如：

hardhearted（无同情心的，冷酷的）

a chip of\off the old block（酷似父母的子女）

drawing a blank（抽空签，希望赢而未赢，希望找到而未找到，终于失败）

get the picture（了解情况）

二、掌握理解词汇意义的方法

学生理解词汇意义的有效技巧很多。很多教师设法在每一周教给学生更多的词汇意义。匹兹堡大学的研究者认为，学生能够学会的词汇量是巨大的——中等水平的小学生一年能够学会 350 ~ 400 个词的意义。也就是说，一周大约可以学会 9 个词。这样，教师应该谨慎地选择每一个应该教学的词，这些词应该是学生不知道的，可他们能够学会，而且这些词的意义很重要，掌握它们能使学生读懂教师要求阅读的故事或课文。[1]

他们认为，有两种词汇教学技巧的方式是相当无效的。一是教师把词语简单地写在黑板上，告诉学生它们是什么意思；二是要求学生查字典理解词语的意思，而对学生查找的结果不作任何讨论。

一般情况下，教师常用如下方法进行词汇意义的教学。

1. 线索技巧

这是由 Joan Gipe 创立的一种教学新词语意义的方法。教师首先为将要教学的每个词语造出四个句子。第一个句子正确恰当地使用目标词，第二个句子描绘目标词的特征，第三个句子用学生能够理解的语言给目标词进行定义，第四个句子用目标词提出一个问题。

学生朗读句子，或者教师给学生朗读句子，然后学生写出第四个句子问题的答案。之后，教师和学生一起讨论他们的回答，集中在词汇的定义上。比如，教学 unicycle 这个词：

弗雷德的哥哥骑在 unicycle 上。这个 unicycle 看起来很奇怪，因为它只有一个轮子。unicycle 除了只有一个轮子之外，它很像自行车。你愿意学会骑 unicycle 吗？

学生在这样的语义环境中，围绕四个句子完成 unicycle（独轮脚踏

[1] 资料来源：《阅读教学能力评价》（Reading Instruction Competence Assessment），California Commission on Teacher Credentialing （CCTC），2004 by National Evaluation Systems, Inc.

车）的学习任务，掌握这个词语的意义。

2. 语境再定义

语境再定义的词汇教学方法可以利用目标词的语言环境，体现学生合作学习的力量。这种方法对教学那些来自基础读物或者社会科学课本里的词汇特别有效，在人数少的小组学习中效果很好。教师首先从基础读物中找到一个目标词，这个词语是学生以前没有见过的，教师把目标词第一次出现的句子抄下来，最多是三个句子。比如：

正像我们知道的那样，在矿山营区没有政府管理体制。矿工成为 vigilantes，他们逮捕和处罚他们认为是犯了法的人。有时候，那些人被 vigilantes 逮捕了，vigilantes 对那些人进行快速的审讯，并且在当天就处死他们。

要求学生运用上下文线索猜测 vigilante 的意思。

这种方法的教学过程可简单概括如下：

首先，教师陈列目标词，学生猜测该词语的意思。作为一个小组，学生应该提出一个“最佳猜想”的定义。然后，学生或者教师朗读这三个句子。接着，学生用这个句子作为基础，再一次猜想这个词是什么意思，小组成员再次达成一致意见。如果这时学生还没有形成一个合理的定义的话，教师应该给他们展示词典中的定义。

3. 语义图（也称为词语图，或语义网络）

语义图在阅读准备教学中特别有用。运用语义图的方式，不仅可以教给学生词汇的意义，而且可以帮助学生激活已有的知识——这些知识与目标词的主要概念有联系。

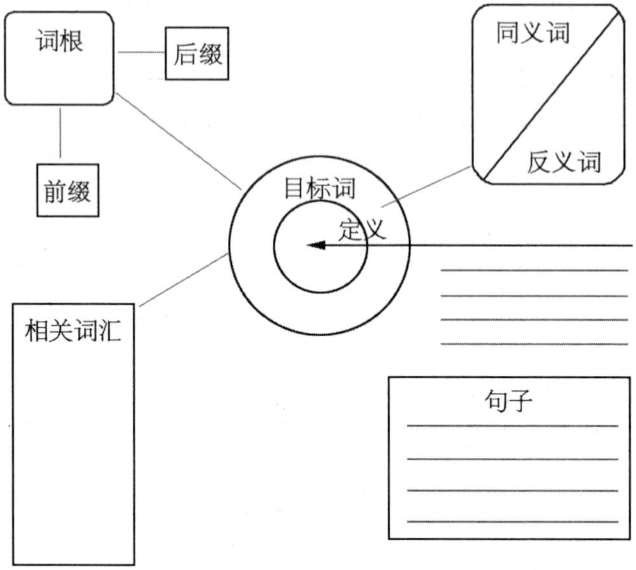

英语词汇习得示意图

如图所示，教师把目标词写在一个圆的中心位置，这个圆被画在黑板或卡纸上，然后围绕目标词这个中心画出词语或短语的语义网络。教师可以提供一些词语，并把它们写在黑板或卡纸上，一些相关的词语由学生提出来。当新词语提出之后，学生讨论它们与目标词的联系，把与目标词密切相关的词语圈画出来。

这幅英语词汇习得示意图是一种发散性的网络模式，处于网络模式中心的目标词正是词汇教学的目标。掌握目标词最关键的是要理解和表达它的定义，即要求学生掌握词汇意义。如何学会某个目标词？可以从该词的内涵和外延两个方面展开。从语义上说，分析词的构成，比如词根、前缀和后缀，这是理解词汇意义的技巧，把握词汇意义的手段。其次，根据词汇的意义进行发散性思考，找到该词的同义词和反义词，把词放到语义集合里，在比较与分析中实现对目标词意义的理解。这是从语义角度进行词汇习得的一种途径。同时，还可以根据词汇间的联系，找到与该词有联系的一些词，比如与之搭配的语言成分，在语音和拼写上与它相类似的词，在语义上与之相关的一些词，等等。

4. 词语归类

一个词只能依据一个标准归类。这个词被写在一张卡片上，教师和学生讨论每一个词，然后给它们分类。比如那些来自基础读物里的词语，类别可能是人物、环境和事件。这些类别被写在黑板上，学生对每一个词进行归类。这项活动用于复习先前学过的词语很有效。

5. 语义特征分析

语义特征分析对那些不止一个语义特征的词语教学活动相当有效。教师先建立一个坐标方格或者矩阵，用来辨别目标词的特征。沿着纵坐标轴列出目标词，沿着横轴列出语义特征。接下来，学生在每个词下面用“+”代表具有这种特征，用“-”表示不具有这种特征。如：

	教学词汇意义	运用上下文	运用图示
线索技巧	+	+	-
语境再定义	+	+	-
语义图	+	-	+
词语归类	+	-	+
语义特征分析	+	-	+

三、词汇学习的策略

除了教学词汇的意义之外，教师还应该给学生提供一些推断未知词汇的意义的方法。运用上下文线索和语素分析是两种常用的方法。

1. 上下文线索

很多时候，学生能够根据词语出现的语言环境，正确地猜测陌生词语的意义。阅读片段的语言环境将会提供理解这个陌生词语的意义的线索。

前面已经提及，这样的线索有两种：语义线索和句法线索（比如词序和词性）。

下面是指导学生运用上下文线索的一种常用方法：

教师准备一些文字段落，每个段落都包含着学生尚不认识的词。

第一步，教师朗读整个段落，在目标词出现的位置稍稍停顿作为提示——“我觉得我不认识这个词是什么意思”，然后继续朗读段落。

第二步，回过头来再次强调学生不认识的那个词语，大声地多说几遍。

第三步，再次大声朗读段落，并说：“我现在打算再读一遍，看看哪个词语能够帮助我理解不认识的这个词。”

第四步，圈出这个“助手词”之后，说：“我觉得这个不认识的词语叫某个名字，指的是____________。”

第五步，大家猜测该词语的意思，并且把得出的意思与词典里的定义进行对照。

接下来，教师要求学生独立地演示上面的每一步。教师可以通过突出目标词，帮助学生找到“助手词”。最后要求学生在没有画线和圈出词语的情况下，运用上下文线索理解词汇的意义。

2. 语素分析

语素分析要求学生通过观察词的组成部分来确定词语的意义。这种方法也叫作结构分析法。首先，教师应该知道一些与词汇结构有关的语言学术语。

（1）定义

语素是语言中最小的有意义的单位。英语里只有两种语素：有词缀的和没有词缀的。不是所有的音节都是语素，有些词不止一个语素。

词缀有三类，附加在词根前面的叫前缀，如 non-、un-、pre-；附加在词根后面的成分，叫后缀，如 -ment、-er、-ly；附加在词语中间的，叫中缀。

前缀和后缀中有一些是粘着语素，它们只能附加在词根上才有意义，不能单独出现的。比如 un-、-est。自由语素是有意义的，能够单独出现的语素，比如 test（考试）。

教师应该教给学生语素知识，帮助他们理解不认识的词语的定义。这些语素知识包括前缀、后缀、普通词根、同义词和反义词，以及希腊与拉丁语的词根和词缀。

（2）教学前缀、后缀和词根的模式

教师可以按照整体—部分，或者部分—整体的方式教给学生关于词根和词缀运用方面的知识。

按照整体—部分的方式，教师常常采取以下步骤教学：

1）展示几个句子，每个句子都包含着目标词根、前缀或后缀。

2）大声地朗读画线的目标词，辨别主要的常用成分。圈出常用的前缀、后缀或词根。

3）与学生一起探讨前缀、后缀和词根的意义，如果他们不能进行推断和理解的话，应该告诉他们这些成分的意义。

4）给学生提供一些常用的词缀或词根，看学生是否能够说出相应的词语。

5）可以帮助学生建立一个“词汇墙”，分享常用的语言成分。

按照部分—整体的方式，教师往往采取以下步骤教学：

1）在黑板上陈列出词缀和词根，并且告诉学生它们的意义。

2）准备一些卡片，上面写着一些词根，加上前缀和后缀，组成一个有意义的词。

3）帮助学生把每一个新组成的词用到句子里，把它们写到黑板或者卡纸上。

（3）同义词和反义词

扩大学生词汇量的一个好办法，就是教学中运用同义词和反义词玩游戏。

教学同义词的方法是，先写出5个词，每个词都有一个明显的同义词，写出包含着这5个词的段落，并且突出强调这5个词。如果学生不理解这个词的时候，这个片段将会给学生提供上下文语境的线索。然后，给学生提供10个备选词语，其中5个词是目标词，它们都有同义词，另外5个词与它们中的任何一个词都不构成同义词。让学生选出已经突出强调的词语的同义词。

反义词教学也可以运用同样的方法进行。

3. 使用字典

最终，学生可以通过查字典的方式学习词汇的意义。这里，有些地方需要特别注意。首先，确保这个字典能够满足学生发展的需要，里面有适当的词汇，有足够的字体，学生喜欢的定义，足够的插图。其次，依靠字典查找词语的意义，会产生一些问题。比如学生正在阅读的时候停下来查找字典，阅读过程显得很慢，而且分散了注意力，不能很好地理解正在阅读的文本；当学生查找目标词的时候，可能会不理解读到的定义，如果这个词不只一个定义的话，他们就不知道哪个定义最适合该语言环境。因此，要求学生使用字典以前，教师应该让他们学习查字典的技巧：怎么运用字母顺序查找词语，怎么辨别由相同字母开始但词语中字母顺序的不同，怎么寻找和使用引导词，以及辨别有多个义项的词条。

对教师来说，重要的是第一次教学时要向学生示范怎么使用字典，接着提供给他们合理地使用字典的实践指导，最后让他们独立使用字典查找生词的意义。

学生在词汇学习过程中，可以通过下面这些方式获得词汇的意义：

（1）从一个熟悉的词中学习新的意义。

（2）学习代表已知概念的新词的意义。

（3）学习代表未知概念的新词的意义。

（4）阐述和丰富已知词的意义。

第三节 词汇教学的基本原则

美国语文教育力求建立在科学研究的基础之上，课堂上的教学策略不只是单纯的感性经验的重复使用，而是经过实践多次验证的结果。任何一种教学背后都有一定理论支撑。

科学研究表明，人脑是一架寻求模式的机器，大脑里的某个组织似乎是专门设计了去寻找模式和意义，它会忽略对随意的无意义的信息的判断。英语词汇既不是随意的，也不是无意义的，事实上，它是系统的、有意义的。正是由于人类大脑对模式和意义存在着敏感区，这一科学研究才可以指导拼写和给词汇下定义的教学。

学生的词汇习得并不是任意的，无规律可循的，一般说来，词汇习得不仅存在着一种固定的模式，而且遵循着一些基本原则。

1. 系统性原则

当语言被语言学家视为研究符号的时候，它具有任意性，但是语言不是为研究而设，而是用来交际的工具。语言一旦成为交际工具，在一定的语言环境中使用的时候，它就绝不是任意性的符号，而是饱含着隐喻意义。一般情况下，语言的使用正是用我们熟悉的东西作为基本媒介去交流不熟悉的东西。

在学校或其他地方，对任何学科教学的研究都是对主题学习方式和思维方式的探究，这个主题先是确立自己的话语，然后建构相应的学科，使得学习方式和思维方式在语言和学科的学习中得到应用。大多数成功的教学都取决于概念与词汇之间、思想与表达思想的语言之间的关系。词汇不能任意地为思想、概念和事物贴上标签。相反，英语的词汇组成了一个系统，反映思想、概念和事物之间的联系。语言本身具有系统性，这就决定了语言的词汇学习必定要遵循系统性原则。

2. 偶然性原则

词汇作为表达理解的一种方式，在语言表达中被自然地偶然地运用着。

通常，人们只习得那些重要的必要的词汇，这些词汇能够表达他们对自己感兴趣的事物或话题的理解，以及他们在意的思想。人们通常只是在与关心同样事情的人的对话，或者阅读他们感兴趣的东西时，无意识地做到这一点。

语言运用的偶然性原则告诉人们，在阅读中会遇到什么样的词汇，在写作中又将运用哪些词汇表达思想感情，完全是偶然的、随机的，它会受到很多因素的制约。因此，词汇学习不能投机取巧，积累大量有用的词汇，掌握一套词汇学习技巧和方法很重要。

3. 概念化原则

词汇的学习可以帮助人扩大见识，使其在概念的理解和语言的理解方面同时获得进步。对词汇的理解和对概念的理解与把握息息相关。

词汇的运用虽然具有偶然性，但是词汇不是孤立地存在于语言系统中，而是与其他的语言形式相互依存。因此，词汇的习得方式不是单一的，词汇教学也不只是着眼于单个词本身，教学中，教师可以调动各种手段和方式进行教学。英语词汇将如何习得？本章第二节提到的词汇习得示意图所反映的正是词汇学习的模式和途径。

并不是所有的英语词汇都有规律可循。英语中有一些特殊的词汇，教学中难以用技巧和方法推断并理解它们。例如，当教师在教学物理和化学变化之间的区别的时候，会运用概念获得的方式教学 physical（物理的）和 chemical（化学的），教给学生理解这两种变化的差别。这时，教师会在黑板上写下 Physics 和 physician 请学生区分它们的不同，理解它们的意义。如果按照通常的词汇习得技巧和方法来推断的话，Physics是Physic的复数形式（这是一个过时的词，已经不再常用了），它的意义来自于“自然”和“自然科学”。而physician是由Physic加上后缀-ian表示“……的”“与……有关的”的语法意义。这样得出的结论“physician的意义是与自然科学有关的东西”是错误的，正确的意思是“内科医生”。同样，教师还可以列出与此有关的一串难以拼写的词，比如：

Physical（物质的，有形的；自然的，自然科学的；肉体的，物理的，身体的）

Physiology（生理，生理学）

Physique（体格，体形）

Physiognomy（相面术，面相）

当学生弄懂词的定义之后，可以运用句子语境来巩固和加强对词义的理解，并可以通过阅读含有该词的句子来验证这个定义，也可以通过造句的方式来运用该词。

学习者运用多种方式习得目标词，获得对目标词概念的理解。可见，词汇教学不是孤立地教学单个的词语，而是建立起一套教学模式，类似的词用相同的方式教与学，这样可以节省课堂教学时间，提高教学效率。

第四节 词汇教学的测试与评价

词汇教学成为阅读课堂上不可忽视的教学内容，对词汇教学的评价则是阅读教学评价的重要组成部分。

一、词汇发展的评价标准

在美国，词汇发展测试成为阅读考试项目之一，越来越受到重视。《2009 年国家教育进步评估阅读框架》的九条规定中，有两条涉及词汇教学的评价，它们是：

“这个评价将测试在语言环境中词汇的意义，将有足够的词语项目报告词汇知识领域里的有用知识。”

“专门的词汇研究将在 2009 年的评价中最先实施。以报告在实施评价方面的词汇项目的发展。如果研究允许的话，将优先考虑英语语言学习者和性别差异这两方面的专门研究。”[1]

2003 年 10 月，加利福尼亚州发布的《加利福尼亚州高中毕业语文考试指导》中，这样规定了词汇发展项目的考试范围：

词汇分析：

学生运用他们掌握的词源知识来判断他们在阅读材料中遇到的新词的意义，并且正确地使用那些词语。（7 个多项选择题）[2]

通过对《加利福尼亚州公立学校英语语言艺术内容标准》的分析，

［1］《关于 2009 年国家教育进步评估阅读框架的决定》（Resolution on the NAEP 2009 Reading Framework），2004 年 8 月 6 日由国家评价管理委员会一致通过。资料来源：www.nagb.org/cella.html

［2］这段话的英语原文是：Word Analysis （WA）: Students apply their knowledge of word origins to determine the meaning of new words encountered in reading materials and to use those words accurately.（7 multiple−choice questions）

笔者发现，识词教学从幼儿园开始，一直持续到 5、6 年级，初中 7、8 年级则侧重于“词汇和概念的发展”，教给学生从上下文线索理解并解释词汇的意义，以及其他词汇学习的技巧和方法。

K ~ 2 年级需要进行语音教学，培养学生的语音意识，教给学生辨音和识词的知识、方法和技巧。K ~ 1 年级还要教给学生关于印刷品的概念知识。具体的词汇教学评价标准如下：

加利福尼亚州词汇分析、流利和系统的词汇发展

年级		教学内容和目标
小学阶段	K ~ 1 年级	词汇分析、流利和系统的词汇发展： K 年级（幼儿园）：学生了解有关字母、词语和语音知识，并运用这种知识阅读简单的句子。 1 年级：学生能够理解阅读的基本特点，能够选择字母组合，并运用语音知识、音节划分法、词语分解法将其转化为口语以达到能流利朗读与默读的水平。 具体内容包括：关于印刷品的概念，语音意识，辨音和识词，词汇和概念发展。
小学阶段	2 ~ 4 年级	词汇分析、流利和系统的词汇发展： 学生理解阅读的基本特点。他们会选择字母组合，知道如何通过运用语音知识、音节划分法、词语分解法将其转化为口语，以达到能够流利地朗读和默读的水平。 具体内容包括：辨音和识词，词汇和概念发展。
小学阶段	5 年级	词汇分析、流利和系统的词汇发展： 学生使用词源、词与词关系的知识、历史上的和文学上的上下文线索来决定词汇的意思，理解本年级适宜词汇的准确意思。 具体内容包括： 识词： 流利准确地朗读叙述文和说明文，速度、语调和表情适当。 词汇和概念发展： 1. 根据词的起源确定生词的意思。 2. 理解并解释常用的同义词、反义词、同形异义词。 3. 知道来自希腊语和拉丁语的词根和词缀，并使用这一知识分析复杂词的意思（如 controversial）。 4. 在上下文中理解并解释单词的明喻和暗喻用法。

续表

初中阶段	6 年级	词汇分析、流利和系统的词汇发展： 学生使用词源、词与词关系的知识、历史的和文学的上下文线索来决定词汇的意思，理解本年级适宜词汇的准确意思。 词汇和概念发展： 1. 识别与理解比喻（修辞）语言和多义词。 2. 识别英语中常用的外来词的来源和意思，并能在说话和写作中准确地运用它们。 3. 在分析说明文时，运用词、句和段的线索确定生词的意思或旧词的新意。 4. 理解并解释相关词语的“隐含意义”（如“温柔地”“安静地”）。
	7 年级	词汇分析、流利和系统的词汇发展： 学生使用词源、词与词关系的知识、历史的和文学的上下文线索来确定词汇的意思，理解本年级适宜词汇的准确意思。 词汇和概念发展： 1. 识别散文和诗歌中的习语、类比、暗喻和明喻。 2. 使用来自希腊语、拉丁语和盎格鲁－撒克逊语中的词根和词缀知识来理解实义词。 3. 通过使用定义、例子、重述或对比来阐述词的意思。
	8 年级	词汇分析、流利和系统的词汇发展： 学生使用词源、词与词关系的知识、历史的和文学的上下文线索来确定特定词汇的意思，理解本年级适宜词汇的准确意思。 词汇和概念发展： 1. 分析习语、类比、暗喻和明喻以推断出短语的字面意义和比喻意义。 2. 理解英语发展史上最重要的要点，使用常见的词源来决定历史对英语词语意思的影响。 3. 在合适的上下文内使用单词意思，通过定义、转述、例子、比较和对照来证实这些意思。

续表

高中阶段	9 ~ 10年级	词汇分析、流利和系统的词汇发展： 学生应用词源知识确定他们在阅读材料中遇到的新词的意义，并且正确地运用那些词语。 词汇和概念发展： 1. 辨别和使用文学词汇与修辞语言的意义，知道词的来源。 2. 区分词汇的内涵与外延，阐述其内涵。 3. 辨别希腊、罗马和挪威神话，使用这些知识去理解新词的来源和意义，比如 narcissistic（自我陶醉，自恋癖）这个词就来自希腊那喀索斯神话。
	11 ~ 12年级	词汇分析、流利和系统的词汇发展： 学生应用词源知识确定他们在阅读材料中遇到的新词的意义，并且正确地运用那些词语。 词汇和概念发展： 1. 探索政治科学和历史中运用的那些有意义的术语的来源。 2. 运用希腊语、拉丁语和盎格鲁—撒克逊语的词根和词缀知识，去推导与科学和数学有关的术语（专有名词）的意义。 3. 辨别词语相似的意义，不仅分析其关系和推论，而且进行具体的比较，寻找相同点。

二、怎样评价学生的词汇发展情况

1. 评价词汇的意义

对意义词汇来说，教师可以选择标准化的、商业出版的试卷，比如基本技巧的理解测试（the Comprehensive Tests of Basic Skills, CTBS）、斯坦福成绩测试（the Stanford Achievement Tests, SAT），或者教师自己设计的用于评价学生的词汇意义水平的试题。

评价意义词汇通常用到如下四种模式：

（1）词在句子中或多项选择的回答中

目标词出现在短语或句子里，用下划线或斜体标明。考生必须从四个备选项目中选择正确的定义。

（2）选择同义词

测试词汇意义知识的另一种方法，要求学生为目标词选择同义词。

（3）类比

把两个词语放在一起，这两个词之间有一定的联系，然后出现目标词。学生必须选择一个词，这个词与目标词有相同的关系。比如：

head is to body as ________is to mountain.（the correct answer is peak）

头与身体的关系，就像______与山体的关系。（正确答案是“山顶”）

（4）词语与定义的搭配

列出一串词语，以及词的定义，让学生为每个词语选择正确的定义。

2. 语素分析测试

语素分析测试主要考查前缀、后缀、词根，以及复合词的知识。有时也叫结构分析测试。

词汇是语言的建筑材料，它既是语言这座万丈高楼的奠基石，又为语言大厦搭建了框架，词汇学习在语言学习中具有很重要的作用。词汇教学便成为美国语文教育必不可少的重要环节。

从本章讨论的词汇教学理论和指导方法中，我们大致可以这样认为，美国语文教育不是自由散漫的任意行为，而是建立起了一套教育理念和模式，并把教育研究成果与课堂教学实践紧密联系起来。这与美国教育政策加强教育科学研究的力度，并且把科研成果推广应用于教学实践的要求是相一致的。

第五章 阅读教学

我们国家正在逐渐地被分为两个“国家”：一个“国家”的公民具备阅读能力，而另一个“国家”的公民则不具备这种能力；一个“国家”的公民心怀理想，而另一个“国家”的公民则没有理想。

——《不让一个孩子掉队法案》

第一节 阅读的意义及其现实困境

培养阅读能力，在美国学校教育目标中具有相当重要的地位。早在1995年，美国前教育署署长、卡内基教学促进委员会主席欧内斯特·波伊尔就在他的《基础学校》一书中写道："毫无疑问，语言是各种学习的核心。每一个要在学业上获得成功的学生都必须学会有效的阅读、思路清晰的写作，以及有效的说和听。"在肯定"说和听是首先的"之后，他进一步指出："学会阅读是小学教育的首要问题……判断一所小学成功与否的最终标准也是要看该学校学生的阅读水平如何。""教学生学会阅读"成为美国小学教育的主要目标。

加利福尼亚州尔湾学区的学校正是通过对学生阅读数量的要求来实现对质量的要求，学区对那些达到规定阅读数量标准的学校给予奖励。

美国教育科学研究在阅读理论方面做了大量的研究，建立起一套可以运用于课堂教学的方法、策略和模式。很多州的课程标准里关于阅读教学的内容也都是建立在科学研究成果的基础之上的。阅读研究认为，阅读是一种复杂的学习行为，它既不是自动的，也不是被动的，而是一个高度的相互作用的过程。在这个过程中，学生必须迅速、流利、自动地处理语言文字，然后，融入自己在现实世界里的生活经验和已有的知识，构建文本的意义。

因此，在阅读教学过程中，要求学生构建作品背景，进行词语分析，获得词语知识和技能的发展，运用掌握的理解技巧与策略进行独立阅读与评价便显得非常重要。他们认为，阅读的目的是要明白文本的意思，阅读必须要有所收获。"孩子只有通过阅读才能学会阅读。学习阅读的最好方法就是把各种方法综合起来。克服阅读失败的最好方法是良好的阅读入门。”[1]他们还认为，在孩提时代就要打下识词基础，这一点非常重要。因此，《不让一个孩子掉队法案》中明确要求“把阅读放在第一位”，对参加“阅读第一”项目的州给予一定的资金援助与奖励。

美国的基础教育十分重视阅读训练，关注学生阅读能力的提高。事实上，从过去十几年的教育结果来看，美国大多数学生的阅读水平远远达不到他们所要求的熟练程度，学生的阅读能力亟待提高。培养并提高学生的阅读能力已经成为美国语文教育的当务之急。

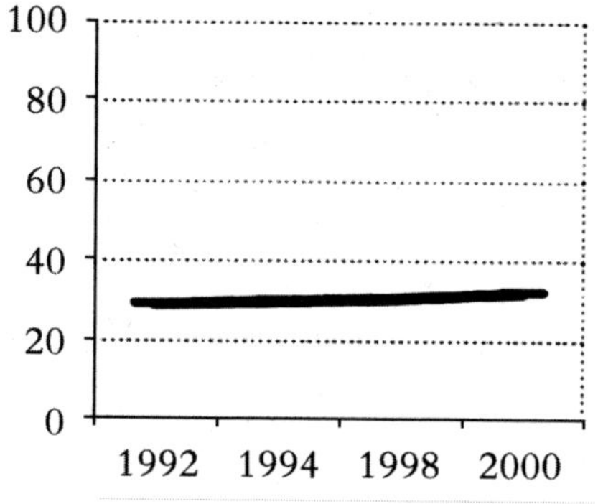

4 年级学生阅读熟练程度百分比

上图所反映的是 4 年级学生阅读熟练程度的百分比。[2]图示表明，从 1992 年到 2000 年，全国 4 年级学生只有 30% 左右的人达到了阅读熟练程度，有 70% 的 4 年级学生还在阅读的贫困线上挣扎着。据统计，目前美国还有 300 万学生是阅读不熟练者。

[1] 欧内斯特·波伊尔．基础学校［M］// 当代外国教育改革著名文献（美国卷 第四册）．北京：人民教育出版社，2004.

[2] 资料来源：No Child Left Behind , A New Era in Education. http://www.cde.ca.gov

联邦政府在阅读教育方面投入了大量资金，可是，国家教育投资与学生获得的阅读分数之间不成正比例关系，下面这幅图表反映的正是这种情况。[1]

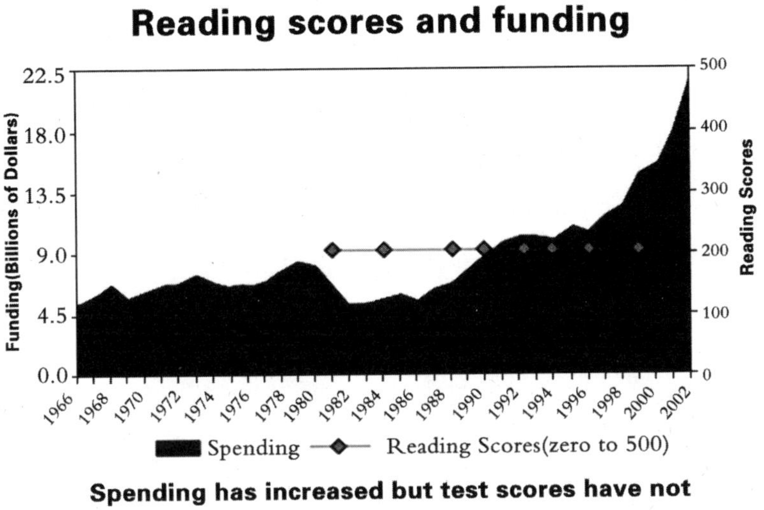

教育投资与阅读分数

从上图来看，联邦政府的教育投资从1966年的50亿美元到2002年的225亿美元，增长了4倍多，可是阅读分数却依旧停留在200分的水平线上，这离规定要达到的500分还有相当一段距离。

为此，联邦政府承诺，要保证每个孩子在3年级时能够学会阅读。为了达到这个目标，政府提出一项名为“阅读第一”的行动项目。“阅读第一”行动为各州提供了消除阅读障碍所需要的经费和工具。在这项行动中，进行多年的有关阅读的科学研究成果相继问世了，美国所有的学校都能使用这些研究成果。

[1] 资料来源：No Child Left Behind , A New Era in Education. http://www.cde.ca.gov

第二节 把阅读放在第一位

美国教育研究认为，对教育改革而言，阅读是基石，是基础，可是，他们有太多的儿童不能阅读。布什总统在《不让一个孩子掉队法案》中说道："今天，将近70%的城区4年级学生在国家阅读测验中未达到基本的阅读水平。"他还不无痛心地说道：

我们国家正在逐渐地被分为两个"国家"：一个"国家"的公民具备阅读能力，而另一个"国家"的公民则不具备这种能力；一个"国家"的公民心怀理想，而另一个"国家"的公民则没有理想。

于是，"通过把阅读放在第一位来提高读写能力"，便成为美国教育法案的一项重要决策。这项政策的两个基本要点是：

1. 注重最初年级的阅读教育

在这项政策之下，绝大多数州开始实施"阅读第一"行动计划。加利福尼亚州对K～1年级学生实施这项计划，并对K～1年级学生进行早期阅读项目评价。而纽约州则对K～2年级学生进行早期阅读评价。所有实施此项计划的州都将获得政府的资金援助。

2. 学前儿童阅读指导

参加"阅读第一"的州将获得另一个项目的资助，即新的"早期阅读第一"项目，在学前教育包括先期教育中心中，开展以研究为主的"阅读前方法"实验。

具体地说，如何实施"阅读第一"，通过"把阅读放在第一位"来提高学生的读写能力？教师在课堂教学中如何操作？如何评价学生的阅读能力？这些正是政府教育科研亟须解决的问题。

国家阅读小组在研究了10万名学生如何学习阅读之后，于2000

年 4 月发表了研究报告。报告中提到：

……有效的阅读教学包括教会孩子们区分和掌握单词的发音（音位意识），教会他们这些发音由字母表示，并能混合形成单词（基础语音教学法），让学生通过阅读练习学到知识并给予指导和反馈（指导口头阅读），运用阅读理解的方式指导和提高阅读能力。

“阅读第一”是建立在研究成果之上、对低年级以科学为基础的阅读教学计划进行的投资项目，保证更多的孩子接受有效的阅读教育，这意味着更多的孩子能在落后之前得到帮助。

在美国，人人都赞同这样的观点：所有的孩子都应该学会阅读。怎样才能教会学生阅读呢？长期以来，这是一个争论不休的话题。国家读写能力研究会借助国家阅读小组的研究报告《教孩子阅读》等成果，制定了教学指导手册《把阅读放在第一位》。这便是《不让一个孩子掉队法案》中提到的政府为各州提供的消除阅读障碍所需要的“工具”。这是对阅读活动研究多年的一项科学成果，美国所有学校的 K ~ 3 年级课堂教学都能使用这项研究成果。

《把阅读放在第一位》目前已经成为美国早期读写能力教学所遵循的范式，它为课堂提供教学内容、策略技巧和方法，以及各州早期读写能力教学及其评价的依据和理论基础。《把阅读放在第一位》规定的教学内容包括阅读教学的音位意识、自然拼读法、流利、词汇和课文理解五个领域，从对最基本的术语定义开始，比如对音素、音位、自然拼读法、音位意识、流利等概念的内涵都有明确的界定，提供具体的教学方法与步骤、教学策略与技巧、教学中可能遇到的难题，以及必要的理论基础知识，清晰地展示每一个领域的教学过程，具有很强的指导性和可操作性。

在“阅读第一”的行动计划之下，各州还开始实施早期读写能力评价项目，确保孩子在3年级时能够学会阅读。虽然各州评价名称会有差异，但是评价的手段和工具、内容和目标基本上一致。本书第十章将具体介绍美国早期教育评价概况，这里暂不赘述。

为此，把提高读写能力作为美国学校基础教育的培养目标，已是不争的事实。早在1991年，国会就签署了一项法案——《1991：国家读写能力法案》，其目的在于提高成年人的读写能力和基本技能，确保美国所有的成年人都能够有效地发挥必要的作用，在工作和生活中尽可能获得更多的机会，加强和协调成年人读写能力项目的实施。为了提高成年人的读写能力，政府花费了大量的人力、物力和财力。但这终究只是一种失败后的补救措施，为了防患于未然，最好的办法就是抓住在校学生学习阅读的机会，在基础教育的最初年级抓好阅读教学，跟踪并监控学生的阅读水平，这便是联邦政府实施“阅读第一”项目的真正意义所在。总之，联邦政府已经意识到，控制学校教育质量，提高学生的读写能力，必须把好3年级这道重要的关口。

第三节 阅读教学的目标与任务

一、为不同目的而阅读

美国学生阅读水平不高的事实，决定了阅读教学必将成为基础阶段语文课堂教学的重要内容。当然，在美国，“阅读”一词有着更多的内涵和更宽的外延。“阅读”除了指对印刷品的阅读之外，还涉及听和观察。阅读已经成为现代公民获取信息的一种行为方式。语文课堂教学中的“阅读”，有着特定的范围与所指，它不仅仅指学生对信息文章或文学作品的阅读，还指一种更广泛意义上的阅读，包括数学、科学、社会研究和历史等课程领域的阅读实践，学生从阅读这些内容领域的书本中获得知识，养成技能。翻开美国小学低年级的《阅读》（Reading）教材，我们看到，其中包括数学、科学、音乐、美术和体育等课程内容，阅读已经成为美国小学阶段的一门综合性课程。例如，在加利福尼亚州尔湾学区的 Portola 初级中学，教师要求学生每周必须按照这样的规定进行阅读实践：

星期一 科学

星期二 数学

星期三 历史

星期四 （自由选择）

星期五 语文

一周五天，每天安排不同领域的阅读内容。这就从一个侧面反映出美国阅读课堂教学的真实内容和教学情况。培养阅读能力是所有学科教师的任务。例如，《纽约州英语语言艺术标准》明确规定：所有课程教学的教师共同担负培养学生阅读理解能力的责任。可见，在美国，提高学生的阅读与表达能力，不仅仅是语文教师的职责。当然，各门课程进行阅读理解教学的时候，侧重点不一样，其他课程往往是为了获取知识、形成技能而阅读，而语文课上则是为了获取信息、进行文学分析和文学反应[1]而阅读。语文课堂的读写训练与其他课程的教学任务有着明显的不同。这是我们必须看到的事实。

二、阅读教学的目标与任务

美国各州语文课程标准相对独立，进行阅读教学时，学生究竟要达到什么样的目标，教师必须完成哪些教学任务，各州都有各自不同的规定。下面以《加利福尼亚州英语语言艺术内容标准》为例具体探讨。该标准对 K ~ 12 年级的语文教学任务和目标作了规定，教师需要完成的语文教学任务包括阅读、写作、口头与书面语言规范、听和说四个方面。

其中，阅读部分包括三个方面的内容：

（1）词汇分析、流利和系统的词汇发展。

（2）阅读理解（集中在信息材料的阅读）。

（3）文学分析和文学反应（侧重于文学作品的阅读）。

阅读部分这三个方面的目标在不同年段又有不同的侧重点。例如，整个小学阶段需要完成识词教学的任务，K ~ 1 年级的学生在“词汇

[1]　“文学分析”和“文学反应”是美国语文阅读教学中常用的两个术语，它们分别是两种不同的阅读要求。文学分析着重要求读者对文学要素进行分析，掌握作品运用这些文学要素在写作上有什么样的表达功能和作用；文学反应则是读者对作品思想感情内容的感悟、理解和表达。

分析、流利和系统的词汇发展”学习中，要求了解关于印刷品的一些概念，培养音位意识，学会辨音和识词，掌握词汇与概念发展的有关知识。初中阶段主要培养学生的词汇与概念发展的知识及技能。阅读理解、文学分析与文学反应在不同的学段同样需要完成不同的教学任务。例如 8 年级的学生在阅读理解方面要求做到：能阅读并理解适合于本年级水平的材料，通过运用他们对课文结构、组织和目的的知识描述并联系基本的观点、争论和视角。《文学读物推荐（K ~ 8 年级）》里说明了学生所需要阅读材料的特点和复杂程度。此外，学生自己每年还要阅读 100 万词，包括一篇适合本年级水平的优秀记叙文和说明文（如古典文学、当代文学、杂志、报纸和网上信息）。

11 ~ 12 年级的学生在阅读理解方面要达到如下目标：

（1）掌握实用性材料的结构特点

分析不同类型的公文，如政策声明、演讲、辩论、政纲等的特征、修辞手法，以及撰写者是怎样使用这些特征和手法的。

（2）理解和分析适合本年级水平的文本

分析文本的组织模式、层次结构，以及句法、词语选择是如何对中心思想产生影响的。

使用消费、工作、公众事务中的各种文件类型，核实由其他类型的说明文所表达的事实。

使用文本中的要点对作者的论点作出站得住脚的合理判断，以便支持和阐明有关说明。

分析作者对一个含蓄的或和明确的主题的哲学假设和信念。

（3）说明性评论

评论公文中所提出论点的说服力、有效性和真实性；评论对友好的或敌对的听众的劝说，评论这些论点在多大程度上预料到并针对了听众所关心的问题和反对意见（或借助推理、权威、情绪和感情）。

11 ~ 12 年级的学生在文学反应和文学分析方面要做到：

阅读并思考具有历史意义或文化意义的，并能促进他们学习历史和社会科学的文学作品。能够深入分析经常出现的文学主题。

具体地说，学生在文学反应和文学分析中应该达到以下方面的知识与能力目标：

（1）文学作品的结构特点

分析各种类型的诗歌（比如讽刺诗、诙谐模仿诗、寓言诗和田园诗等）的特征。

（2）对适宜于本年级水平的记叙性文本的分析

分析一篇选文中用主题和旨意来表达一种生活观的方式，用作品中提供的证据论证自己的看法。

分析如何运用反语、语气、语调，以及作者特有的风格和语言的声韵达到修辞或美学的具体目的。

分析诗歌如何运用想象、拟人、修辞和声韵激发读者的情感。

分析代表各种体裁和各种传统的美国文学名著：

1）追溯美国文学自殖民地时代以来的发展。

2）比较文学史中各主要时期的各种主题、风格和流派，并描述一个时期中不同文化背景的作者的著作在各个时期是如何相互联系和影响的。

3）对于形成文学作品中人物、情节、背景的那个历史时期的哲学、政治、宗教、伦理道德和社会环境进行评价。

分析由不同作者写出的世界文学名著：

1）对比重要文学时期，如古希腊荷马时期、中世纪时期、浪漫主义时期、新古典主义时期和现代主义时期等的主要文学体裁、写作技巧和写作特点。

2）将文学作品和作家以及他们所处的时代的主题与问题联系起来。

3）对于形成作品中人物、情节和背景的那个时期的哲学、政治、宗教、道德伦理和社会影响进行评论。

（3）文学批评

分析文学作品或论文如何就某一问题（如选举权、劳动组织中的妇女作用等）清晰、一致地表达政治观点。（政治探讨法）

分析文学作品中表达的哲学观点，以确定作者的立场是否有助于提高作品的质量和人物的可信度。（哲学探讨法）

在此基础上，加利福尼亚州语文教师则按照课程标准实施课堂教学，最终培养学生成为“流利的阅读者和熟练的写作者”“自信的演讲者和积极思考的听众”，培养他们成为“负责的公民”，“形成国家是一个集体的观念”。美国其他各州课程标准的培养目标也大致类似。美国国家《英语语言艺术标准》则明确表明语文课程教学的最终目标是：

确保所有的学生都能获得语言学习的机会，并得到鼓励，使他们形成为追求个人生活目标，包括丰富个人生活而发展语言技巧的观念，作为有教养的、有生产力的成员充分参与社会生活。

可见，语文教学的最终目标是“为了满足学生今天和明天的读写需求”，围绕这一目标设定的教学任务是从历史或文化意义上来界定的。

第四节 阅读180：全国阅读干预项目

本章第二节已经提到，美国教育虽然把阅读放在第一位，可是，他们的阅读教学结果却并不令人乐观，在某种意义上说，很多学生已经陷入阅读的困境。

2004年4月14日《纽约时报》发表题为《在城市，正开展一场提高青少年读写能力的战斗》的文章，把提高学生读写能力的行动称为“一场战斗”，可见美国学校存在的阅读问题很严重也很紧迫。文章指出，在凤凰市，有三分之二的9年级学生的阅读能力比他们应有的年级水平至少落后一年。有几千名学生每年成绩徘徊不前，因为他们不能很好地阅读，不能从课文中获得自己需要的信息。许多人退学之前在9年级和10年级花费了好几年的时间，最终没有成为熟练的读者。纽约市某高级中学校长说，最近有36%的9年级学生、43%的10年级学生被迫留级学习。优异教育委员会会长Frost先生说，全国范围内，有25%的9年级学生因为不能熟练地阅读，便不能学习那些为大学准备的充满活力的高级中学课程。不光凤凰和纽约两座城市如此，最近几年，几乎每个城市学区都已经开始实验项目，加强并支持开展青少年读写能力的训练活动。

在美国，有300万学生的阅读能力没有达到熟练程度，有太多的年青人在阅读领域挣扎着，他们连最基本的阅读技巧都没有掌握。虽然有些州的阅读成绩达标率能够达到70%，但阅读分数低于熟练水平的要求。如何满足那些挣扎在阅读困境中的学生的需要，提高他们的阅读水平，是今天美国教育工作者所面临的强制性任务之一。如何提高阅读水平，已经不仅仅是州和学区的问题，而是全国性的难题。因此，必须借助政府的力量，通过教育拨款和立法，建立项目和研究课题等方式来解决。“阅读 180”（Reading 180）便是这样一个全国性的、从小学到高中的阅读干预项目。在这个项目之下，各州和地方学区，以及学校开始了阅读干预行动。

“阅读 180”项目是“建立在十多年科学研究和最佳实践基础上的、被实践证明是有效的解决办法”[1]，这个项目凝聚了许多阅读研究专家的成果，建立指导中心，创设阅读氛围，用一种独特的方式对挣扎在阅读困境中的学生的迫切需要作出了有力的回答。该项目帮助学生发展阅读技巧，帮助他们成为流利的读者，在那些没有达到熟练程度的读者群体中，正在发挥着有效的作用。它的名称表达了研究者对提高阅读水平的期待和愿望：在提升阅读水平方面，给挣扎在阅读困境中的学生来一个 180 度的大转弯！

这个项目由 Scholastic 出版公司负责，该公司为学校和学区提供教学软件和教学计划，培训教师。这些服务都是有偿的，学校和学区购买教学软件，选派教师接受培训。比如凤凰市仅 2003 年就花费 300 万美元购买实施该项目所需要的“工具”。总之，“阅读 180”的设立，为提高美国学生的阅读水平带来了希望。

一、“阅读 180”与《不让一个孩子掉队法案》保持一致

“阅读 180”项目帮助教育者满足《不让一个孩子掉队法案》的责任要求。《不让一个孩子掉队法案》提出“阅读第一”，实施这一有效阅读项目，需要抓住五个方面的本质要素：音位意识、自然拼读法

[1] 资料来源：Reading 180 program，http://teacher.scholastic.com

教学、流利、词汇、文本理解。

“阅读 180”陈述了这些基本的阅读项目要求，帮助学校满足他们从提供优质评价手段到提供高质量的教师职业发展等其他项目的要求。

同时，“阅读 180”项目必须与州和地方学区的课程标准保持一致，才能使学生满足州标准化统一考试的需要。因此，Scholastic 出版公司制定了与各州课程标准一致的“新标准”。

二、“阅读 180”项目的教学模式

自 1999 年，“阅读 180”项目就已经开始进行教学实施了。整个教学过程中，教师对学生进行有序的阅读指导。教师指导与适当的教育软件（比如 CD、VCD）相结合，对学生进行阅读指导训练。

“阅读 180”课堂每天都为学生提供信息技术驱动的资料、教师直接指导、高兴趣的阅读材料，以及强化个性的 90 分钟训练。这 90 分钟训练的循环模式如下：

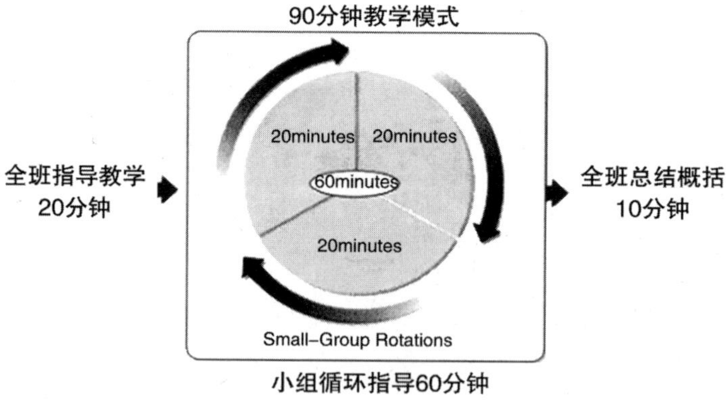

首先对全班学生进行 20 分钟的指导教学，然后是 60 分钟的小组

指导循环。这 60 分钟分成三个阶段，每一阶段 20 分钟，分别进行教师支持指导阅读、用软件指导阅读、用磁带书或纸质书示范或独立阅读，教师对学生分别进行小组个别循环指导。最后 10 分钟是面向全班的总结与概括。

教师辅导阅读的最好办法是一对一地教，但是，面对几千个学生，这种办法难以成为现实，因此，只有尽量缩小班额，一个班 24 个人，再分成三个小组，每小组 8 人。学生围坐在一起接受教师的指导。

“阅读 180”在用材料驱动并激发学生阅读兴趣的同时，要求学生尊重年长的同伴阅读者，满足那些迟钝的读者、学习残障者、特殊教育的学生，以及英语语言学习者（英语非母语的学习者）的需要。

三、“阅读 180”争取父母的理解与支持

2002 年 1 月 8 日签署的《不让一个孩子掉队法案》“给美国的学校带来了历史性的教育改革”，这场改革建立在以下四个基础之上：

（1）对教育结果的强烈的责任意识。

（2）为州和社区提供更多的自由。

（3）鼓励推广应用已被验证了的教育方法。

（4）为父母提供更多的选择。

与《不让一个孩子掉队法案》的“为父母提供更多的选择”相一致，“阅读 180”项目更需要父母或监护人的了解与支持。学校负责主动争取家长的理解，通过“致家长信”的方式，首先让家长了解自己孩子的阅读状况，然后要求家长配合学校做好提升孩子阅读水平的工作。

下面是加利福尼亚州尔湾学区介绍孩子阅读情况，以期取得家长支持的一封信。内容如下：

Smith, Joe, 6 年级　2003 年 3 月 3 日

尊敬的父母或监护人：

这封信的目的是让你分享 Joe 在阅读项目测试中取得的成绩，“阅读 180”将提供给你这个项目的概况。每隔一段时间，我们将发送给你学生的最新学习成绩。

“阅读 180”项目概况：

“阅读 180”项目是为 4 ~ 12 年级阅读水平低于熟练程度的学生开设的阅读项目。“阅读 180”项目包括以下几个组成部分：

利用学习软件，帮助学生建立阅读技巧，在关键领域为学生提供阅读实践，比如阅读理解、流利、词汇、自然拼读法和拼写。

磁带书帮助学生跟着叙述者、阅读教练一起大声地朗读，他们将给学生示范那些成功读者使用的阅读策略。

允许学生选择纸质书本进行独立阅读。学生会得到适合他阅读层次的、有很大兴趣的书本。

所有这些做法共同帮助学生建立成为成功读者的阅读技巧。此外，研究表明，这个项目还会提高学生的学习动机和获得成功的愿望。

了解孩子所在的阅读层次（请看表格右面的数据显示）：

<table>
<tr><td rowspan="12">这个阅读框架是测评学生阅读层次的一个尺度。这会帮助教师把学生分配到“阅读 180”项目，为学生的独立阅读匹配适当的书本，跟踪每个学生的进步，右边的图表提供每个年级大致相当的层次坐标，例如，2 年级通常读的书的层级范围在 300 ~ 500 之间。</td><th>年级</th><th>分级层次</th></tr>
<tr><td>1</td><td>200 ~ 400</td></tr>
<tr><td>2</td><td>300 ~ 500</td></tr>
<tr><td>3</td><td>500 ~ 700</td></tr>
<tr><td>4</td><td>650 ~ 850</td></tr>
<tr><td>5</td><td>750 ~ 950</td></tr>
<tr><td>6</td><td>850 ~ 1050</td></tr>
<tr><td>7</td><td>950 ~ 1075</td></tr>
<tr><td>8</td><td>1000 ~ 1100</td></tr>
<tr><td>9</td><td>1050 ~ 1150</td></tr>
<tr><td>10</td><td>1100 ~ 1200</td></tr>
<tr><td>11~12</td><td>1100 ~ 1300</td></tr>
</table>

Joe 已经完成了 Scholastic 公司补习的阅读目录，在评估阅读水平的测试中，他完成了他们已经读到的片段的有关问题。这些片段来自虚构和非虚构作品，也有来自信息材料的。

Joe 在分层测试中取得了 327 分的成绩。6 年级学生的分层阅读范围应该是 850 ~ 1050。SRI 的结果表明，Joe 的阅读低于年级层次。

确保孩子取得进步：

要想提高孩子的阅读能力，需要在家里和学校进行有规律的阅读实践。作为父母或监护人，家长需要每天挤出一点时间来支持孩子，经常听他们读书，鼓励孩子获得进步；为孩子选择合适的书本，选择适当层次的课文，关注孩子的阅读，满足孩子的兴趣，使他们取得进步。

下面表格中的内容是对家长支持孩子阅读的建议：

帮助孩子取得进步的 10 项活动
1. 读家长为孩子选择的书本，鼓励他们每天阅读 20 分钟。 2. 帮助孩子选择适合他阅读层次的书本。 3. 家庭订阅书本、杂志和报纸，表示家长对阅读的重视。 4. 跟孩子谈论邮件、广告和食品标签。 5. 跟孩子谈论词的问题。 6. 表现出成人也需要不断地学习新词语，制作一份家长打算学习的新词语表。 7. 鼓励孩子写信和明信片，或许孩子有兴趣写日记。 8. 表现出对孩子正在阅读的书的兴趣，问问故事情节和人物方面的问题。 9. 为孩子够能阅读的书本设置一个定期目标，目标完成时表示庆贺。 10. 租回孩子感兴趣的主题的录像，并且寻找与主题相关的书本。

“阅读 180”要求家长为孩子成为终身读者创造环境氛围。这封《致家长信》能够使家长更好地理解孩子的成绩，学校、教师和家长共同期待着孩子继续取得成功。

通过参与“阅读 180”学习，学生的阅读成绩将会获得提升。下面这个图表反映了波士顿、达拉斯和洛杉矶三座城市参加与不参加“阅读 180”学习的 9 年级学生在 SAT 考试中平均得分的对照情况。

Reading Score Gains on SAT-9,Spring 2000-Spring 2001

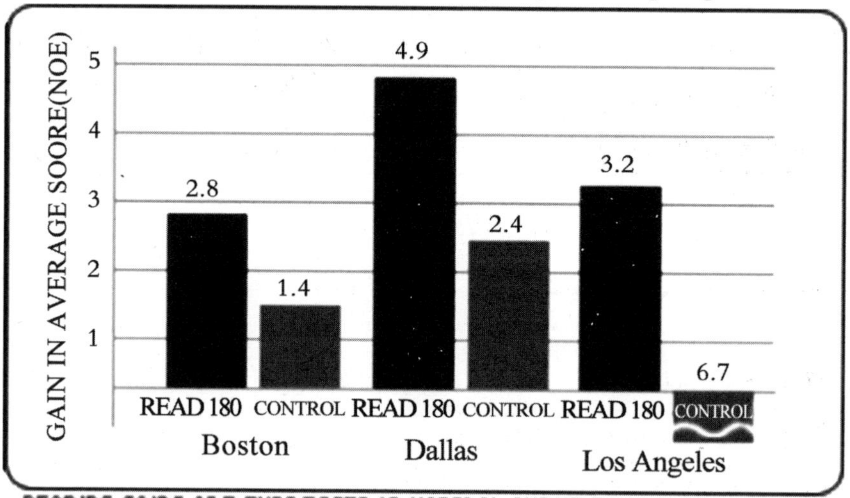

READING GAINS ARE EXPRESSED IN NORMAL CURVE EQUIVALENTS (NCES), AN EQUAL-INTERVAL SCALE. POSITIVE NCE GAINS REPRESENT IMPROVEMENT COMPARED WITH THE NATIONAL NORMING SAMPLE.

（图表信息来自“阅读 180”专业网站 http://teacher.scholastic.com）

图表中的浅色模块是没有参加“阅读 180”的“控制组”成绩，深色条代表参加“阅读 180”的学生成绩，两相对照，结果非常明显。其具体数据列表如下：

2000 年春季 ~ 2001 年春季 SAT—9 的阅读得分统计表

城市	参加组	控制组
波士顿	2.8	1.4
达拉斯	4.9	2.4
洛杉矶	3.2	−6.7

美国教育正是通过实施这样的阅读项目，渴望所有学生都能达到阅读熟练程度。其间还有漫长的路要走，因为美国学校，仅是 K ~ 6 年小学阶段，就有三分之二以上的学生母语非英语，他们的英语水平亟待提高。不过，从下面这幅艾奥瓦州阅读情况统计图表可以看出，美国教育人士对取得辉煌成绩充满着信心和期待。

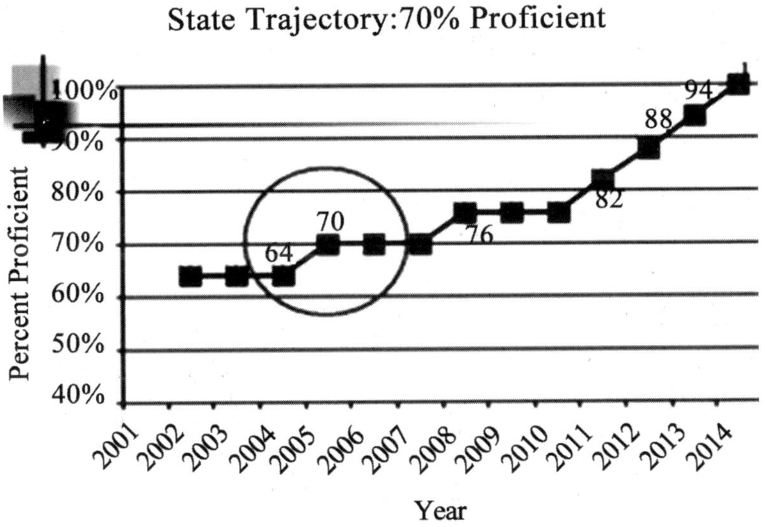

（资料来源： NCLB Update PPT，Judy Jeffrey, Director Iowa Department of Education，February 2005, http://www.state.ia.us/educate）

第五节 一堂初中阅读教学观摩课

美国中学阅读教学的课堂实践中，教师如何实现课程标准规定的阅读教学目标，完成教学任务，使理想的目标变成美好的教育现实？从长远目标来看，阅读教学是为了提高学生的读写能力，但从具体教学过程来看，其阅读教学就是为了考出好成绩，以满足课程标准的要求，实现布什总统在签署《不让一个孩子掉队法案》时说到的那样：

从此刻起，美国的学校将走上一条新的改革之路，一条新的关注结果的改革之路。

下面将要展示的是加利福尼亚州尔湾学区 Portola 初级中学一堂 8 年级阅读干预课教学过程，以及笔者从该班教室里所获得的语文阅读训练的相关信息。从这堂课的教学过程中，我们大致可以透视美国语文阅读教学理念及其实施情况。本节课的教学时间只有 35 分钟。

一、个性化的教室文化氛围

走进语文教室，感到这里的的确确是教师的工作室，凡是与教学有关的设备应有尽有，电视机、电脑、打印机陈列在教室的角落里。教室前面没有讲台，只有一把高脚座椅。学生座位后面的讲桌上，堆放着学生的作业及学习资料，也都凌乱得很。

教室前面横梁上悬挂着四个词语：determined、wary、vague、vex，很醒目，这四个词语用黄色 A4 纸打印，显得孤零零的。

严格地说，这四个词语的书写不符合英语拼写规则，没有注意大小写，就连词首字母也是如此。不过，这倒与这间教室的布置和风格显得协调一致。

与本校 7 年级语文教室相比，这个班级教室的布置具有更大的随意性。墙壁上贴着教室规则：

1. 尊重别人。

2. 铃声响时坐到自己的座位上，等待上课。

3. 说话之前先举手。

4. 完成所有的家庭作业和课堂作业。

5. 听从指导。

6. 绝对不允许个人修饰（化妆、涂唇膏、梳头发等），吃东西，喝水，嚼口香糖和玩玩具等。

7. 完成的作业要整洁。

学生如果不遵守教室规则，将会受到一定的惩罚，承担如下后果：

1. 警告。

2. 营养餐 / 午餐 / 放学后扣留 10 分钟。

3. 打电话给父母，整个午餐时间都扣留。

4. 被送到校长助理那儿去。

5. 被勒令停课，做家庭杂务。

这些教室规则很普通，也很简单，都是对学生的日常规范和要求，但是，这些细节却能够反映出教师对学生的行为习惯所进行的实时监控与及时指导。用规则约束他们，用后果告诫他们，加强学生的责任意识，让学生知道，如果不守规则将会自食其果。

这是 8 年级的阅读干预课，此前的加利福尼亚州阅读项目考试中，这些学生的成绩很不理想，因此需要采取措施干预他们的阅读行为，以提高其阅读成绩。下面这份表格是该校 2004 年参加州标准考试的结果，百分数表示达到熟练程度及熟练以上程度的比率[1]：

年级	该学校通过率	州平均通过率
6 年级	24%	36%
7 年级	23%	36%
8 年级	21%	33%

在当年州标准考试中，该校 8 年级学生的阅读达标率只有 21%，比州平均熟练程度的 33% 还低。

学生的阅读能力为什么这样差？其实，这样的结果并不能完全归咎于教师，它与学生的语言文化背景等实际情况有着密切的关系。这些学生来自世界各地，其中白人孩子只占 11%，而第一语言为西班牙语的学生占 73%，还有非洲、亚洲等地的学生，他们的第一语言是非英语的，这就为他们的英语阅读带来很大麻烦。下面这份图表是 2003 ~ 2004 年度该校生源情况：

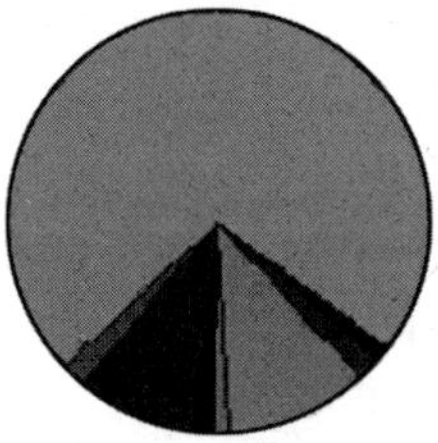

民族	本校
非洲裔学生	2%
亚洲裔学生	9%
菲律宾裔学生	2%
西班牙裔学生	73%
土著美国学生	1%
太平洋地区裔	2%
白人	11%
混合人种	1%

[1] 资料来源：Portola Middle School Home: http://www.greatschools.net

这种情况在加利福尼亚州，以及美国其他地区都普遍存在。语言文化背景的复杂性使得美国课堂的阅读教学变得更为艰难，提高英语成绩任重而道远。这也使得美国教育不得不在提高学生的阅读熟练程度方面花费大量物力财力，在阅读教育的研究方面作出很多有益的探索与实践。

二、培养流利的阅读，从朗读开始

上课铃响之前，语文老师就已经坐在教室里，等待学生的到来。这是美国学校的规矩，要求教师比学生早到，做好充分的课堂准备，以便提高课堂时间的利用率。

学生进门坐定之后，也没有“起立”“坐下”的问候，一切都很随意。

教师站在黑板（美国学校使用的是白板）前面，面对学生。这里没有讲台，倒是有一张专门为教师配置的高腿椅子，教师不必居高临下，可以坐下来给学生大声地读书。

今天，他给学生朗读的这本书是 *Toll of Thunder, Hear My Cry*。他一直在大声地读，读到关键的地方偶尔停下来，提出一两个问题，请学生思考并回答。35 分钟的课，教师居然朗读了十几分钟。

8 年级的学生难道还不会读书吗？还需要长时间地给学生朗读？难道学生的阅读能力真有那么差，连字、词、句子还需要教师作示范朗读？听课的同时，我的脑子里自然会产生一些疑问。

在美国，尤其是加利福尼亚州，语文课程标准明确提出他们的最终目标是培养“流利的阅读者和熟练的写作者”及“自信的演讲者和积极思考的听众”。笔者还从有关阅读研究资料中了解到，他们对如何培养学生成为流利的读者有一套自己的理论，在他们看来，“流利”

一词有着特定的内涵。“流利”是指能够准确、快速地阅读文本的能力。作为一个“流利”的读者，在默读文本的时候，他们能够自动识别词语，并且快速组织词汇并从阅读的文字中获得意义；在大声朗读文本的时候，他们能够轻松自如地表达，正如说话一样。阅读不“流利”的读者，朗读会很慢，而且逐字逐句地指着读。相反，如果朗读很流利的话，阅读水平也会得到提高。

一个“流利”的读者，能够集中注意力，在文本的各种意义之间建立联系而不是只看见单个的词语，同时，能够把文本的意义与自己的背景知识联系起来，这样才能充分地理解所读的文本。换言之，“流利”的读者辨认词汇和理解文本是同时进行的，而不“流利”的读者，他们辨认词汇和理解文本是分两步进行的。

为此，朗读示范和指导朗读成为教师培养学生阅读能力不可忽视的一项教学技能。

一般认为，朗读的方法有三种：一是教师示范朗读；二是听同伴朗读，可以是两个人互相朗读，也可以在全班朗读；三是独自坐到图书馆的角落里，对着某种动物玩具大声朗读，让不说话的同伴听你读。第三种方式，在小学和幼儿园用得很多。所以，去小学的图书馆，你会发现书架上摆放着许多各种各样的动物玩具。

也许，这种大声朗读训练对提高学生的语言表达能力很有好处。笔者还发现，美国孩子的口头表达能力比较强，他们很容易在公众场合清楚、有力地表述自己的观点。在大学里听讲座，听成人做祷告时的演讲，他们大都能出口成章，演讲起来神采飞扬，大可与总统竞选时的公开演讲相媲美。也许这与朗读——大胆地表达——有着密切的关系。

这堂课朗读之后，教师给学生们留下作业，算是评价学生对文学作品的理解能力。

35 分钟的一堂课，教师没有太多的细讲，只是在交代要求之后，让学生动手完成，规定作业上交的日期。

三、教给学生读书的方法

阅读教学需要强调教给学生阅读的技巧和策略。在 Portola 初级中学 Hochadel 老师的语文课堂上，通过静态的观察了解，我们可以看到教师对学生阅读所作的方方面面的指导，从阅读习惯的养成、阅读过程的监控，到阅读理解和表达的方式等，教师都作出细致具体的指点和要求。具体包括以下六个方面：

第一，如何在阅读文本的字里行间作批注，标注些什么？

怎样阅读一篇课文？在阅读的过程中，学生该做些什么？语文老师把具体要求抄写在教室侧面的白板上，要求学生在课文上做记号，还要求学生在阅读的时候做到“不动笔墨不读书”。怎么给文本作标记呢？可以从六个方面展开：

1. 这篇课文使我想到了什么……

2. 他们应该这样做，结果却……

3. 我不知道这个词的意思是什么……

4. 这个部分我还感到迷惑，因为……

5. 这个地方可能是很重要的，因为……

6. 这件事为什么会发生？

这些问题写在学生的文件夹里，时时提醒他们按照要求去做。

第二，阅读过程中作出怎样的思考。

阅读前做些什么，阅读过程中做哪些思考，阅读后还需要做些什么？这些问题已经成为阅读的规范，贴在教室的墙壁上，明确指导学生的阅读。具体要求如下：

1. 阅读之前需要思考：

文章出于何种选集？

我为什么要读它？

阅读之前我应该提出哪些问题？

2. 阅读过程中应该思考：

怎样归纳总结才能帮助我理解正在阅读的材料？

如果不能概括总结读过的材料，我该怎么办？

3. 阅读之后应该思考：

这样的阅读，什么时候，怎么样使我发生了变化？

我喜欢选文的哪些部分？为什么？

我怎么表达出自己对已经读过的文章的理解？

从这些内容可以看出，阅读过程与思维过程相结合，理性分析与感性体验相联系，正是美国语文教育所关注的阅读方式。

第三，对阅读过的文本作出哪些反应。

这是每个学生都必须了解并且付诸实际行动的。美国语文教育要求教师在指导学生阅读时提出焦点性的问题，引导学生进行积极主动的阅读。学生的文件夹里清楚地印着以下十四个方面的内容：

1. 你喜欢这个故事吗？为什么？

2. 列出故事中所有的主要人物。

3. 你推荐这本书吗？为什么？

4. 你对故事其余部分的断言是什么？

5. 对于这个故事，你将会有什么感想？

6. 故事的环境描写是什么？（地点和时间）

7. 故事表达了怎样的情绪？它是悲伤的还是快乐的，光明的还是黑暗的，讽刺挖苦的还是严肃有趣的？

8. 故事表达的道德情感是什么？

9. 从故事里选出两个你不懂的词，给它们列表，并且试着写出定义。

10. 为你读过的内容写一个总结和概括。

11. 主要人物是谁？（主人公）

12. 故事的反面人物是谁？（敌手）

13. 给故事中的一个情节做插图说明，画出情节发展示意图。

14. 你最喜欢这个故事的哪一个人物，为什么？

这些问题不仅包括学生对所读文本进行的文学分析，把握文学要素的功能和作用，还包括学生对文本内容的理解和把握、读者的喜好，以及读者对作品的评价，其评价侧重于关注阅读过程中读者的情感态度价值观的变化。

以上这十四个方面的阅读要点，每个学生都必须牢记在心，不是背诵，而是把它们贴在每个学生的作业文件夹里，时时对照。阅读完一篇文学作品之后，按照要求填写表格（如下表），要求学生对自己的阅读作出相应的评价。每份评价都有教师给定的得分，算作学生阅读的过程性评价，一种定量评价。

阅读反应日志　姓名：________数目：________得分：________

时间	标题（书名）	页数	反应	反应序号

第四，给词语或概念写定义。

这是美国语文教学中比较引人注目的一个细节。比如，对一个词语的解释，一般不按照词典的释义，他们一般不要求学生死记硬背一些东西，相反，特别强调根据上下文语境判断词语的意思。怎样给概念下定义，要求 8 年级学生必须知道基本方法。

学会给概念下定义，需要掌握三个要点：

1. 概念的类别：它是什么？

2. 概念的外延：包括哪些具体的例子？

3. 概念的特征：它像什么？可以用插图或例子来说明。

如图所示：

怎样下定义

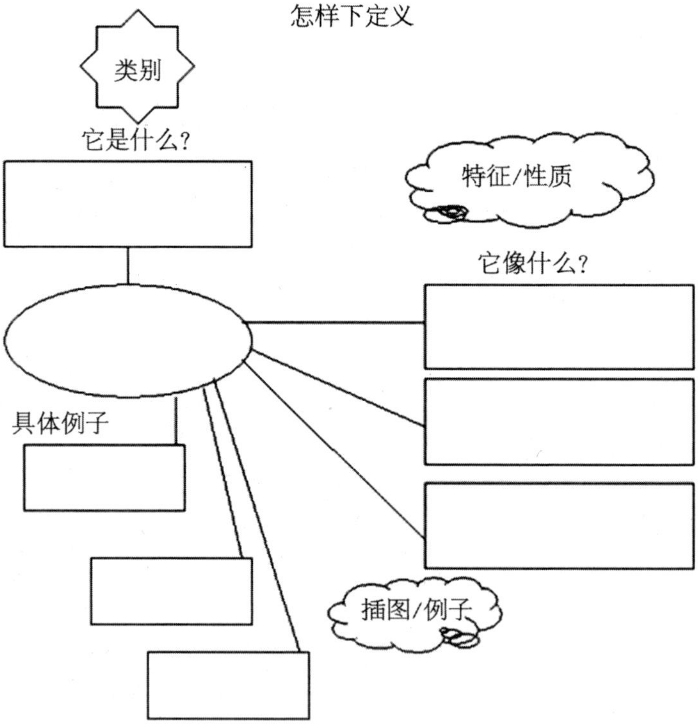

经过这样的训练，学生对某个词语或事物概念的认识就会更加清晰。这是美国语文阅读教学中理解词语的常用方法。

该班教室前方的墙壁上贴着的那些字体并不工整、规范的作品，正是学生对一些概念所下的定义。例如：

对话：两个人或更多的人之间进行的直接的交谈。

直接引用：写作的时候你重复别人的话语，并且用引号标明。

间接引用：写作的时候引用别人说过的话，但是，用的是自己的语言。比如，Danielle 说天气很热。

语言学：是一门研究语言的发展以及语言的结构的学科。

声学：是一门研究声音的学科。

音位 / 音素：是一种声音。Phone= 声音，eme= 一个。

对这些概念的定义并不是采用某家词典的解释，而是学生自己经过分析、归纳得出的结论，这样他们就会对概念的内涵和外延都有一个比较清晰的把握。

我们知道，给概念下定义是逻辑思维训练的一个重要方面。定义在认识概念的本质和交流思想的过程中具有很重要的作用。学生通过对某个词语或概念的定义，抓住其内涵，从而达到对其本质的认识，并且将不同的概念区别开来，更好地表达和交流思想。从教师的指导情况来看，学生对概念的定义不仅仅只停留在用一种概念来表述另外的概念这样一种逻辑方法的层次上，而是包括明确概念的类别，找出概念的特征，并且举例加以说明，最后，还要求学生用图画对自己所阅读作品的情节进行阐述。实际上，学生对概念定义的过程，也就是对词语或概念的分析过程，因此，教师教给学生的不单单是词语的概念或定义这样一种结论性的知识，而是如何得出结论的方法和过程。

从美国语文教学实践及其效果来看，学科教学强调概念定义的内涵要明确。例如，对文学作品的阅读要从两个方面展开，一是文学分析，一是文学反应。前者着重要求对文学要素进行分析，掌握运用这些要素在写作上有什么样的表达功能和作用；后者则主要是读者对作品的感悟、理解和表达。二者的具体要求和步骤非常明确。再比如，写作过程的各个环节，像“构思”“写作”“评价”“修改”“校对”“出版”，每个步骤怎么做，有些什么要求，都有非常明确的指向。这样，对语文知识和技能的训练就比较实在，也能够落实到位。

第五，聚焦结论。

阅读不是一种孤立的学习行为，它与写作活动密切相关。在阅读过程中，教师还要求学生注意文章的结尾。一篇文章写到最后，快要得出结论了，需要用这样的词语来连接上下文，结束全篇：

事实上

真正地

明显地

肯定地

清楚地

确信地

当然

总结

教师要求学生把这些词语储存起来，特意在白板上写了“SAVE”（保存）加以提示和强调。

在美国，文章写作程序化要求非常严格，一般在文章的开头要交代自己的观点，接着阐述自己的思想，再用论据证明自己的观点，最后，必须有总结，再一次申明自己的观点。他们认为，如果有一个好的结尾，这篇文章就会令人难忘。因此，结论的写作便作为一种写作技巧和策略在课堂上加以强化和巩固。

第六，学会写导论。

从该校这位语文老师的课堂教学中，我们进一步发现，8 年级的阅读教学还要求学生认识“导论”，并且知道它的组成结构。

教师在朗读文学作品 *Toll of Thunder, Hear My Cry* 之后，余下的时间让学生自己完成作业。这就是关于写作“导论”的训练。我们看到每个学生手里都有一张作业纸，上面既有对导论的解释，也有范例指导，最后是留下让学生完成的练习。内容如下：

◇导论是一篇文章的第一段。

◇导论由两个部分组成：

1. 主题句——这是一组句子，可以是许多的，可以是几个的，也可以是三个。

比如，我喜欢生日舞会有三个理由：食物、游戏以及礼物。

2. 具体项目——讲述主题句中提到的理由有哪些。

试着为下面这些主题句写一个具体项目：

（1）迪士尼乐园是游览者访问的最佳地方有两个理由。（骑马，食物）

____

（2）我知道有几种办法可以使老师开心。（做好你的作业，努力尝试，尊重他人）

____

（3）*Sherk 2* 是一部杰出的电影有许多理由。（声音很好，有趣的人物形象，愉快的结尾）

____

（4）今年，在语文课上我们学会了许多东西。（词汇，引用，比喻）

____

本节课的当堂练习题量不多，却占满了整张 A4 纸。学生从练习中了解到“导论”这一概念的定义，抓住其本质特征。这种对概念从“是什么”到“怎么样”的理解过程具有很强的指导性。在美国语文课堂上，教师讲解一般很简单，本来时间就不算太长的一节课，课堂容量并不大，学生和教师都轻松。但是，他们实际操作的时间却不短，而且学生动手实践练习的机会很多。从这里，可以感觉到美国语文课程目标一般比较切合实际，离学生的认知水平不会太远，学生经过努力是比较容易达到的。在美国教师的眼里，课程是什么？就是“在教育者成熟的理想与学生不成熟的思想之间寻找契合点，最终经过协调达成妥协一致的一座桥梁”[1]。

关于学习技巧与策略，不仅仅只是教师教学的问题，它还涉及为课堂教学开展的研究成果在背后起着的重要作用。比如，上面提到的作品阅读技巧与策略的训练，技巧与策略有哪些，怎么训练，怎么评价，都有明确规定，而且教师继续教育中都必须经过这些阅读教育能力评价测试。深厚而广泛的教育科研成果及其应用，为教师的课堂教学提供了有效的指导和极大的便利。

四、指导并监控课外阅读

这位老师今天的课堂教学只有 35 分钟，不能客观地向我们展开初中阅读教学的全部视角。但是，从该班教室各个角落的布置，以及学

[1] Earl C.American Education: The Task and the Teache [M] .Wm. C. Brown Company Publishers, 1971.

生完成的阅读计划项目中，我们可以清楚地看到这所学校乃至整个加利福尼亚州的阅读项目规划。

美国教育认为，学生在家里进行阅读与在学校阅读同样重要。如何指导并监控学生在家里或其他地方的阅读呢？下面这份阅读日志，就是学生在课外阅读中连接学校与家长的纽带。阅读日志的具体内容和要求如下：

为生存而阅读，在阅读中生存！

阅读日志

姓　　名：____________　　分数目标：____________

预定日期：____________　　已得分数：____________

日期：______分层分数：______分层级别：______-______

标题	书本层次	星期	日期	页数	测验		学科（或“家庭”）	签名
					%	Pst.		
		星期一						
							家庭 −20 分钟	
		星期二						
							家庭 −20 分钟	
		星期三						

续表

							家庭 -20 分钟	
		星期四						
							家庭 -20 分钟	
		星期五						
							家庭 -20 分钟	
		星期六					家庭 -20 分钟	
		星期天					家庭 -20 分钟	

说明：你每天必须做 4 次阅读：年级大教室、阅读课堂、其他内容领域课堂（如科学）和家庭。记下每次所读的全部信息，所有家庭阅读必须有家长签名。如果你没有阅读，请作记录，在“你读了吗”的空白处写下没有按要求阅读的理由，并在课外阅读 1 小时以弥补损失。

从学生填写得密密麻麻的表格来看，教师的这种阅读监控方法是有效的。这种做法对学生的阅读的确起到了一定的监控作用，而且充分调动家长参与到孩子的阅读过程，使得学校与家庭紧密结合，共同营造阅读的氛围。美国联邦政府为此还设立专门资助家庭阅读行动的经费。

教师不仅监控学生在家的阅读，而且对学生每周在学校图书馆的阅读也进行了有效的控制。学生的文件夹中备有这样一份资料：

图书馆通行证

说明：当你去图书馆阅读的时候，请在这张通行证上填写时间和日期，并且让教师签名。一旦完成阅读任务，把返回时间写在通行证上，然后把通行证直接交回班级。

1.__________ __________ __________ __________

日期　签名　去图书馆时间　回班级时间

2.__________ __________ __________ __________

日期　签名　去图书馆时间　回班级时间

3.__________ __________ __________ __________

日期　签名　去图书馆时间　回班级时间

◆如果你每周完成三次以上内容领域的阅读任务的话，就不需要去图书馆阅读了。

◆在这个班级，你必须参加所有内容领域的阅读测验。

这是一份去图书馆大厅的“通行证”。学生每周必须去图书馆读书三次，每次去的时候，都要填写日期、教师签名、去图书馆的时间、回到班级的时间。每次回来的时候，要把“通行证”交回班级。

这份看似简单的“通行证”，却对学生去图书馆阅读起到了很好的监督作用。学生每周去图书馆多少次，每次都有教师的签名。一个学期下来，学生对自己的阅读情况也有一个比较清楚的了解。

从上面两份表格来看，教师要想控制学生的阅读行为，其实是很简单的事情，只要动一动脑筋，操作一下电脑，制定几份表格，就可以让学生持之以恒地做下去。有了阅读行动，再加上教师有效的阅读指导，学生阅读能力的提高将指日可待。

控制阅读是为了提高考试成绩。Portola 初级中学之所以要在阅读上下功夫，是因为 2003 年、2004 年连续两年该校都没有达到州规定的考试标准。2003 年该校 6 ~ 8 年级的平均达标率是 23%，2004 年平均达标率是 22%，距离州平均达标率 35% 还有很大的差距。为了提高学生的阅读能力，提高语文标准考试的达标率，教师和学生及其家长携起手来共同努力。

访问期间，该校校长告诉我们，为了提高考试成绩，他们已经停止了像交响乐队这样的兴趣班活动。可见，考试及其评价报告是一只无形的手，在指挥着美国学校教育的方向，控制着学校的教育质量。

五、提高阅读水平，不只是孩子的事情

提高学生的阅读水平需要家长的参与。学校通过怎样的方式和手段把家长纳入孩子的阅读行动中来呢？除了上面所述的“签名”方式之外，加利福尼亚州阅读书目表，不仅让家长加入到孩子的阅读行动中来，并且还帮助他们把视角延伸到无限广阔的课外阅读空间。

近年来，一次又一次的考试表明，学生的语文阅读水平亟待提高。美国国家教育统计数据表明，从 1985 年以来，美国的教育投入资金已经增加了一倍，但是阅读熟练程度却几乎没有增长。投资在加大，分数却没有提高。因此，提高学生的阅读熟练程度成为美国语文教育的头等大事。

如何提高学生的阅读水平？这已经不只是教师单方面的事情，它需要教育研究机构的支持，需要理论与方法的指导，更需要有一套健

全有效的阅读技巧与策略工具，帮助教师和学生提高考试成绩。在他们看来，学生的校外阅读与校内阅读同等重要。文学阅读的技巧和策略正为孩子的终身学习提供一把钥匙。孩子们读得越多，他们将成为越熟练的读者。无论是在学校还是在家庭阅读，他们的每一分努力都将会获得一定的回报。

加州阅读书目表，是加利福尼亚州研究出的一条“提升孩子阅读能力的明智之路”。

该书目表根据学生在CAT/6（California Achievement Tests, Sixth Edition Survey Reading Test）的考试成绩，将其阅读能力分为13级，并根据学生的阅读难点和兴趣，设计与其水平相适应的读物。家长可根据自己孩子的考试成绩，去网上查询相应层次的读物，或者去图书馆借阅，或者去购买，为孩子的阅读提供帮助。

为什么要制订“加州阅读书目表”呢？这份书目表利用网络资源帮助家长和有阅读困难的学生，根据相应的阅读能力为学生选择适当的读物。这份书目表是从加州为K ~ 12年级的学生推荐的文学阅读书目表中筛选出来的，表中提供的阅读书籍与学生的阅读能力层次相匹配。

书目表对阅读项目的具体指导，包括三项内容：

（1）书目表中哪项内容与我的孩子关系最密切？

（2）书本信息。

（3）应该考虑的重点问题。

家长进入指定的网站，选择孩子所在的年级层次，然后根据考试成绩选择适当的阅读层次（1 ~ 13级），再输入关键词，比如阅读、文学、信息，等等，这些与作品的体裁、内容、作者和类别等一系列内容有关的词语，点击“查找”，就可以得到搜索结果。在这里，学生或家长可以看到关于自己想要的书的如下信息：

阅读层次

标题／书名

作者

获得途径

年级

内容提要

图书的分类

家长还可以读到一些温馨鼓励的话语，如：

> 您必须关注的重要问题！
>
> 您最了解自己的孩子。最终只有您和您的孩子才能决定哪些书适合他／她阅读，您需要考虑一系列重要因素。这些因素包括您孩子独特的兴趣、独立阅读的能力、阅读动机，以及成熟层次。当您设法给孩子匹配相应读物的时候，请考虑其中的每一个因素。这份阅读书目表只提供一些关于书的信息，您必须充分考虑自己孩子的相关信息，以便选择最适当的读本。当然，您也不必只局限于书目表中提供的阅读篇目。加州阅读书目表只提供了潜在阅读篇目的资源之一。其他一些书目，包括获奖专题的作品集，像 Newbery, Caldcott, California Young Reader Medal, Coretta Scott King 这些作者的作品，可以通过学校和地方图书馆、因特网，以及其他途径找到。
>
> 画线部分的意思是：鼓励您的孩子去阅读！

这份推荐书目表解决了家长不知如何指导与督促孩子阅读的难题。这种社会研究力量的介入，为学校的阅读教学提供了很多方便。有了这份阅读书目表，教师在指导课外阅读时，针对性就更强了。有了家长的参与，提高孩子的阅读水平便大有希望。

在美国，家长对学校教育拥有知情权。就连课程标准都是每位家长人手一册。Northwood 小学在学校工作计划中明确说明：课程内容标准在家长—教师联合会上统一发放给家长。

除了这份加州阅读书目表之外，美国教育在提升学生的阅读水平方面做了大量的工作，甚至用政策法规的形式保证学校阅读的顺利进行。可见，关注孩子的阅读已经成为联邦政府和全社会关注的大事。

六、一切为了“标准”，为了考出好成绩

今日美国教育如何提高学业成绩，如何评价并控制学生的在校学习情况，检测他们学到了什么、学到什么程度，唯一的办法就是考试。

从这位语文老师的班级里可以清楚地看到，教师已经把学生应该明白的课程标准条款写在白板上，强调学生注意学习。8 年级阅读干预班的同学需要特别认真地学习如下条目的课程标准：

阅读

1.0 词汇分析、流利和系统的词汇发展。

学生使用词源、词与词的关系的知识、历史上的和上下文线索来决定特定词汇的意思，理解本年级适宜词汇的准确意思。（画线词语是关键词）

3.4 分析背景（如地点、时间、风俗习惯）与文章情绪、语气、意义的联系。

书面语和口语表达规范：

拼写

1.6 使用正确的拼写习惯。

标点符号和大写字母。

1.5 使用正确的标点符号和大写字母。

虽然说美国语文教材是依据最新教育科研成果和教育理论来编写的，但是加利福尼亚州学生所使用的加利福尼亚版“阅读180”项目的8年级《迎接挑战》教材，已经把与课文故事有关的课程标准条款列在书中，方便教与学紧紧围绕课程标准进行。可见，课程标准通过美国课堂教学已经深入人心。教师按照课程标准教学，学生依据课程标准学习，家长也有专门的课程标准手册，他们必须明白自己孩子应该学习的内容符合课程标准的哪些条款。

第六节 高中专题阅读教学案例

爱情是文学创作永恒的主题。本节以爱情主题教学为例，呈现美国高中文学专题阅读教学的大致情况。美国中学语文如何处理爱情婚姻题材的作品？学生从文本阅读中获得哪些启迪？下面以美国高中教材中的中国作家张洁的小说《爱，是不能忘记的》为例，探讨美国高中语文爱情婚姻题材作品阅读教学的价值取向。

张洁的小说《爱，是不能忘记的》（*Love Must Not Be Forgotten*），入选美国 McDougal Littell 公司出版的高中文学教材《文学语言》，编排在高中二年级第一单元（主题：变化的挑战）第二个专题“文化十字路”部分。

一、单元教学需要解决三个问题

这篇小说与《婚姻是个人的事情》两篇小说共同组成“文化十字路”专题。单元教学需要解决三个问题：

（1）这两篇小说有什么联系？培养学生发现事物之间的关系的能力。

（2）比较观点：本专题为学生提供一次对两篇短故事进行比较、分析、形成观点的机会，着重分析在不同的文化环境中选择配偶的难题。

（3）批判性思考：在分析、比较的基础上，形成自己的观点。

教学中，教师要求学生考虑更深层次的价值观的选择，这种选择与社会族群中占主导地位的价值观相对立，可能会导致个体的消解或受排斥。比如选择什么样的宗教信仰，选择与谁约会、跟谁结婚，以及追求什么样的事业等，这些问题都应该围绕着个人幸福而展开。

教学中，还要求学生联系生活实际，理解什么叫作婚姻，观察自己熟悉的一对夫妻，在此基础上思考：对美满的婚姻来说，什么样的修养最重要？与小组成员进行讨论。

二、课文教学要求实现三个目标，完成六项任务

《爱，是不能忘记的》一课的教学目标：

目标 1：理解和鉴赏短篇故事。（文学分析）

目标 2：认知文化背景要素。（文学分析）

目标 3：辨别文化特征。（积极阅读）

第一个目标是理解与鉴赏作品，分析作品的文学要素及其功能特点；第二个目标要求把作品放到特定的文化背景下，引导学生从文化的角度来理解爱情婚姻问题；第三个目标则要求学生在阅读中积极思考，辨别不同民族的文化特征，从而增进学生对世界各民族文化的了解与认知。

阅读教学过程中，教师需要完成以下六项教学任务：

（1）语法教学：本课主要讲代词例说，教会学生区别反身代词和起强调作用的代词。

（2）词汇教学：主要教学词源知识。教学前，教师要求学生预习词汇，掌握根据上下文语境来理解陌生词汇意义的方法和技巧。

（3）写作训练：注意文章的结构。（此项教学任务将在本文最后展开讨论，这里从略）

（4）交际训练：正式的表达。这项内容集中安排在小课堂的“观点与表达”部分，要求学生结合齐白石的绘画作品《红牡丹》，进行

表达交流。

美国语文教材很重视文化渗透，在选择某个民族的作品时，会在课前课后向学生介绍该民族的文化艺术，使学生能够更多地了解该民族的文化特征。

（5）综合技术：多媒体、信息技术运用于语文课堂，如录音和视频。

（6）文化联系：中国的“十年动乱”。

三、在爱情婚姻的主题下，美国学生获得的新知与技能

根据教材内容，学生将会获得如下方面的训练与启迪。

1. 探究造成爱情和婚姻冲突的原因

从某种意义上说，每一个社会都在寻求爱情与婚姻的标准。通常情况下，爱情婚姻的紧张与冲突，存在于社会或文化的期待与个人愿望之间。在选择配偶的时候，个人可能面临着来自家庭、朋友、社区成员或者公众观念的压力。

在《婚姻是个人的事情》和《爱，是不能忘记的》两篇小说中，学生将读到一些人物，他们被个人愿望和社会传统及期望值弄得心力交瘁。这两个故事都关注个人，但也反映了社会整体的冲突和紧张。

教学时，教师要强调突出社会习俗对个人价值观、人生选择以及生活行为影响的观念；要求学生辨别那些影响人物生活的社会准则要素；鼓励学生关注个人行为准则，以及限制个人特殊行为的社会期望值。然后让学生讨论这种潜在的或者公开的社会习俗达到的程度，列举出他们公开挑战社会习俗的情景，探讨他们的行为结果怎么样。

2. 进行批判性思考，学会分析和比较

首先要求学生把整部作品分为几个部分，并且分析那些在日益变

化着的世界里寻求爱情的人的难题，帮助学生构建一种分析框架图（如下图所示）。框架图可以帮助学生把每一个难题分为几个部分。开始时，考虑我们的社会准则对一个寻求理想配偶的人设置的障碍，然后继续挖掘爱情与婚姻的其他潜在的障碍。比如，阻碍婚姻的其他障碍可能包括社会期望值，一个人的教育水平、一个人的社会经济交际圈也会影响他遇到理想的配偶。

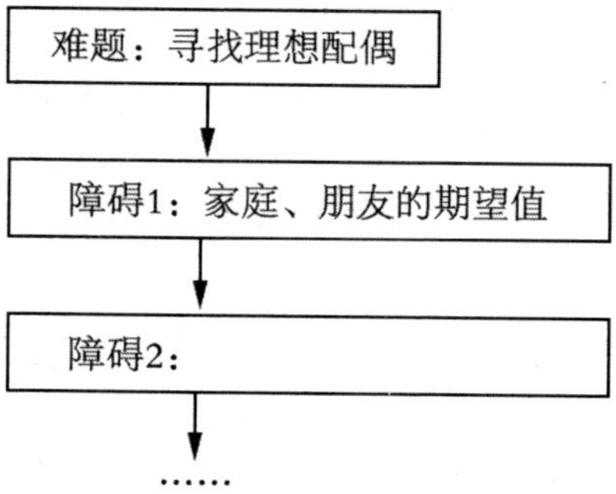

分析框架图

3. 分层教学，不同程度的学生获得不同层次的训练

对水平低的学生，要求他们在阅读故事的时候，思考下面的问题：

（1）故事的主要人物是谁？

（2）故事讲述者的难题是什么？

（3）钟雨的难题是什么？

对水平高的学生，要求在阅读故事的时候，完成下面的任务：

小说叙述者的母亲是一位成功的中国知名作家。让学生找出在毛泽东时代，对一个女人来说，事业成功与个人生活的变化之间有什么联系，然后讨论这些变化，无论这些变化是否在故事中反映出来。（引

导学生寻找关系，发现问题，并且思考解决的办法）

4. 构建背景，扩大学生的文化视野

（1）文化背景

1）构建背景：向学生介绍中国“十年动乱”的发生，以及中国人的文化观念。

这个故事发生在社会主义中国，当学生阅读的时候，要求他们列出文化背景要素，这些文化要素对故事中的人物关系产生直接的影响；学生考虑或解释这些历史环境可能产生的影响。

2）请一位学生大声朗读故事的最后两个句子，要求学生回答珊珊允许人们独身的呐喊反映了文章怎样的文化背景。

“别管人家的闲事吧！让我们耐心地等待着，等着那呼唤我们的人，即使等不到也不要糊里糊涂地结婚！不要担心这么一来独身生活会成为一种可怕的灾难。要知道，这兴许正是社会生活在文化、教养、趣味等方面进化的一种表现！”

（2）文化环境

故事发生的时间和地点，就叫作环境。环境包括故事发生的社会环境和文化环境。在文章中，作者提供了关于故事的文化环境的许多线索，例如：

从母亲那沾满泪痕的纸页上可以看出，他被整得相当惨，不过那老头子似乎十分坚强，从没有对这位权威人物低过头，直到死的时候。

阅读小说，寻找故事中其他的文化背景的例子。

（3）跨文化链接：传统

责任和义务：古典传统依然保存在现代中国人的心目中。形成这种传统的思想基础，一方面由于苦行的佛教精神的启蒙，另一方面则是儒家提倡的消融自我、勇气和名誉的理想人格。儒家思想对个人生活和已故祖先的态度行为有着严格的约束。对儒家来说，一个人的内在品德，只有通过“仪式礼仪”才能得以实现。男人一旦结了婚，就必须对自己的妻子和家庭负责任，尽义务。

（4）跨学科链接：历史（略）

5. 积极阅读，理解与鉴赏作品

要求学生结合文本阅读，思考并回答下面的问题：

（1）叙述者为什么认为她的母亲应该结婚？

（2）你从决定结婚的爱人身上了解到哪些中国文化？

（3）这些事情暴露了中国文化中怎样的价值观？

（4）通过语言描写，分析人物性格。

1）他惊讶地问我：“为什么不好？”或许我以为他故作惊讶。

因为凡是孩子们说了什么直率得可爱的话的时候，大人们都会显出这副神态的。

我看了看妈妈的面孔。是，我真像她。这让我有些失望：

“因为她不漂亮！”

珊珊直率地评论母亲不漂亮，这反映了珊珊怎样的个性？

2）要求学生描绘这些吸引钟雨爱他的男人的特征。

3）为什么这个母亲不能实现自己的梦想？

（5）似乎他在文化大革命中死于非命。也许因为当时那种特定的历史条件，这一段的文字记载相当含糊和隐晦。我奇怪我那因为写文章而受着那么厉害的冲击的母亲，是用什么办法把这习惯坚持下来的？从这隐晦的文字里，我还是可以猜得出，他大约是对那位红极一世，权极一时的“理论权威”的理论提出了疑问，并且不知对谁说过，“这简直就是右派言论”。

要求学生概括钟雨的爱情中发生了什么事情。

（6）要求学生阐述：叙述者说她的母亲是一个“缺心眼儿的人”，这句话是什么意思？

（7）对这位母亲为她所爱的人所做的奉献，你有什么看法？

6. 设置问题，引发学生的思考，挑战思维

美国语文教学提倡读写结合，在阅读中提升学生的语言表达能力和写作水平。

（1）标准考试评价（非正式评价）

形成观点：要求学生写出与某个人物有关的事件，或者乔林或者老人，叙述者除外。写出这些事件和人物，就像在日记里记载的一样。

评价标准：

3 分，整篇文章表现出对故事里的事件和人物的整体把握。

2 分，文章的重要部分表现出对事件的一般意义的理解，但不能完全把握故事的人物。

1 分，文章的片段表现出对事件或人物的一点点理解。

（2）联系作品，进行文学反应

1）你想到了什么？

读了这位母亲的生活故事，你有什么感觉？

叙述者面临着什么样的抉择？

母亲给了她怎样的劝告？

母亲给她和所爱者结婚设置了什么障碍？

2）你认为叙述者从母亲的劝告和经历中受到怎样的影响？

批判性思考：

叙述者对于自己与同事乔林之间的感情；

叙述者对待爱情与婚姻的观点；

对于来自社会的观点，叙述者怎么说。

3）这位母亲对和她爱的男人之间的关系所作的正确选择，你怎么看待？阐述你的观点。

4）积极阅读与辨别文化特征。浏览你自己创建的文化特征框架图（学生练习册里），从你的观点来看，叙述者和她母亲生活中的什么事情受到他们所处的文化环境的影响？从你的框架图和故事中给出支持的证据。

5）“依靠自己生活比稀里糊涂地结婚更好”，你是否同意母亲的这个观点？从故事中寻找例子支持自己的观点。

6）预测叙述者的未来：她会同什么样的人结婚？结婚之后，她会幸福吗？说明你这样考虑的理由。

7）比较文本：在《婚姻是个人的事情》一文中，你认为当故事中的母亲反对儿子同 Nene 结婚的时候，她将会给 Okeke 什么样的劝告？

8）联系生活：你认为，我们的社会对人们的结婚有哪些压力？与同学一起讨论一下。

9）比较观点：看看自己在第 187 和 194 页所做的分析结构图，为这个故事做出第三个结构图，辨别爱情的障碍，并把它与你先前做过的结构图进行比较。

7. 专题研讨：比较分析两篇小说，写作一篇论文

写作评价中，要求学生分析和比较本专题同一主题的两篇文学作品，写一篇话题作文。要求学生先仔细阅读话题，然后再去寻找关键词，这些关键词能够帮助辨别作者写作本文的意图，并且决定怎么去写作。

写作话题：

从《婚姻是个人的事情》和《爱，是不能忘记的》两篇小说中探究个人寻找真爱并在一个变化着的文化环境里实现它的难题。你的文章中必须包括以下几点：①分析故事中的主要人物面临的难题；②比

较两篇小说中每一个人物挑战传统和自己所处社会的期望值的方式；每个人达到什么样的程度才能成功；③从选文中找到证据来支持你的观点。

（1）教师进行写作指导

让学生认真仔细而完整地通读话题；

教师在黑板上列出写作的关键词：分析、比较、证据；

确定每个关键词在写作实践中的运用策略，告诉学生怎样用自己的话复述话题。

（2）分析文章的写作计划

设计一个能够帮助你分析问题的结构图；

为主要人物打破他们面临的爱情与婚姻难题的各种障碍列一份表格；

在两类难题之间寻找相同点和不同点，以及人物对障碍的不同反应。

《婚姻是个人的事情》	《爱，是不能忘记的》
难题：	难题：
障碍：	障碍：
人物的反应：	人物的反应：

学生可以运用自己在两篇小说练习中完成的结构图；

建议学生扩展自己的结构图，添加每个人物可能面临的障碍；

通过添加相同点和不同点的任务标签，学生能够加深对“比较”二字的理解。

（3）构思文章的结构

导言：辨别每个人物的主要难题，描绘每个人物对难题的反应。

建议学生确定与寻求个人满意相联系的难题，这个难题与占主导地位的社会准则发生冲突；鼓励学生运用对每个人物的难题及对难题的反应的概述开头，导入文章。

正文：对每个人物，你需要划分难题，讨论某一时间段的障碍；在整个故事中先集中讨论一个问题，然后才讨论其他的问题。确信你在人物和他们所处的环境之间所作的比较是有意义的，包括例子。

提醒学生确保分析结构的平衡性，也就是说要保持对故事A和故事B的讨论结构是对称的。这样将有助于保持平稳、平行的结构。最后处理不同点，因为它们与相同点不是对称的结构。

结论：用一句清晰的陈述句结束你的文章，比较和对照两个人物面临的难题和他们对难题的反应。鼓励学生通过复述人物面临的难题及其对难题的反应之间的不同点或相同点，结束全文。学生应该运用自己在正文中写到的理由或证据来支持自己的陈述。

最后，留给学生一些时间修改自己的论文，尽量减少草稿里的错误。

从以上的陈述和分析来看，美国语文教材的编者是站在社会文化的角度来解读小说里的爱情婚姻观念，既把作品还原到特定历史时期的中国文化背景下，让学生阅读理解，了解与辨别中国文化特征，又把作品放到美国文化视野下进行解读，向学生渗透美国式的个人幸福观。整个阅读教学过程中，既完成了语言基础知识的传授，同时也进行思维训练，完成阅读理解与作品鉴赏的任务。

第六章 写作教学

清楚地写作导致清晰的思维，清晰的思维又是清楚地写作的基础。也许，与任何其他交际形式相比，写作使我们为自己的语言负责任，最终使我们成为更加积极思考的人类。

——欧内斯特·波伊尔

第一节 写作教学的地位

美国语文教育十分重视写作教学。他们认为，“今天的青年人需要在书面表达和口头交流方面具备很强的技能”[1]。表达与交际能力成为现代公民必备的重要素质，是学校培养人才不可忽视的重要目标。

美国语文教学重视对写作能力的培养，已经有30多年的历史了。早在1984年，《1974～1984：十年写作趋势》这份具有里程碑意义的国家教育进步评估的研究报告，就已经提出这样两个主要的结论：

美国学生1984年的写作水平并不比十年前更好。

这些9岁、13岁和17岁学生的写作成绩低到令人忧伤的地步。

为此，这份报告建议，要想提高现有学生的写作成绩和书面表达水平，就需要设立一个更为系统的教学项目，使人们更直接有效地关注学生的写作，让学生必须学会写作多种不同类型的文章，写作对象可以涉及广阔的社会生活领域内不同层次的错综复杂的事物。在此基础上，各州开始了设立写作项目教学及其评价的历程。

例如，1972年通过立法程序建立加利福尼亚州评价项目，但是，此时的评价只局限在对书面表达的多项选择测试，没有真正地检测反映学生实际写作水平的书面作品。人们依然无法知道学生的写作程度到底怎么样。

为了满足加利福尼亚州课程标准，教育工作者鼓励增加写作的频率和类型，把写作当作过程来教，演示写作过程，说明现实世界中存在的写作类型，并且把写作教学贯穿于课程教学之中。在美国，从幼

[1] 吕达，周满生．当代外国著名教育改革文献（美国卷 第四册）[Z]．北京：人民教育出版社，2004.

儿园开始就对学生进行系统的写作意识（考虑听众和目的）渗透，进行写作方法与过程的指导和训练；初中及高中阶段，写作则成为与阅读相伴始终，并且与阅读具有同等重要意义的教学内容。

加利福尼亚成为最早设立写作项目评价的州之一。除加州外，像德克萨斯州、纽约州、威斯康星州、南卡罗纳州，以及佛罗里达州，也都相继建立起一套写作评价体系，考查学生的写作能力。

翻阅美国语文教材，笔者发现，中小学语文教材的各个单元都有“写作研讨”的专题项目，并且还出版了一系列与教材配套的写作资料，例如《美国文学》（学生版本/教师全景版）就在教材之外还配套出版了下面这些写作资料：

《个性化写作》《创造性写作》《文学创作》《文学批评》《比较选集》《写作技巧》《语法链接》《写作研讨》《单元评价》《写作研讨示范评注》《写作小课堂》《语法和语言小课堂》

这些资料都是以配套练习和评价练习的方式出版的单行本，供教师和学生选择使用。

除此之外，无论是中学还是小学，都有专门的写作教材，比如《写作》和《学会写作》，等等。这些写作范本，主要集中于写作知识、写作策略与写作过程的指导与训练，强调学生对自己的作品进行修改、润饰与评价的实践。

写作的重要意义还表现在写作与思维密切相关，正如卡内基教学促进会主席欧内斯特·波伊尔所说：

清楚的写作导致清晰的思维，清晰的思维又是清楚地写作的基础。也许，与任何其他的交际形式相比，写作使我们为自己的语言负责任，最终使我们成为积极思考的人类。

具体地说，写作有着以下七个方面的积极意义和作用：

第一，写作可以在学生的个人生活经验和文选阅读之间建立联系。

通过日志和其他写作活动，能够提高学生对他们所读的任何一种类型的作品作出反应的技能，并且能够意识到细节的重要性。写作还能够帮助学生表达个人的思想、想象和经验，理解并超越他们自身的各种联系，具有更广泛的社会意义，并让他们注意到自己的经验与所读文本内容之间的差异。

第二，写作能够使学生成为一个有创造性的思想者。

作为教师，当他们帮助学生发生这样的转变——从把自己当作别人作品的消费者转变为作品的生产者的时候，教师便完成了一项重要的文化传承的使命。创造性的写作活动鼓励学生写作各种类型的文章，通过各种形式组织和呈现他们的作品。

第三，写作能够使学生更好地理解文章的形式和作用。

通过教材设置的“写作研讨”专题，学生可以从中直接获得写作各种形式、体裁和类型文章的体验。学生建构起来的这些体裁方面的知识将有助于他们把作品看成是有结构有组织的文本，这些结构和组织是由读者、目的和上下文语境构成的。由于要求学生亲自尝试写作散文、十四行诗、记叙文、自传、商业性的文件、讽刺文学、仿拟作品、独白，以及其他不同形式的作品，因此，写作活动能够强化学生对作品的形式与作用的理解。

第四，写作能够使学生发展更高层次的思维技巧。

写作能够帮助学生思考这样一些问题：文本讲了什么？做了什么？它是否是成功的？写作中，学生能够整理自己的思想，权衡语言选择的结果和影响，并且使用这些评价对书面表达形式的作品“是什么”和“为什么”作出明智的判断。

写作活动还敦促学生形成像文学批评家那样思考问题的能力。比如“文学批评家活动”，使用学术的引语促使学生对所读文选进行积极的思考和分析。通过写作，学生能够表达他们作为读者的时候，作品是靠什么来吸引他们的，以及解释作者是怎样达到这些特别效果的，通过提供来自文本的事例和证据证实他们口头交流的有效性，学生也可以通过研究和写作，进一步调查研究文本的意义。通过搜集和综合来自中小学的资料信息，学生能够从历史的、政治的和文化的角度去解读文学作品的意义。

第五，写作能够帮助学生进行有效的交流。

写作活动本身——经常为了多种目的、用各类不同体裁的写作——能够磨炼学生作为作者和交际者两个方面的能力。通过活动、研讨和评价的形式，为学生写作提供丰富的实践机会，以便发展他们的写作技巧。比如，《美国文学》在每个单元主题最后部分的“写作研讨”里，循环地指导和强化写作过程的知识与技巧，还特别关注写作的各个不同阶段：构思、打草稿、修改、编辑 / 校对和出版 / 递交。

此外，在“写作研讨”里对学生习作的评注，可以帮助教师和学生注意到有效写作的七个方面的特征，即优秀作文的七个标准，也称为 6+1 作文模式。

思想：主题集中，内容连贯，有相关的细节来支持。

结构：清晰而有逻辑性地安排主要观点，有支持性的细节。

风格：很有个性的语言表现特征，有明确的听众 / 读者意识。

词语选择：用生动而准确的措词恰当地表达写作的目的。

语句流畅：结构很好的各种长短句子能够起到很好的表达效果。

规范：表现出正确的拼写、语法、惯用法和技巧。

呈现：追求词汇的视觉布局和设计成分（文面要求）。

第六，写作帮助学生掌握语言规范标准。

教材可以通过具体的语言运用方法和体系方法两种途径使学生实现对语法、惯用法和技巧的掌握。

第七，写作能够为学生走进真实世界的生活做准备。

许多写作活动要求学生在文学反应中写作与自己的职业生涯或公共文件有关的文章，比如，学生可以给公共场所的服务员写一封信，或者给小说人物写一份简历。一本教材中至少有一个“写作研讨”，集中进行商务的或技术的文件写作，比如，写作一封商务信件或解决难题的报告。此外，还有规律地要求学生研究非正式的文章或正式的研究报告，广泛地使用约定俗成的语言规范对他们的学习资料作引证。

以上各类写作活动，可以为学生参加 AP 考试和进入大学做准备，尤其像文学反应和文学批评这类文章的写作，要求学生对文学作品及其构成要素进行分析，写出分析文章，这些正是大学入学的 AP 课程考试试题的内容。

这些写作技巧帮助学生强化对听众 / 读者意识和写作目的的理解，提高他们为高中生活之外将会遇到的情况而清晰、连贯地写作的能力。

总之，美国语文教育中对写作教学的重视，对写作过程的指导与训练，值得我国语文教师学习与借鉴。

第二节 写作教学的内容和方法

作文写什么，涉及写作对象、文章类型等方面的问题；怎么写，则关系到写作的方法、策略与过程的问题。本节主要围绕这两个方面，具体介绍美国小学、初中乃至高中阶段的写作教学情况。

在美国，写作训练开始于幼儿园阶段。小学1年级就进行写作专题训练，注重培养孩子的写作意识。课堂教学中，除了课文学习中相关的写作练习之外，各单元进行专门的写作指导与实践，并且把训练内容、要求与课程标准的相关条款结合起来，达到标准要求的水平，即提升写作能力，满足课程标准要求。

写作类型与文章体裁的类别密切相关。一般情况下，阅读教材把文章的体裁分为三类，即虚构（文学作品）、非虚构（信息文章）和诗歌。有的版本还加上“戏剧”。如加利福尼亚州版的《美国文学》就是采取这种三分法。具体进行写作教学时，文章的体裁划分还可以更加细致一些。由于每种文章样式都有独特的组织和结构特征，因此了解这些篇章结构的特征，学生才能按照特征要求写作，这样就会少走弯路，尽快达到课程标准的要求。

学生到底应该写作哪些类型的文章？各州的语文课程标准以及写作评价项目对此都有明确的规定和要求，并且通过评价来指导和控制教学，使教学不至于偏离科学训练的轨道。例如，马萨诸塞州课程框架的“作文部分”，共有七个普通标准对学生的写作、修改和研究提出一系列的期望。他们认为，为了把学生培养成多才多艺的作者，教师应该强调三类写作任务：广泛的写作训练、按要求写作和非正式写作。这三类写作任务虽然不能从体裁上科学地概括文章的类型，但是，它强调了在不同场合、为不同目的和内容而设立的不同的写作要求。广泛的写作训练，要求作者写作时充分考虑不同的听众/读者，考虑不同的写作目的。而按要求写作主要谈论的是考试作文的写作，在有限的时间、空间和拥有有限材料的情况下，要求学生按照规定的主题或内容写作。第三类非正式写作，指的是日常写作练习，比如写日志、做笔记、写阅读反应等，这类写作要求与前两种情况相比，较为随意一些，只是作者在话语与思维之间建立联系，即把自己的思想活动变成语言的一种率性写作。他们还认为，初中和高中阶段，说明文的写作应该成为重点。

在加利福尼亚州，写作评价项目规定，学生在学校必须学会八种类型文章的写作技巧：

（1）自传类叙事文。

（2）信息报告。

（3）解决难题类。

（4）评价。

（5）故事。

（6）观察文章。

（7）第一手传记（为别人写的传记）。

（8）推测原因和结果的文章。

这八种类型包括了学生的四种写作经历：

（1）描述或想象类，比如叙述故事。

（2）个人写作类，比如自传类的叙事、第一手传记。

（3）说明或解释类，比如信息报告、观察作文。

（4）说理或劝说类，比如解决难题、因果推断等。

这些写作类型在教材中如何体现出来，教师又是如何依据教材实施教学的呢？下面以小学、初中和高中的三套教材为例分别作具体介绍。

一、小学阶段写什么，怎么写

1. 小学阶段写什么

我们先来看看 Houghton Mifflin 公司出版的加利福尼亚版小学《阅读》教材如何处理写作教学任务。教材安排的 1 ~ 5 年级写作专题及安排顺序如下：

1 年级

第 1 ~ 4 单元（无）

第 5 单元　个人叙述

第 6 单元　描写

第 7 单元　写故事

考试：写个人反应（感受）

文学聚集——戏剧：剧本创作

第 8 单元　研究报告

2 年级

第 1 单元　写故事

第 2 单元　描写

考试：写个人反应（感受）

聚焦寓言：创作寓言故事

第 3 单元　写友好的书信

第 4 单元　研究报告

聚焦传记：写作传记

第 5 单元　第一人称叙述

第 6 单元　指导类的文章：指导别人去做或制作某个东西的文章

3 年级

第 1 单元　写个人记叙文

第 2 单元　写指导类的文章

聚焦民间寓言故事（如龟兔赛跑）：创作寓言故事

第 3 单元　写故事

考试　写个人反应：提供阅读材料，写出一两段阅读感受。

第 4 单元　研究报告

第 5 单元　描写

聚焦传记：写作传记

第 6 单元　写劝说类散文

考试：写故事，内容是一个学生在学校遇到了难题，说明发生了什么事，他们在什么时候、怎么样去解决这个难题。

4 年级

第 1 单元　第一人称叙述

聚焦推理故事：写作推理故事（小说）

第 2 单元　描写

聚焦戏剧：剧本创作

第 3 单元　写故事

考试：写个人感受

第 4 单元　写劝说类的文章

聚焦诗歌：写一首诗

第 5 单元　写带有个人观点的散文

聚焦故事：编写知识小故事[1]

---

[1]　这里的“故事”，原文为法语 Pour quoi，指一种法国民间故事，类似于《十万个为什么》之类的知识故事。

第 6 单元 研究报告

考试：表达个人观点的散文

5 年级

第 1 单元 描写

聚焦故事传说：写夸张荒诞的故事

第 2 单元 写表达个人观点的散文

聚焦诗歌：创作诗歌

第 3 单元 写故事

考试：写个人反应

第 4 单元 个人叙述

聚焦戏剧：创作剧本

第 5 单元 写研究报告

聚焦自传：写作自传

第 6 单元 写劝说类的文章

考试：表达自己的观点（人们为什么应该或不应该把野生动物当作宠物？针对这个问题写一篇文章，提出自己的看法）

1 ～ 5 年级每册教材包含的单元数目一般是 6 ～ 8 个，每个单元都包括写作专题、文学聚焦和考试三个方面的内容。从教材所列的写作专题来看，整个小学阶段，学生重点掌握的写作类型有：第一人称叙述、个人感受、描写、故事、书信、劝说类和指导类的文章，以及研究报告等；聚焦文学栏目，主要训练学生写传记，写自传，写寓言故事，写诗歌，写剧本，进行文学创作活动。写作的范围较广，类型较多。

从单元列表中可以明显地感觉到，加利福尼亚州小学从 1 年级开始进行正式的写作训练，从口头交流到书面表达，从单句到复句，从句群到段落，逐渐培养写作意识，提升学生的写作水平。每种类型的写作，教材都提供学生的优秀作文范例，通过习作点评，指导学生如何写作指定类型的作文，例如，怎么开头，怎么行文，怎样的结尾最富有表现力，什么样的标题才更醒目、更吸引人，等等。每篇作文写作之前，都有一个写作指导要点，列出注意事项，提供写作思路的指导和帮助，使学生逐渐形成写作是一套程序的意识。

教材里关于写作训练的内容具有很强的指导性。每一类文章的写作都提供详细有序的指导，操作步骤清晰，从引导语到写作要点说明，再到学生习作范例及点评，这些对学生习作的点评正是如何写作的实践指导。教材还特别指明本次练习符合加利福尼亚州写作或阅读标准的哪一条，具体条款内容在教材下方都特别列出来，供读者学习掌握。

2. 小学生怎样写作文

从以上列出的单元写作训练内容可以看出，加利福尼亚州小学作文表达方式和文章类型具体的指导方法，既涉及写作步骤的行进程序，也涉及有关表达方式等术语的内涵。下面举例说明。

（1）个人叙述类文章的写作

1 年级学生的写作训练刚刚起步，教材对写作的指导更是具体、细致。比如在第一人称记叙文写作的前面，有这样一段引导语：

第一人称叙述写的是发生在作者身上的真实的故事。当你叙述自己故事的时候，可以用这里提供的学生作文作为模式。

接着，是写作指导要点：

好的开头告诉读者你要叙述的事件。

细节帮助读者想象发生的事情。

从小学 1 年级开始，就要求学生写作时关注文章的开头和结尾，这种开头直奔主题直抒胸臆、中间运用细节和典型事例来表现主题、篇末点题的三段论方式，成为美国学生作文的组织和结构方式的特征。

（2）描写类文章的写作

严格地说，描写是一种表达方式，而不是一种文章类型。可是，美国语文却把它作为单独的类别，作为写作专题，训练学生如何“描写”。同样，在写作专题训练前面有这样的引导语：

描写是用词语绘制的画面，它可以帮助读者去看，去听，去品味，去感觉，去闻一闻你正在写的东西。在你自己开始描写之前，先以学生的作文为示范。

如何进行描写？教材提出指导要点：

好的开头告诉人们要描写的东西。

好的描写包括表示感觉的词语，如大的、小的、高的、短/矮的、黄的、灰的，等等。

好的描写使用细节。

这是对1年级学生描写表达方式的训练提出的要求。不同年级的描写要求在程度上有一定的差异，比如4年级的描写要求就比1年级略高：

好的开始句告诉读者将要描写什么；

准确、生动的词语在读者脑中构建心理画面；

按照时间、空间和重要性来安排细节先后；

感觉词语能帮助读者想象描写的画面；

结尾概括描写的内容。

5年级的描写要求比4年级又会略有提高：

开头交代要描写的内容；

形象化的描述让读者想象它看起来、听起来、闻起来、尝一尝、摸一摸是怎样的；

比喻手法的运用使读者心理产生清晰的画面；

按照时间、空间或重要程度的顺序安排细节；

结尾总括全文。

这种对描写表达方式的写作训练一直持续到高中阶段。可见，他们把具体细致的描写习惯当成一种踏实的文风来培养，当成写好作品的关键元素来强调。

（3）剧本的写作

小学1年级的文学聚焦板块就有剧本。1年级学生怎么来写作戏剧作品？教材安排的教学思路对我们或许会有一些借鉴意义。

文学聚焦板块与其他写作专题一样，指导按照一定步骤层层推进。首先，学生应该知道剧本的定义。什么是剧本呢？

剧本是通过人物言语讲述的故事，它可以用来大声地朗读或扮演。

有时剧本有一个叙述者，讲述剧本发生的故事。

每个人物的名字都出现在他/她说的话语的前面。

当你参加戏剧表演的时候，读人物的言语，脑子里想象出这些语言是戏剧人物说出来的。

接着，学生不是很快进入写作的步骤，而是先阅读几篇戏剧作品，比如《狮子和老鼠》等寓言故事，然后再开始写剧本。教材称这种写作方式叫创作，实际上它是一种读写结合、以读带写的教学方式。怎么写作剧本呢？

1）思考一个你想要讲述或复述的故事。

2）决定这个故事发生在哪里。

3）选择人物，决定是否需要有一个叙述者。

4）写作每个人物的名字，以及你希望他们要说的话。

5）写完之后与他人一起分享你的剧本。你甚至可以把它演出来！

这是1年级学生的剧本创作指导。严格地说，它只是从剧本的外延上进行介绍，没有涉及概念的本质特征。4 年级还有一次聚焦戏剧的任务，而这一次教材对剧本这种文学体裁的解说就比较接近“戏剧”概念的本质特征了。

戏剧为什么这么有趣呢？因为它们是发生在人们眼前的活生生的故事。戏剧不仅观看起来让人觉得精彩，而且阅读时也会令人感到十分有趣。剧本是用一种特殊的格式写成的，这种格式有助于使读者想象自己就好像是坐在电影院里观看一样生动。戏剧是通过演员的表演来讲述的故事。

1）戏剧被分成几个部分，这些部分叫作“幕”或“场”。

2）剧本的开头列出人物名单，说明戏剧人物有哪些。

3）环境描写说明情节发生的地点和时间。

4）对话正是演员在舞台上所说的内容，人物的名字出现在台词前面。

5）舞台提示告诉人们演员做什么，转移到哪里，怎么说出台词（动作和神态）。

这时候，教材对学生的创作提出如下要求：

写出人物列表和简短的环境描写；

对话中，用大写字母写出人名，然后是冒号和人物说的话；

用圆括号进行舞台提示；

记住，必须是人物自己说出或演出每件事。

学生进行戏剧创作或表演活动，符合《加利福尼亚公立学校英语语言艺术内容标准》的如下条款：

阅读：大声流利地朗读（R1.1）

听 / 说：使用声音 / 手势（Ls1.0）

而这些与课程标准相关的内容及教学内容、写作项目，一并在教材里呈现给读者。

（4）传记类文章的写作

小学 2 年级开始聚焦传记，3 年级还有一次同样内容的文学聚焦。传记是为别人写的叙述故事。5 年级的文学聚焦则是自传。教师在教学自传的写作时，首先让学生明白自传的特征，自传应该包括哪些内容，在写作之前，学生必须学会和掌握这种体裁的特征和写作方法。写作一篇自传，需要掌握四个方面的知识：作文必须是第一人称，注意语言技巧和惯用法，口语交际时应该注意的问题，以及提供现成的自传作品，让学生阅读，以阅读带写作。具体内容如下图所示：

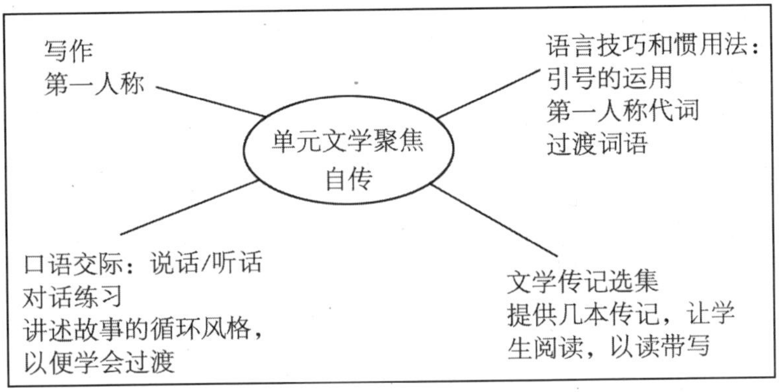

（5）劝说类文章的写作

美国教育特别强调观点的形成与表达，学生不仅要有自己独特的带有批判意识的思想，而且这种思想和观点还要有理有据地影响他人。这种教育思想渗透到作文训练中，主要体现在劝说类文章的写作上。小学 3 年级开始进行劝说类文章的写作训练，一直持续到高中阶段。

学生在进行劝说类文章写作的时候，需要注意如下几点要求。

1）导言部分陈述劝说的目的，给出理由。

2）陈述充足的理由，用事实和例子来支持；每个事实和例子都独立成段。

3）结尾总括全文，再次重申劝说的目的，鼓励读者去行动。

劝说类文章的写作过程，用简单的框架图表示如下：

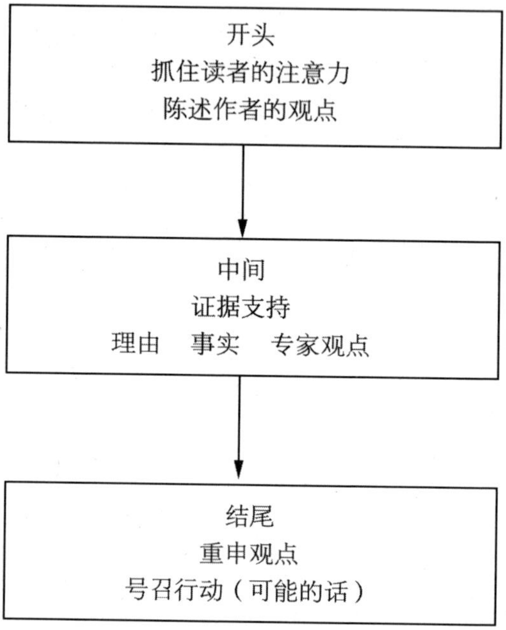

学生按照这样的模式进行劝说类文章的写作，目的是清楚地有说服力地表达自己的观点。

（6）研究报告的写作

美国学生从小学1年级开始接触研究报告，这种写作训练一直贯穿小学各个年级的教学中，直至高中毕业。虽然有些州（如加利福尼亚州）写作考试标准明确提出研究报告的写作类型不列入考试评价的范围，因为考试时间、空间和掌握的资料有限，但是写作训练却从入学开始直到高中毕业，从不间断。从这里可以看出，美国语文教学集中体现了实用主义的教育理念。写作不仅仅是在表达作者个人的思想，叙述自己的故事，而且要为各科学习服务，这种对研究报告写作的强调暗合了美国对科学教育的重视程度，在美国，科学是“面向全体美国人的科学”。

他们是怎么进行研究报告的写作指导和训练的呢？

首先，明确概念，让学生知道“研究报告是什么”。研究报告是作者用自己的话告诉人们关于一个主题的事实，并且使用一系列的细节来支持这些事实的文章样式。

其次，掌握写作方法，知道“怎么写作研究报告”。学生先阅读教材提供的其他学生的习作范文，把握点评与写作指导：

1）标题要告诉读者这是关于什么主题的报告。

2）用主题句引导、介绍这份报告的主要观点。

3）研究报告提出来自其他资料的事实论据（用作者自己的话说出来），并且运用细节支持这些事实。

4）结尾总结、概括报告的主要内容。

5）列出参考资料来源。

以上五个方面基本上概括了小学阶段研究报告写作必须注意的事项。研究报告写作，必须符合语文内容标准中各年级的写作要求，当然，不同年级的写作标准是不一样的，因此，教材明确写出本年级应该符合的标准内容。比如3年级必须符合的课程标准条款是：

发展主题句（W1.1 a）

包括证据和细节（W1.1 b）

4年级要求符合的标准包括写作和语言发展两个方面。

写作标准：

写信息报告（W2.3）

列出中心问题的框架（W2.3 a）

包括证据和细节（W2.3 b）

使用各种资源（W2.3.c）

语言发展标准：

正确运用标点符号，辨识标题（LC1.5）

除了上述几种类型的写作之外，小学阶段还要求学生写故事，写个人反应，写推理小说，写诗歌，创作寓言故事，写表达个人观点的散文，写指导性的文章（指导别人怎样去制作某个东西），等等。每一类文章的写作，基本上都遵循着同样的模式，从理解体裁的概念开始，指导写作要点，阅读成功的习作范例，最后进行写作实践。

3. 作文考试

整个小学阶段，五册教材安排了八次写作考试，五次内容集中在“个人反应”类型，主要给学生提供片段或简短的文章，让学生在阅读之后写出自己的感受。这类写作考试不是在有限空间与时间里进行的考场作文，而是开卷写作。写作前，学生同样接受如下指导：

仔细阅读指导文字；

寻找告诉你写什么的关键词；

决定你要写的主题；

写作前计划你的反应；

完成后校对、修改错误。

另外的三次考试是写故事和写表达个人观点的文章。

3 年级时写故事，其内容是：一个学生在学校遇到了难题（上体育课的时候忘记带鞋袜），说明发生了什么事，他们什么时候、怎么样去解决它。具体写作指导要求如下：

仔细阅读提示，找出揭示写什么的关键词；写作前计划好要写的故事，列一份图表（很重要）；完成后，自觉校对与修改。

4 年级和 5 年级时写表达个人观点的文章。

4 年级的写作内容是：写一篇文章，讨论“自然是我们的朋友还是敌人？为什么”。

写作前，要求学生根据范文的指导，列出写作计划：

我的观点——理由——结论

具体写作要求如下：

写作前列出计划、做笔记或制定图表；

完成后，校对与修改你的文章。

5 年级表达个人观点的文章的内容是：

表达自己的观点：人们为什么应该或不应该把野生动物当作宠物？针对这个问题写一篇文章，提出自己的看法。

4. 小结

通过对美国小学写作教学的研究探讨，可以初步得出以下结论。

第一，美国写作教学对学生写作基本功的要求循序渐进，包括叙述、描写、说明等表达方式的训练都很具体到位。

第二，写作过程基本上遵循着三大步骤：开头提出观点，中间用细节或证据证明观点，最后概括、总结全文。美国论文写作特别强调思路的清晰和条理性，强调语言表达的有效性。协和大学的 Moon 教授在“东西文化差异”的专题讲座中特别提到，东方学生刚来美国大学的时候，他们写作的论文美国教授读不懂，因为观点不明确，不像美国论文写作紧紧围绕观点展开论述，开头提出观点，中间证明观点，最后总结观点。

第三，写作任务的设置紧紧扣住课程标准的内容和要求，实现了目标教学的理念。

第四，写作教学实际上培养了这样几种人：故事叙述者、难题解决者、科学报告者、戏剧表演者、观点陈述者和活动指导者，以及善于用充足的理由或事实根据劝说别人的人。

从他们的作文教学可以看出，从解释概念到指导写作，美国的写作教学遵循着实用主义原则。

附：美国小学生作文选登

（段落后面括号里的文字是老师对作文的指导要点）

1. 学会写第一人称记叙文

下面是3年级学生写的《丢失的鞋子》。

丢失的鞋子

来吧！你想读我关于丢失的鞋子的故事吗？那是发生在1999年3月6日的一件事。我的朋友林德西过来玩了，她喜欢我的鞋子，我也喜欢她的鞋，于是，我们就互相交换鞋子。不久，她要回家去了，我隔着窗户跟她摆摆手说再见，然后，她就走了。第二天早晨，我的鞋子不见了！我很忧伤啊，就像一位母亲丢失了孩子一样。我的鞋啊，它们在哪儿呢？我找遍了房间，除了一些被蚂蚁吃了一半的比萨饼的碎屑之外，什么也没有。呜呜！（开头引起读者阅读的兴趣，并且暗示将要发生的故事是什么）

我要做的第一件事就是找遍家里所有的房间。但是，我能找到的只是一双脏袜子，三个棒棒糖，一张旧地图，以及十五张纸片。接下来，我又去汽车里找，但是，也只找到一个旧盒子，六块手表，七张糖果纸和一些奶酪。我深深地思索，苦苦地寻找，就是不知道我的鞋子在哪里。（运用细节描写，让人读起来有真实感，丰富想象力）

最后，我走回昨天走过的路，才想起昨天我跟林德西换鞋子了。然后，我快速跑到她家里，找回了我的鞋子。就像母亲丢失的孩子又找回来一样，我如释重负。我把鞋子洗刷干净，它看起来多么闪亮啊！

（回到主题上来，这一点很重要）

第二天，当我穿着鞋子上学时，我十分高兴地系着那根闪着蓝色亮光的鞋带子。我找我的帆布背包，但是……哦，没有！我的帆布背包又去了哪儿呢？（好的结尾使读者感到轻松愉快）

2. 学会写描写类文章

下面是 1 年级小朋友写的作文《和爸爸一起钓鱼》。

我有一根很大的钓鱼竿，鱼竿的下端有一个很小的钓钩。当我和爸爸一起去钓鱼的时候，用的就是这个钓鱼竿。我爸爸的鱼竿很长，它的下端有一个黄色的大钩子。爸爸常常能钓到很大的灰色的猫鱼，我只能钓到一些用作钓饵的小鱼。

这里用到了“大的”“小的”“黄色的”“灰色的”这些形容词，让读者在阅读的时候能够想象鱼钩的大小、颜色，以及所钓到的鱼的大小和颜色。这样的文章读起来非常具体真实而且生动形象，给人留下深刻的印象。

3. 学会写说明类文章

下面是 3 年级学生写的说明文，他的目的是指导读者怎样才能拥有快乐的感恩节。

怎样拥有快乐的感恩节（标题通常告诉读者要写的内容）

我喜欢的庆祝方式是感恩。我真正的喜欢感恩节，是因为我喜欢我们一起做的一切。如果你希望像我一样拥有一个快乐的感恩节，现在让我教你怎么做。（用主题句，是片段作文的很好的开头）

首先，早晨醒来的时候，做一个深呼吸，闻一闻烤火鸡的香味，还有香喷喷的烤土豆。

接着，走到楼下的起居室，观看电视里感恩节的游行队伍，寻找所有的漂浮物和大气球，你将会真正地喜欢它。每一年的这一天，我都等着观看游行仪式。

最后，到了下午，你应该邀请你的全家来享受美味大餐，家里的每一个人吃啊，说啊，然后再看一场足球赛。（好的指导类文章要用表示顺序的词语，比如“首先”“其次”“最后”）

如果你按照我的指导步骤去做的话，你就会跟我一样拥有一个快乐的感恩节了。（结尾确信自己的指导是完美的很重要）

4. 学会写劝说类文章

下面是3年级学生写的一篇劝说类文章《合作学习》。

合作学习

我认为合作学习很重要，因为它帮助你学到更多的东西，帮助你在学校作出更好的选择，还可以帮助你交更多的朋友。（劝说类文章要提出一个目标，并且给出理由）

如果你还不懂某些知识的话，合作学习可以帮助你学到更多东西。你能够从你的朋友那里学习。有一次在学校，我不会做一个有关地图的项目，那很难，我的朋友杰威会做，他就教我怎么做，我们在一起就像一个团队一样。如果你这样做了，你也可以帮助那些不会做的同学学到更多的东西。（用事实和例子来支持你的理由，是很重要的）

合作学习很重要的另一个理由是，它帮助你在学校作出更好的选择。你的朋友帮助你去听老师的话，他们会告诉你不要做一些危险的事情。有一次，我们班的一个女孩子没有按照规则去做，然后我把规则出示给她看，并且告诉她为什么很重要。（每一个事实和例子都应该有清晰、完整的印象）

合作学习很重要的最后一个理由是，通过团队学习，它帮助你交很多朋友。当你在一个团队学习的时候，你可以学会别人身上具有的东西。你会同他们一起交流，并且解决难题。

我认为，每一个人都应该在一个团队里学习，因为它会教你作出正确的选择，而且比你单独一个人学习时学得更多，它帮助你认识许多新朋友。合作学习也是非常有趣的。（最后总结全文）

5. 学习写研究报告

下面是3年级学生写的研究报告《傻瓜龟》。

傻瓜龟

傻瓜龟是一种两栖爬行动物。它有厚厚的笔直的脖子，皱巴巴的皮肤，以及坚硬的外壳。它的头很宽，两个带钩的下巴颏形成一个钩形的鼻子。即使傻瓜龟有一个坚硬的外壳可以保护自己，但它仍然是一种处于危险中的动物。（主题句引出报告）

傻瓜龟是一种很大的海洋龟类，它有一个鸭脚板可用于游泳和在水中转圈。它的皮肤从淡绿到暗绿，它的壳是红棕色的。一只成年的傻瓜龟能够长到880磅重，大约3.5英尺长。它有坚硬的爪子，用来撕碎它所吃的那些蛤类、海螺和甲壳纲动物的身体。（一篇好的报告会运用细节支持所用的材料）

傻瓜龟生活在大西洋、地中海、黑海、太平洋和印度洋。在美国，它们也经常访问佛罗里达和南卡罗纳州海岸。

雌龟到达海岸的时候，来到岸上产卵。她挖一个洞通到海岸下，大约能藏100个蛋。一只雌海龟产卵在64～200个之间。小海龟从卵里孵化出来的时候只有4.5英寸长。当它们长到足够大的时候，就走出沙地，进入海洋。

污染、捕捞、油污，以及虾网是海龟们的天敌。人们保护海龟，可以通过小心地扔抛塑料袋和罐头瓶来实现。如果那些东西随心所欲地乱扔的话，它们会导致海龟的休克。当海龟的宝宝刚把头朝向海洋的时候，人类可以建立围栏来保护它们。（好的结论总结报告）

龟在地球上的生存时间已很久远，我们应保护它们，并使之摆脱濒临灭绝的列表。

二、初中阶段写什么，怎么写

与小学阶段不同的是，初中阶段的写作专题相对比较集中。下面以 ScottForesman 公司出版的 6 ~ 8 年级《文学》教材为例具体说明。本套教材的写作训练主要以两种形式出现在课文或单元里，它们是写作小课堂和写作研讨。

《文学》（6 ~ 8 年级）教材里的写作任务

年级	单元	写作小课堂	写作研讨
6年级	1	建立你的作品文件夹	聚焦叙述
	2	写作中使用语气和语调	聚焦描写
	3	维持你的作品文件夹	说明文写作
	4	选择和缩小话题	说明文写作
	5	用事实和例子来支持你的主张 / 观点	劝说类文章
	6	准备汇报文件夹	聚焦叙述

续表

7年级	1	建立你的作品文件夹	说明文写作
	2	安排细节	说明文写作
	3	使用劝说的语调／语气	说明文写作
	4	维持你的作品文件夹	叙述文写作
	5	研究技巧：寻找信息	叙述文写作
	6	准备汇报文件夹	劝说文写作
8年级	1	建立你的作品文件夹	叙述文写作
	2	呈现例证，但不评说	说明文写作
	3	表达观点	叙述文写作
	4	维持你的作品文件夹	说明文写作
	5	综合概括信息	叙述文写作
	6	准备汇报文件夹	描写类文章

1. 写作小课堂

写作小课堂一般出现在课文或者单元学习的过程中，主要集中指导与训练学生的写作策略和技巧，篇幅一般比较简短。例如，每一学年开始都必须先建立作品文件夹，中途维持文件夹，年末汇报展示文件夹的内容。

第一，什么是作品文件夹？

作品文件夹是学生在一学年里所写作文的集子。建立文件夹之初，要求学生想好自己的写作路线图。它能够向作者自己和别人展示出作为一个作者，现在所处的位置和领先的程度。一年后，学生将要创造出一个汇报文件夹，以展示自己感到骄傲的作品。

第二，怎么开始？

从设置写作目标开始。学生喜欢写什么？喜欢哪一类文章的写作？认为自己作文最强的地方在哪儿？写出这一年里要求自己达到的两三个目标，把它们列在文件夹的最前面。

然后，决定用什么材料做文件夹。可以用三孔的活页夹，可以用展开的文件夹，也可以是报告夹。学生需要把自己的文件夹封面装饰一番，可以是绘画，可以使用图片，或者是拼贴画。每个学生都需要思考一下：自己的文件夹封面能够给人留下什么样的印象呢？

第三，把什么作品放在文件夹里？

（1）学生所写的作品，包括目录、图表、其他计划、初稿。

（2）最终修改稿，包括已经被修改与编辑的稿子，作为已完成作品的记录。

（3）其他已完成的非作文的作业，像录像带、磁带等。

（4）自我评价，学生取得的进步，以及尚需努力的地方。

（5）反思，作为一个学生和作为一个人，写作是怎么帮助自己成长的。

再比如，7 年级第二单元写作小课堂的“安排细节”主题，从两个方面进行教学。

第一，安排细节。

（1）考虑不同的安排方式。作者安排细节的方式能够影响读者对作品的理解。细节安排方式如下：

时间顺序——根据事情发生的先后顺序安排细节。

重要性顺序——把重要的事情放在前面，把不重要的事情放在后面；反之亦然。

空间顺序——按照场景的变换来描述细节。

（2）写作策略。选择细节的顺序，考虑写作的目的，以及作者希望引起读者注意的内容。然后，按照几种不同的顺序分别列出提纲，再决定哪种顺序最能突出强调作者想要读者注意的地方。

第二，活动选择。

（1）写作片段，描述自己的一天是怎么开始的。使用上述提出的方式之一，然后与同伴交流，用不同的顺序重写与同伴交流后的片段，讨论这样做的结果。

（2）在三人小组里，每个人写一个片段描述一下课堂的场景，为细节安排不同的顺序。互相分享彼此的描述，讨论比较。

（3）评论文学作品，看看它们是怎么安排细节的。制作一份图表，记录读者所发现的不同顺序。这些故事使用不止一个顺序吗？读者能发现上面没有提到的细节安排顺序吗？

这样的写作小课堂主要是针对具体的写作策略和技巧而设置的，指导性很强。最后的活动选择主要利用课堂时间，集中训练某个方面的写作技巧，比如如何恰当地选择和缩小话题，如何使用正确的语气和语调，怎样运用事实、例子来证明自己的观点，怎样搜集和综合概括信息，等等。

美国语文的写作教学很注重文本的实用性。商务书信成为中学阶段写作教学一项重要的文章类型。怎样写作商务书信呢？作者可以顺着思路思考并回答四个方面的问题：

（1）决定写作的目的。

作者是订购还是归还商品？或者，还是要求别人发送信息给自己？

（2）包括所有必要的信息。

对读者来说，写作目的应该是很明确的。简洁、快速地说明要点，但是不要遗漏了重要的细节。

（3）用一种合乎时宜的方式写信。

如果作者正需要某样东西的话，最好事先提出自己的要求；如果作者有什么抱怨的话，尽可能地寄出自己的信。

（4）考虑文章的措辞。

商务书信应该是清晰的、客气的、合乎情理的。如果作者有什么抱怨的话，说出错误在哪里，但一定要有礼貌。

2. 写作研讨

教材处理写作训练，是把它作为专题来指导，以“写作研讨”的形式逐步进行。与写作小课堂不同的是，“写作研讨”则是把写作当作专题来研究，它主要集中在对写作类型特征的了解与把握、主题的选择、写作过程的指导与训练等方面。这套教材的“写作研讨”集中在说明类、叙述类、描写类，以及劝说类等文章类型的写作指导方面。“写作研讨”的专题基本上与单元阅读主题有关，在单元课文学习的基础上完成写作任务。

例如，8年级第六单元主题是“决定性的旅游”，围绕这一单元主题，写作研讨则聚焦于“探究个人的变化”。他们将怎样完成这项任务呢？请看下面的例子。

首先，提出作业任务。

在本单元文选里，有一些人物，他们通过自己的旅行导致个人或历史发生了变化。写出你将要进行的一次旅行的旅游见闻，这次行动可能给你自己或别人的生活带来很重要的变化。

其次，用“作者的蓝图”形式列出写作前应该考虑的问题。

产品：包括五个旅游场景项目的旅游见闻。

目的：描绘一次你想象的旅游，就像你自己经历过一样，这次旅游在你或别人的生活中发生了很重要的变化。

听众/读者：希望学习你的旅游的人。

说明书：作为一个成功的旅游见闻的作者，你应该：

通过头脑风暴的形式产生可能的旅游去向。选择一个你觉得将会对你或别人生活带来重要变化的项目。这次旅游可能是一次出国旅行，或者一系列实现目标的经历，诸如为高中毕业或职业选择做准备。

用一个场景项目作为旅游见闻的开始，细致地描绘你的旅行起点。写作时，好像真的出发了一样。提出问题：你想去哪儿？为什么？谁和你一起去？

继续写出三个不同的场景，它们是你在不同地点的旅行经历。这些地方或许就是你停住脚步，顺着路线和事件一步步接近目标的地方，它们应该有助于使你发生重要的变化，这些变化正是你所期待的旅行结果。

用你最后进行的那个旅游场景总结全文，解释这次旅游的意义，以及它将给你和别人的生活带来什么样的变化。

尽可能使用表示主动语态的动词来写作你的文章。

遵守语法、惯用法、拼写和语言技巧的规则，正确使用形容词与副词的比较级。

最后，进行写作指导，分为六个步骤，这六个步骤正是美国语文写作过程的要求。他们认为，如果学生按照这些步骤来操作，那么其文章将会成为一篇成功的旅游见闻。这些步骤及其具体要求如下。

步骤一：构思

在构思环节，学生需要完成四项任务。

（1）探究文学作品中不同人物的旅游

这是用以读带写的方式引导写作。这里要求学生思考这些问题：他们为什么要旅游？这些旅游给他们带来哪些重要的变化？如果你也做了这样的旅行的话，会有怎样的反应？把你从书中获得的信息填写在下面这个图表里：

人物	旅游	理由	导致的变化	我会有怎样的反应

表格中的几项内容正是学生写作时应该抓住的几个重要环节。有了这些内容，文章就不会空洞，就会言之有物了。

（2）把作者自己喜欢的旅游串联起来，进行简单的归纳

还记得你自己梦想中的旅游吗？它或许是一次出国之旅，或许是一次去外星球的旅行，抑或是一次心灵之旅。当然，你梦想中的事情不一定能够真正地成为现实。用图示把你的梦想之旅串联起来，使这个梦想成为现实中的地方。

（3）计划自己的旅游见闻

写作之前制订计划，这是写作过程的必要环节。怎样制订旅游见闻的写作计划呢？学生需要做这些工作：

用图片或绘制简图展示旅行的开始点和目的地。为自己的旅行画出路线图，沿着这条路线，按照数目顺序标出五个点，这是作者的旅游见闻应该写到的五个场景。然后，概述这些场景或写些句子，提醒自己每个场景的焦点。当作者创作旅游见闻计划时，再参考上面制作

的图表和笔记。

（4）问自己一些问题

作者所需要的资料都已经有了吗？检查一下自己已经做了些什么。如果还需要更多的资料的话，学生可以：

同自己的学习伙伴讨论你的旅游思想。问题集中在：你为什么对它感兴趣？这样的旅行怎么改变你的生活？

如果可能的话，在百科全书或图书馆查找你的目的地的相关信息和资料，把对你的旅游见闻写作有帮助的信息写在笔记本上。

查阅文学期刊的《读者指南》，这种书刊在很多图书馆都能找得到。看看最近的一些杂志上是否有关于你的目的地的文章。

第一步的构思很重要，当学生做好充分的准备之后，写作的时候就不会无话可说了，因为他们已经具备了丰富的思想。有思想就会有语言，语言是思想的外化。

步骤二：打草稿

在这个环节，学生还需要注意两点。

（1）写作之前，从构思阶段和“作者的蓝图”中概括写作步骤。然后再开始写作；记住在作文中使用动词的主动语态，它会使你的作文更加生动活泼；提前阅读“修改策略”中关于使用主动语态的要点。

（2）写作之时，把自己思想倾注到文章中。下面是写作时的几条建议：

开始，把旅行时需要的东西打点行装，准备出发。

描写自己关于访问地方的思想和感情。

如果同时访问了好几个地方，开始时写出旅行计划，展示出打算去的地方和什么时候到达这里。

在写作的时候，用积极的声音和态度，写出一个旅行者对自己访问的地方和所做的事情的感受。

同时，教材会提供一些文字资料供学生阅读。

步骤三：修改

要求学生在修改自己的作文之前，请同伴进行评论。然后对照下面的三个关键问题检查、修改自己的作文：

第一个场景里解释了要去的地方和为什么去那里吗？

每一个场景，在结尾部分都提到了重要的变化了吗？

文章一直是用主动语态在写作的吗？

接下来，教材提供“修改策略——主动与被动语态”的文字材料，说明为什么要使用动词的主动语态（因为动词的主动语态是用一种生动活泼的、直接的方式来表达思想的），并且用学生的一段作文为示范，体会主动语态的表达效果。

步骤四：编辑

编辑之前，要求同伴评论自己修改的稿子。编辑的时候，注意检查语法、惯用法、拼写和语言技巧方面的错误，特别要注意正确地使用形容词的比较级和动词。

接下来，提供“编辑策略——形容词的比较级和动词”的文字材料，要求学生掌握这类语法规则和要求，并且用学生的作文为示范，解释这种形式的语言表达技巧的效果。

步骤五：递交

作文完成之后，用什么样的文本格式上交也是有要求的。这里给学生提供两种递交作文的方式：

一是用键盘打出自己写的旅游见闻，并且添加上地图、图片，或者绘制简略图画进行说明。为班级制作一本完整的旅游见闻图集。

二是把途中的旅游见闻制作成明信片，用卡片为自己在不同旅游地点的明信片做插图说明。卡片背面提供自己在旅游见闻中写到的每一个地方的信息。

步骤六：回顾／反馈

这是写作的最后评价阶段。学生主要完成两项任务。

（1）自我评价

学生会给自己的文章评为第几等级？按照前面的“作者的蓝图”的每一个要点评价自己的文章，从6分（优秀）到1分（差）。

（2）反思

思考一下自己从写作旅游见闻中学到了些什么，回答下面的问题：

如果重写一遍的话，作者将会怎样改进和提高自己的旅游见闻？

作者在生活中体验到了自己在旅游见闻（没有真正地去旅行）中描写到的同样的变化吗？解释自己的答案。

最后，把旅游见闻和反思文字放入作品文件夹里。

至此，经历了三板块、六步骤的训练之后，学生才算完成了一篇作品。可以看出，学生的这次旅游见闻真是精心打造而成的。虽然它不一定是真实旅游的见闻感受，但是写作中时时强调它的可行性，让学生在虚拟的情境中体验旅游的乐趣。最后，在回顾、反思中再次把自己真实的体验与文章描写的见闻和感受联系起来，使旅游给自己的生活带来变化的思想观点深入人心，这一点也许正应和了美国人充分享受旅游乐趣的生活理想。

3. 小结

“写作研讨”是美国语文教材处理写作难题、教学写作的科学园地。设置“写作研讨”，不只是ScottForesman公司出版的教材这样做，其他版本的教材，如McDougal Littell公司出版的《文学语言》、

McGra-Hill Glencoe公司出版的《美国文学》，以及其他专门的写作教材，也都把单元写作训练称作“写作研讨”，而且研讨的内容和步骤也大抵相同。从这样的“写作研讨”中，我们可以看到美国语文是怎么教学写作的，他们真正是把写作当成研究专题在做。学生完成一篇文章，不是短暂的肤浅的感性表达，也不是随意胡诌一篇完成任务，而是切切实实地依照这样的步骤，一步一步地逼近目标。在这样的写作训练中，学生获得的不仅仅是一篇成功的习作，更是一种务实的精神，做任何一件事情，开始都必须有明确的目标、充足的理由或根据，在实现目标的过程之前，都必须制订周密的计划，然后按照计划一步步地做下去。因此，美国学生完成一篇作文，就是完成一项研究任务。学生为了写好一篇文章，不得不走进图书馆，阅读大量的文章，抑或是自己绘制表格与图画，努力使自己的文章显示出相当的实力。从这种意义上说，美国语文的写作教学是务实的，充分体现了实用主义的教育理念。

三、高中阶段写什么，怎么写

高中阶段的写作教学，在初中写作训练的基础上更加强调个人观点的表达，强调批判性思维的训练，更加重视写作的实用性。

下面以McDougal Littell公司出版的《文学语言》为例，探讨高中教材如何处理写作教学的问题。

9年级

第1单元　1. 个人叙述；2. 劝说——观点陈述

第2单元　1. 个人反思写作——反思文章；2. 信息说明文——比较与对照

第 3 单元　1. 交流研讨——劝说演讲；2. 信息说明文——过程描述

第 4 单元　1. 文学反应；2. 观察与描写——人物框架图

第 5 单元　1. 叙述与文学作品；2. 信息说明文——原因与结果

第 6 单元　1. 报告——研究报告；2. 交流研讨——舞台场景

10 年级

第 1 单元　1. 劝说——观点陈述；2. 观察与描写——集中描写

第 2 单元　1. 叙述与文学作品——诗歌；2. 信息说明文——难题解决文章

第 3 单元　1. 报告——职业研究报告；2. 交流研讨——口述历史

第 4 单元　1. 劝说——劝说文章；2. 信息说明文——原因和结果文章

第 5 单元　1. 文学反应——说明文章；2. 个人和反思写作——自传写作

第 6 单元　1. 交流研讨——使用技术：多媒体汇报；2. 报告——研究报告

11 年级

第 1 单元　1. 观察与描写——见证人（目击者）报告

第 2 单元　1. 文学反应——带有批判意识的文学评论；2. 劝说——劝说文章

第 3 单元　1. 个人与反思写作——短故事；2. 叙述与文学

第 4 单元　1. 文学反应——文学阐释；2. 交流研讨——说与听：讲述故事

第 5 单元　1. 信息说明文——比较与对照文章

第 6 单元　1. 报告——研究报告

第 7 单元　1. 交流研讨：使用技术；2. 多媒体展示

12 年级

第 1 单元　1. 观察与描写——个性面面观；2. 个人与反思写作——应用文章

第 2 单元　报告——研究报告

第 3 单元　1. 信息说明文——建议；2. 劝说——讽刺文学

第 4 单元　1. 交流研讨——说与听：行为展示

第 5 单元　1. 信息说明文——主题分析

第 6 单元　1. 叙述与文学作品——戏剧场景；2. 交流研讨——使用技术：网页

第 7 单元　1. 文学反应——批判性的评论

高中阶段，除了最基本的叙述类和描写类文章的写作之外，还要求学生进行下面几种文章类型的写作实践。

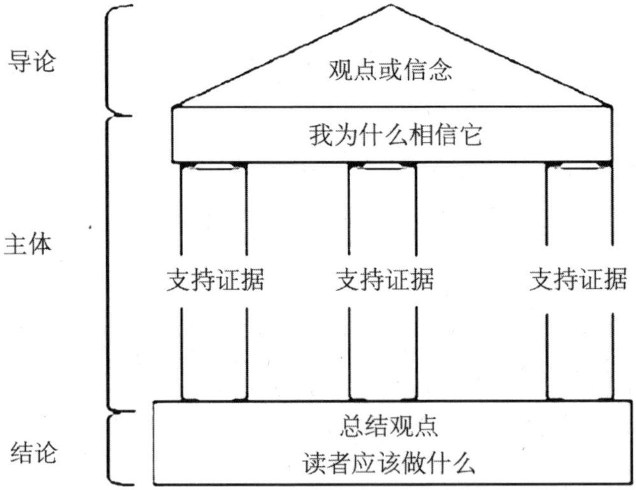

劝说类文章结构图

劝说类文章 要求学生用充分的证据证明自己的观点，使人信服。如上图所示。整个劝说文章的写作过程仿佛就是构建一座房屋的过程：顶端，即是导言部分，明确提出自己的观点；主体部分是支持观点的证据，它们分别用来证明你的观点；房屋的基座是重申自己的观点，让读者再一次明白你的思想见解。

反思类文章 要求对日常生活中的某件事情或者现象，提出自己独特的看法，同样要求有独到的见解和思想。

文学阐释 要求从文学作品中发现意义并作阐述。

文学批评 要求对文学作品提出自己的见解，这种见解融汇了自己批判性思考的结果。

另外，还有职业研究报告，要求学生研究自己喜欢的职业，并根据自己的才能和兴趣选择自己喜欢的职业。与中国人的“干一行，爱一行”所不同的是，美国人是“爱一行，干一行”。这是专门为高中学生所做的职业准备训练。

在这里，每种文章类型都与单元主题和课文阅读密切相关。以读带写，从阅读中感悟写作方法，领悟作品的意义。

从对《文学语言》9 ~ 12 年级单元写作专题的分析可以看出，高中阶段的写作基本确定在以下六个方面。

（1）信息类说明文写作是很重要的一项训练内容，这种文章要求包含丰富的信息内容，其中包括提出建议（温和而中肯地）、比较与对照、原因与结果的推测等。

（2）观察与描写，既有对眼前事物的观察描写，也有目击证人的讲述。

（3）报告包括两个方面，一是研究报告，二是求职报告。写作训练中，不仅包括求职报告的要求，而且还有简历的写作训练。这是为学生高中毕业写简历，上大学写自我介绍做准备。

（4）文学阐释和文学批评，文学阅读要求学生写作带有批判意识的文学批评和挖掘作品意义的文学阐释，体现美国教育要求的批判性思维训练的特点。

（5）劝说性的文章，要求明确清楚地陈述观点，并且用自己的观点去影响别人、说服别人，做到意见中肯。

（6）个人与反思写作——写自传、反思作品。这是美国语文写作中不可忽视的一个方面，他们的作文训练要求学生对自己的写作及其阅读进行反思性思考，并把自己的思考诉诸文字。这类作品还包括自传的写作。

这些写作训练是通过单元“写作研讨”或“交流研讨”来完成的。在“写作研讨”项目里，首先确定明确的写作类型和要求，然后从四个方面对作文进行润饰加工。

第一，通过对学生习作的点评，提出写作的注意事项，比如如何开头、如何结尾、如何用事实或例子来证明观点等。

第二，通过修改技巧的训练，提高学生对作文结构与语言特征的自觉意识。学生通过评价自己的文章，反思写作，为下一步提高写作能力，调整写作策略做好充分准备。修改技巧包括这些方面的内容：用事实和例子支持陈述的观点，添加细节，注意有效的过渡，使用过渡词语和句子，阐明意义，使用积极的声音[1]，避免循环论证，得出结论，等等。

第三，通过编辑技巧训练，培养学生的语言艺术规范意识。比如，主语与动词的搭配，动词的时态，句子的平衡，使用 that 和 which 引

[1] 此处的“声音”是指作者在表达自己思想的时候所表现出来的个性特征，它能够代表作者的个人风格。

导从句，移动修饰语，正确使用标点符号，等等。

第四，评价。在实现上述技巧的基础上，借助修改和编辑对作文进行评价实践。

到了 12 年级，除了以上四个方面的训练之外，还设置了词汇建设和句子技巧方面的训练内容，从构词和造句两方面，提高学生的语言艺术规范水平。

例如，加利福尼亚州鞍山谷联合学区 11 ~ 12 年级学生文件夹里，不仅有学生对自己作品的反思与自我评价，而且也有教师的初步评价。每个学生的文件夹是独立的，内容基本上固定，这些作品与他们取得的学分密切相关。

加州鞍山谷联合学区 11 ~ 12 年级语文作业文件夹

11 ~ 12 年级学生写作目录：

类别	日期	写作类型	标题	要求 / 进程	学分
叙述文章					
反思文章					
文学反应					
历史调查报告					
工作申请 / 简历					

11 ~ 12 年级　　　　　　　　反思和目标设置

日期：________ ____

________ ____

________ ____

________ ____

年末自我评价：

日期：________优点：____

____

目标：____

____

教师初评：________ ____

在文件夹的背面，还印有“基于标准的写作策略 / 方法”和“基于标准的语言艺术规范”。这些内容正是学生完成写作任务应该考虑的“标准”，语言必须符合规范要求。其实，这些内容不复杂，要求也并不高，但是非常具体，可操作性强。具体内容如下：

基于标准的写作策略 / 方法			
年级	组织和中心	研究和技术	评价和修改
11 ~ 12	1.1 通过完成叙述性的、说明性的、劝说性的或描写性的文章写作任务，表现出对语段要素的理解。 1.2 使用观点、人物特征、风格和相关要素，以达到修辞和审美的目的。 1.3 用正确的、相关的例子来支持结构意识和可持续的、劝说性的、在理智方面打动人的观点。 1.4 通过使用修辞格提升作品的意义，包括并列结构，反复和类比的扩展运用，视觉广告的加入和连贯的行动描写。 1.5 运用自然、清新、生动的语言创立自己独特的风格。	1.6 通过创造性的、批判性的研究方法发表陈述。 1.7 使用系统的策略方法组织和记录信息。 1.8 把数据库、图画以及空白表格程序和词汇处理文件整合起来。	1.9 修改文本，使个人观点更加鲜明，提高句子的多样化、风格化，通过与目的、听众和类型一致的方式，使意义和风格表达得更加精致微妙。

基于标准的语言艺术规范					
年级	拼写	大写字母	标点符号	语法 / 用法	书写格式
11 ~ 12	1.2 写出字迹清楚的作业，拼写正确。	1.2 写出字迹清楚的作业，大写字母使用正确。	1.2 写出清楚的作业，标点符号使用正确。	1.1 表明对语法、措词、段落和句子结构，以及英语惯用法等知识的理解和掌握。	1.3 写作中反映适当的书写要求。

综观美国的写作教学，虽然没有全国统一的标准进行衡量和控制，写作过程的名词术语有时也并不完全一致，但是各家教材却能自成体系，对写作规范有具体明确的要求，而且这些教材的编写是建立在最新的科学研究的基础之上的。因此，各家教材对于写作的规范与程序虽然名称略有差异，但整体上趋于统一。

第三节 写作教学的思维程序

翻开美国中小学语文教材，走进他们的语文课堂，“写作过程”的字样立即会映入你的眼帘，对写作过程的宣传与指导似乎成为语文教学的一道风景线，从西海岸的加利福尼亚到东海岸的纽约，大抵如此。

他们的写作到底遵循着一套怎样的思维程序呢？

一、写作过程的教学

在美国人看来，没有问题，就等于没有思想；没有思想，也就不会有语言的产生。要解决写作难题，首先应该解决思维问题。思维遵循着一套程序，它有一个严密的过程，是从低级向高级阶段逐步过渡并发展变化的。因此，写作与思维密切相关。训练写作从接受写作过程的概念开始。

比如，在加利福尼亚州尔湾学区，无论是 Northwood 小学 2、3 年级教室的墙壁上，还是 Portola 中学 7、8 年级的语文课堂上，白板上方都赫然悬着这样的文字：

Prewriting—drafting—revising—proofreading/editing—publishing/presenting

（构思——写作——修改——校对 / 编辑——出版 / 递交）

甚至在高中教室里，也都能看到类似的“写作过程”字样。

下面是《马萨诸塞州英语语言艺术课程框架》（2001 年 6 月版）的“普通写作标准”部分对写作过程的具体描述：

写作过程		
策略	阶段	过程
通达先前的知识，建构目的，辨别听众／读者，形成问题，理解任务的标准。（看普通标准23、24、25）	确立中心 制订计划	讨论 列表，画图，网络，草拟，角色扮演 自由写作，组织，分类，列提纲
（看普通标准19）	打草稿	添加事实与细节，删减不必要的细节和多余的话
带着听众意识、目的和重点问题重新读。辨别含糊不清及逻辑错误。注意是否连贯、阐述是否具体、是否有细节描写。（看普通标准21）	评价与修改	重新组织 为清晰、语气、风格和连贯，重新措词
对照标准和英语语言规范重新读。（看普通标准22）	评价与编辑	对句型变化、正确的句子结构、技巧、惯用法和拼写进行编辑
审视标准和与写作任务有关的目的、听众的需要；计划和准备最后的产品；反思和计划未来的写作任务。（看普通标准25）	出版与评定	设计 格式化 排版和上交 评价最后的产品

这里把写作过程分为五个阶段：确定中心与制订计划、打草稿、评价与修改、评价与编辑、出版与评定。每个阶段需要处理哪些写作策略，学生做些什么，都有明确说明，而且这些步骤是与课程内容标准紧密联系着的，它遵循着比较严格的规范和要求。

从上一节“写作研讨”的内容可以看出，美国的写作教学确实是在遵循着一套程序，从构思到成文，再到最后的出版与反思，是一个具体的有计划、有目的、重结果的过程。

写作要让学生对自己的语言负责，精心打造文章，重视写作前的思考和构思，确立中心，制订写作计划，同时，强化写作之后的修改和润色。所以，美国学生平常的写作，并非一挥而就，教师一般给足时间，让学生制订写作计划，提出写作目的，然后搜集资料，进行写作，最后完成并修改润饰。

这种强调写作过程的训练方法，已经成为全美写作教学的共识，这是他们关于写作教学研究成果的推广与应用。

二、写作策略与方法的指导

写作既然是学生思想与观点的表达与交流活动，那么，它就不仅仅是先天语言机制的问题，而是已经具备的知识和技能在写作实践中的集中体现，这种知识和技能是可以传授，可以学会的。因此，写作能力可以通过对写作过程的训练和策略方法的指导来提高。对策略知识和方法的学习，成为美国语文教学很多领域的重要内容。

写作训练涉及哪些策略和方法呢？

例如，《加利福尼亚州公立学校英语语言艺术内容标准》小学 1 ~ 4 年级学生主要进行句子和段落的写作，他们应该掌握的写作策略有：

能够围绕中心思想写出清晰、连贯的句子和段落；在写作时，能考虑到读者和写作目的；通过写作过程各个阶段的训练提高写作水平（如构思、打草稿、修改与出版）。

1.1 写作前，选择好主题。

1.2 写作时使用描述性词汇。

1.3 清楚地书写印刷体，合适地安排字母、单词、句子的间隔距离。

小学5年级时才开始写作完整的文章，他们应该掌握这些写作策略：

能写清楚、连贯、中心明确的文章，并能考虑读者和写作目的。文章包含正式的介绍、支持性的证据和结论。学生通过写作过程的各阶段提高写作水平。

6年级则在5年级写作策略的基础上添加如下内容：

1.1 选择最适于原定目的的写作形式（如私人信函、致编辑的信、评论、诗歌、报告、叙述）。

1.2 写多个段落的说明文。吸引读者的兴趣，陈述明确的目的；用支持性细节和准确的动词、名词、形容词发展主题，在读者大脑中描绘出一幅视觉图像；根据作文的目的用一详细的总结结尾。

1.3 使用各种有效而连贯的组织结构，包括比较与对照，分类，按空间顺序、重要性或形成高潮的顺序排列。

7年级的写作策略如下：

学生能写清楚、连贯、中心明确的文章，并能考虑读者和写作目的。文章包含正式的介绍、支持性的证据和结论。学生通过写作过程的各阶段提高写作水平。

组织和中心：

1.1 制定组织结构，使作文的各方面平衡；在句子间使用有效的过渡词，以便统一重要的观点。

1.2 用轶事、描述、事实与统计数据、具体的例子支持所有的陈述与主张。

1.3 使用做笔记、列提纲和做摘要的策略来构建作文草稿的结构。

研究和技术：

1.4 识别主题：提问并评价问题；发展能引导询问、调查研究的观点。

1.5 通过使用一致的授权格式和引证方法，增加索引的引用和参考的可信度。

1.6 通过使用文字处理技巧和出版程序创建文件，使用简单的数据库和空白表格程序管理与准备报告。

评价与修改：

1.7 在检查思想的逻辑性和词汇的准确性后修改作文，以改进结构和措词。

从这些写作策略中可以进一步看出，美国公民的知识产权意识和实证精神是从学校教育开始培养的，如上述 1. 5 条“通过使用一致的授权格式和引证方法，增加索引的引用和参考的可信度”。在美国教师看来，这些方法和策略对提高学生的写作水平能够起到事半功倍的效果。这是他们讲究教学有效性，提高效率的一种方式和途径。

高中阶段，9 ~ 10 年级学生要求掌握这些写作策略：

学生写的文章行文连贯、重点鲜明、观点明确、论证严密，文章证明学生是否做到写作有目的、心中有读者。学生通过所需要的写作过程，逐步提高写作水平。

组织和重点：

1.1 确立一个统领全篇的概念或符合逻辑的论点，这个概念或论点传达了对所论问题的一个清晰而明确的看法，整篇文章的基调和重点始终如一。

1.2 使用精确的语言、行为动词、可感知的细节、恰当的修饰语、主动而不是被动的语态。

研究与技术：

1.3 针对明确的研究问题，使用合适的研究方法（如上图书馆、上网、个人观察）去获取和探求第一手和第二手资料中的证据。

1.4 通过提供辅助性论据（如情景、共同信念、假设、定义）在文章主体部分不断深入地阐述自己的观点。

1.5 综合多种来源的信息，并识别这些信息的复杂性和差异性，以及在不同媒介（如年鉴、缩微软片、新闻途径、深入的现场研究、演讲、期刊、科技文献）中出现的不同见解。

1.6 把引文、引语融合到作文之中，保持叙述观点的流畅性。

1.7 遵守写作格式手册（如《现代语言学习手册》《芝加哥格式指南》）中的规范，并使用恰当的规范行文、注释，列出参考书目。

1.8 使用先进的排版软件和图表程序，设计和发表文章。

评价与修改：

1.9 在考虑这篇文章有什么样的读者、实现什么样的意图、用于什么样的场合等问题的基础上修改作文，提高组织的逻辑性、观点的一致性、选词的精确性和基调的适宜性。

三、作文教学中的批判性思维训练

语文训练与思维发展同步进行，学生在接受语文教育的同时也在进行着思维训练。美国教育所培养的不是人云亦云的学舌鹦鹉，而是一个个有自己思想的充满活力的人。这一点，从美国学生的作文训练中能够清楚地感觉到。

例如，前面已经提到，美国小学1年级就开始写作研究报告，强调证据的重要性。初中阶段要求更高一些，尤其到了高中阶段，他们的作文训练主题有以下三类：

劝说文章 要求表达自己明确的、令人信服的观点。

文学阐释和文学批评 要求表达自己对作品的批判性的理解、对意义的挖掘。

职业研究报告 要求学生在探究自己喜欢的职业的基础上提出自己的看法，为自己将来的工作奠定基础。

有人概括美国教育是一种“给你工具的教育方式”。[1]教给学生工具是为了将来更有效地学习。除此之外，美国教育更强调批判性思维的训练。

什么是批判性思维？批判性思维是一种摆脱简单的线性思考方式的思维，要求思考者禀着公正心态来评判身边的人和事，对世界作出合乎公正的评价。批判性思维，不是思考负面的影响，只寻找错误，而是对某件事情作出明智的思考和判断，以至于评价者的言行与客观的评价相一致，使之作出的评价尽可能是正确的。这种能够作批判性思考的人通常被称为“通情达理的人”（有理智的人）。“批判性”这个术语倾向于强调批判性思考者理智的自律。

作为一个批判性思考者，不能简单地、没有批判地去接受某些结论。为了能够最大限度地做到这样，人们将利用一系列的可辨认和可学习的技巧，掌握分析和评价的理由与证据；作出精确的假设，然后评价它们；反对毫无根据的推论，或者不合逻辑的推理；尽可能使用最充分、最完整的论据，作出相应的区分，阐明事实，避免分歧和矛盾，协调明显的冲突，在自己知道的东西和自己仅仅怀疑它是正确的东西之间

[1] 陈屹．诱惑与困惑：美国教育参考［M］．北京：中国社会出版社，2001.

作出区分。

一个不会进行批判性思考的人，不能反思或评价具有特定利害关系的理由，只能以简单的同意或不同意来接受或反对某个结论，而不去理解它们。这种人往往以自我为中心，没有公正评价的愿望。

写作教学如何培养学生的批判性思维能力？一方面通过单元写作研讨来解决，另一方面，在课文学习的过程中进行写作思维的训练，教师提出一些非常具有挑战性的问题，让学生思考并写作。写作时要求学生必须明确提出自己的观点，同时运用充分而确凿的证据来证明自己提出的观点，使人信服。从本书附录部分提供的国家教育进步评价试题中可以找到这方面的例证。另外，美国语文教材的阅读与写作训练中，这类训练批判性思维的具有挑战性的问题比比皆是。

除了强调写作过程，在写作训练的过程中还强调学生形成三个方面的意识：

（1）读者与听众意识。

（2）写作是一个程序的意识。

（3）写作是高层次思维的反映。

培养学生的批判性思维，从正确、清晰地表达个人观点开始，对现实现象、科学问题、文学作品作出相应的理解和反应，其中，作者应该有自己独特的看法和思想，并且在表达自己的观点时依靠充足的证据或理由来证明。

语文教学中，学生进行批判性阅读、批判性写作、批判性地听和说，这就要求他们在人类文化传承中不是人云亦云，而应该有自己个人的独特体验和独立思考，这与美国教育强调个性化，尊重个人对学习内容的感悟是一致的。

例如，美国最新大学入学考试 SAT 的作文评分标准规定，获得满分 6 分的作文必须达到如下要求：

（1）一篇优秀作文，必须清楚而连贯地展示出作者对文章写作的精通，尽管其中还有些许错误。

（2）有效而富有洞察力地发展作者自己的观点，表现出杰出的批判性思考，清晰地使用恰当的事例、推理，以及其他证据证明自己立场的观点。

（3）主题集中而明确，表现出清晰的连贯性，思路顺畅。

（4）表现出对语言技巧的熟练使用，词汇丰富、准确。

（5）在语言和句式结构上能够恰当自如地进行变换。

（6）在语法、惯用法和语言技巧上很少有错误。

美国最新的 SAT 试卷中，专门设有批判性阅读和批判性写作项目。可见，“批判性思考”已经成为美国学校教育的核心理念之一。

第四节　小学阶段的写作训练

在美国，写作不是单纯、枯燥地为写作而写作，而是把写作与阅读理解及思维训练相结合，写作教学的结果是训练和提高学生运用语言进行有序而规范地表达的能力。因此，学习写作的过程也是学习语言、学会阅读、欣赏图画，以及训练逻辑思维能力的过程。

美国教科书如何处理写作教学内容？怎样综合训练学生的写作能力？下面以麦格劳·希尔（McGraw-Hill）公司出版的系列教材《现代语言艺术》（5 年级）为例，具体介绍美国小学怎样教学生写记叙文。

这套教科书 5 年级第二单元的记叙文写作教学指导内容包括三个部分：第一部分，阅读经典范文，把阅读、思考与理解能力训练结合起来，指导学生具体认识记叙文的文体特点。第二部分，写作训练过程。分为六个步骤：1. 分组写作：个人叙述；2. 思维与写作：主要思想和细节；3. 独立写作：个人叙述（语法联系：完整的句子；技巧联系：标点符号）；4. 说话与聆听：个人叙述；5. 作者的资源：用词典查找词语；6. 作者的资源：运用词典。第三部分，跨课程联系，包括关于社会学的写作、单元回顾、主题项目“艺术展览”。

一、读写结合，确定写作重点

第一，以读促写，激发阅读兴趣。

教材说明与学习要求：学生阅读引言并观察图片。这是奥利弗·巴特沃斯写的一个故事，讲的是一个名叫内森的男生和他的家人发现他们家一只普通的母鸡孵出了一只恐龙，堪称本世纪的巨大惊喜。要求学生阅读后思考：奥利弗·巴特沃斯对写作有怎样的感受？写第一人称记叙文的时候，要让你的读者和你一样去理解故事中对你重要的一件事。

重点：第一人称记叙文主要讲述发生在自己生活中的某件事情。你愿意去写什么事情呢？课本提供几幅图片，学生将会找到发生在别人生活中的故事，也可以去看一张图片，还可以利用故事和图片去寻找写作的主题。

引言：有时我想我会掐自己，醒来发现我梦到自己写的书。它好像是真实的。——奥利弗·巴特沃斯

文学，要像作者一样阅读。

你曾经有过这样的惊奇吗，因为太过兴奋以至于无法独自享受？怎样与别人分享这段经历呢？在这个故事中，内森和他的家人发现他们家一只普通的母鸡孵出了本世纪的惊喜。阅读文本，找出作者用来描绘这件令人惊奇事件的具体细节。（课文选自《巨大的蛋》，作者奥利弗·巴特沃斯）

第二，指导阅读，明确记叙文写作重点。

要求学生带着任务和目的去阅读课文，阅读中关注以下内容：

1. 提示阅读重点

课本在范文适当地方为读者提供阅读提示，例如，在第一段右侧介绍选文的主题思想，为读者准备好在记叙文中使用的细节；在第二段处提醒读者：注意作者运用细节帮助你“看”到在母鸡窝里的这个奇怪的动物；在最后几段提醒读者：作者通过有序地讲述发生的每一件事情，清晰地叙述令人惊喜之处。这三处“提示”正是本次写作训练的重点。

2. 作为读者，你可以思考

（1）如果你是内森，对发生在母鸡窝里的惊奇事件你会有什么样的感觉？你会怎样把这件事告诉别人？

（2）如果这件事发生在你身边，你会做什么？它让你想起自己生活中令人惊喜的事情了吗？

3. 像作者一样思考

（1）作者是怎样表现这个发生在母鸡窝里的恐龙宝宝在孵化所引起的兴奋的？

（2）作者怎样表现每一个人对惊奇作出的反应的？他所运用的哪一个细节做到了这一点？

（3）哪一个细节最吸引你？把你所找到的最有趣的细节列一份表格。

写一篇阅读日志，把你的所有思想都写在日志里。

4. 文学反应

（1）头脑风暴：词汇积累

在《巨大的蛋》一文中，内森使用了一些词语，如“尖叫”“骚动”“兴奋”，来表现人们对恐龙到来时作出的反应。想一想发生在你身边的令人惊奇的事情，哪些词语可以用来描绘“惊奇”的感觉？在你的日志里写下这些词语或短语，并记住它们。开始建立个人词汇列表。

（2）与同学讨论：惊奇之处

内森发现母鸡窝里的恐龙时感到震惊，他希望在这里找到未孵化的蛋或小鸡宝宝。想象一下，你曾经历的惊奇体验，与同学之间讨论一下这件惊奇的事情，告诉他们发生了什么，尽可能多地运用清晰的细节。询问同学，为了表达准确，你的描述是否需要添加更多的细节？然后，让你的同学告诉你一个让他惊奇的故事，这时你也要仔细倾听。

5. 快速写作：写一封短信

你已经仔细考虑到令人惊奇的地方及人们对此会作出怎样的反应。思考一下你曾经有过的惊奇体验，写一封短信给朋友，向他描述令人惊奇的事情。例如，你可以给朋友写信，与他分享暴风雨突然来临时你的惊奇感觉。把信保存到自己的文件夹里。

6. 经验积累：令人惊奇的事情

你已经思考过一些惊奇的事情，并且愿意把它们与别人一起分享。在你的日志里写下这些事。你可以写下一些词语或短语、写作的话题，甚至可以画一幅图画说明曾经发生在你身边的事情。

二、激发想象，寻找写作话题

寻找写作话题：观察课本提供的四幅彩色图片（热气球飞上蓝天、清澈的湖边山坡上飘起了薄薄的雾岚、刚出壳的小鸡和孵化中的蛋、高速公路前端出现了彩虹），想想你看到的内容。针对记叙文的写作，这些图片激发了你的哪些思想？在日志上写下你的想法。

三、写作实践（一）：写法策略及指导

按照以下步骤进行写作实践。

1. 分组写作，明确记叙文写作的“三要素”

个人叙述类文章的写作目的是与你的读者分享一件事情。怎么样才能帮助你的读者体验这件事情呢？以下三个方面很重要：

（1）中心句。

（2）支持细节。

（3）时间顺序。

什么是中心句？首先提供一个语段，让学生在真实的语境中去认识“中心句”这个概念，而不是仅仅停留在知道这个名词术语层面上。然后，再去理解“中心句”的作用，最后是写作实践，学会使用“中心句”写作语段。例如：

野营旅行之前，我们尽可能做好每一项准备。星期一，玛丽收拾好地图和指南针，接着，她还提醒鲁弗斯带上急救包。星期四，苏带了额外的取水容器，我们还为全队打包并带上了足够的食物。只有一件事情我们没有准备到，那就是下雨。

上面语段中第一个句子就是中心句。它陈述主要的，或者整个语段的思想，抓住读者的注意力。接下来，为学生提供一个语境，让他们想象自己与同学一起去短途旅行，写一段话，使用中心句。

什么是支持细节？在个人叙述类文章中，细节是用来支持中心句的。他们给出事情或环境的许多信息，每一个细节都很好地支持中心句，帮助读者更好地理解叙述的内容。

什么是时间顺序？在个人叙述类文章中，用来支持中心句的语句通常按照时间先后出现，这个时间先后顺序就是事情发生的顺序或序列。例如：

在……以后、总是、在……以前、最后、首先、后来、同时、现在、不久、接着

写作过程中，老师会提醒学生思考：你所选择的时间词语能够让自己叙述的事情序列清晰吗？

接下来，指导写作练习。首先，全班同学合作，共同写出中心句；然后，列出一份细节表；最后，运用表中的细节叙述这次旅行的经历。

中心句：我的野营旅行充满了意想不到的事情。

细节列表：

看见了一只熊

跌进了小溪

丢失了背包

决定放弃露营

运用表示时间顺序的词语把这些细节连贯起来，成为一个叙述片段。

我的野营旅行充满了意想不到的事情。首先，天气变阴还下了雨。其次，看到了意想不到的动物，浣熊和小熊跑过来吃我们的食物，还踢翻了垃圾桶。最后，乔伊遭遇了意外事故，他跌进了野营途中的一条小溪里，全身都湿透了。以后，我们还要做更加充分细致的准备。

从上面的例子来看，美国老师在教学记叙文写作的时候，充分利用教材，有条不紊地指导学生写好片段，特别强调语段中各个句子之间的逻辑顺序，强调使用“中心句”“细节”和“时间词语”，这样用中心句引导、有细节支持又有时间词语连接起来的语段，语句通顺了，语意连贯了，逻辑也清晰了。至此，笔者方才真正领会到美国教授所说的“读不懂中国留学生论文”的原因。因为美国学生从小学开始就这样扎扎实实地训练写作基本功，写出来的文章要求思路清晰，条理清楚，表达观点或意见时也要证据确凿，理由充分。

写完之后，同学之间相互交换，画出对方文中细节描写的句子，问一问同学，你的文章里哪些细节可以帮助他理解叙述的内容，然后，再问一问同学，是否需要增加更多的细节使主题表达得更清楚。

最后，帮助学生整理一下记叙文写作的“备忘录”，要求学生在写记叙文的时候，记住一些要点，主要包括：

（1）目的和读者。

（2）主要思想。

（3）支持细节。

（4）时间词语。

把这个“备忘录”保存到自己的习作文件夹里，往后写作个人叙述类文章的时候，就可以使用它们。

2. 学会选择恰当的材料

思维与写作：主题思想与细节。

这一部分的教学目的主要是通过辨识特征和实践的方式来巩固和加强先前学到的几个要点：中心句、主题思想和细节。

写记叙文就是与读者一起分享自己经历的事情，在记叙文里，你告诉读者一件或几件事情，通过选择材料和认真安排细节，帮助读者理解所发生的事情。每一篇记叙文都要用一个中心句开头。描述细节的句子通过给出关于事件的更多信息来支持主题思想。看下面的片段：

作者准备写一篇关于渡船旅行的记叙文，包括如下细节：

（1）我的第一次渡船旅行是去年暑假中最令人兴奋的事情。

（2）妈妈的狗，威利，在船舱里丢失了。

（3）旅行花了三个小时。

（4）我的小妹妹卡门离开了。

（5）卡门的生日在明天。

以上列出的细节中哪一个能够支持作者的主要思想？不要把所有的细节都添加到文章中去，例如，卡门的生日并没有给出渡船旅行更多的信息。

接下来继续进行思考，并把学到的知识应用到实践中去，选择支持的细节。

与小组成员讨论自己的思想，与同学分享交流你选择这些细节的理由。

（1）丽莎的记叙文将要叙述她最兴奋的一天，她第一次看到自己新生的双胞胎妹妹，她的文章里应该包括哪一个细节？她可能会增加什么内容？

我最喜欢保姆讲故事给我听。

妈妈带着双胞胎回来了！

我喜欢大声朗读。

爸爸带着妈咪和比比回家了。

（2）布瑞恩的记叙文要讲述第一次晚上宿营的经历，应该包括哪些细节？他可能增加什么内容？

营棚里温暖而又闷热。

奇怪的声音把我唤醒了。

我在城市里长大。

爸爸许诺我在秋天养一条小狗。

（3）加布里埃拉的记叙文将要讲述他学会打篮球的这一天，应该包括哪些细节？他可能会增加哪些内容？

我观看别的运动员拍球。

我也感到跃跃欲试。

我已经知道怎么打网球。

那天我打了一个全垒打。

（4）梅尔的记叙文将要讲述他访问面包店的经历，应该包括哪些细节？他可能增加哪些内容？

香气闻起来特别诱人。

面包师推出几托盘的面团。

我尝了一块新鲜的面包。

超市里的面包已经切成片。

在以上练习中不断强化记叙文的主题思想与细节的关系，引导学生围绕主题选择恰当的细节，在练习中把静态的写作知识转化为写作实践能力。

总之，以上几个环节主要完成了两项任务：一是在范文阅读中逐步明确记叙文的写作重点；二是在小组合作学习中，在教师一步一步地引导下，使得从范文阅读和课堂讨论中学到的写作知识在不断地思考、判断和选择中加以强化并得到巩固。

四、写作实践（二）：独立写作实践

这一部分主要结合美国学校人人皆知的写作过程五步骤，进行具体的写作实践训练。

第一步，构思。

选择话题，探讨主题，确定细节。

关于记叙文的写作，你已经掌握了一些重要方法。现在，选择自己喜欢的话题进行写作。例如，路易斯是一个五年级学生，以其他同学为读者，他选择这样写作：首先，写出事件列表，以便引起读者的兴趣。接下来，他要考虑叙述其中的一件事。最后，他选择一件最有趣的事情进行叙述。

路易斯决定写自己学会滑冰的经历。他把话题缩小到他的第一次滑冰，目的是表现他第一次在斜坡上滑冰的喜悦。路易斯做了一个事件结构图，帮助自己理清写作思路，如事件结构图 1。写作之前，路易斯尽力回忆滑冰那天的许多细节，他想把事情交代得更加清楚一点，于是，他又在上述思维图中增加了细节，同时也删掉一些细节，如事件结构图 2。

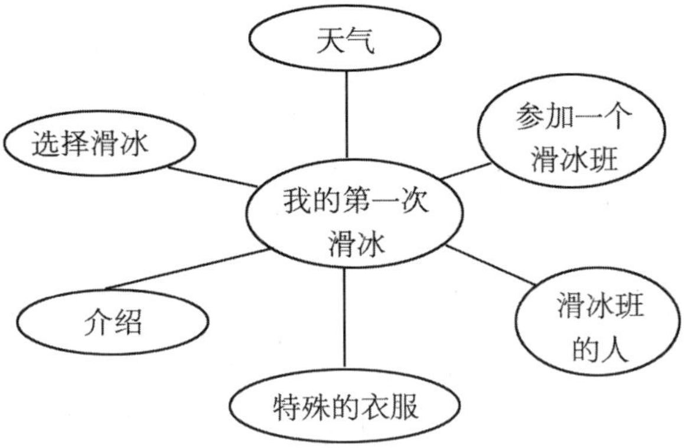

事件结构图 1

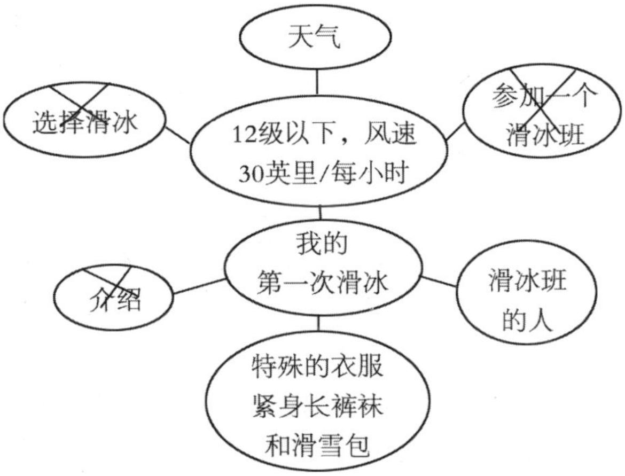

事件结构图 2

比较一下，路易斯增加了哪些细节？他划掉了哪些细节？你认为，他为什么决定忽略那些细节?

写作经验小结:

考虑一下你喜欢与人分享的经验，把这些思想用图画日志的形式记录下来，按照下面的步骤进行:

（1）给事件或经历列表。

（2）选择一个你能与人分享的事情。

（3）缩小话题，如果你的话题太宽泛了的话。

（4）确定你的记叙文的主要思想。

（5）考虑文章的写作目的和听众。

做一个结构图：记住，在任何时候，你都可以增加或去掉一些细节。

第二步，写作初稿。

不要担心犯错误，把你所想到的内容都写下来。写作时要记住四个方面的要点:

（1）记住目的和读者。

（2）陈述主要思想。

（3）使用支持细节。

（4）运用时间词语。

写作初稿时，像构思阶段一样，可以问自己一些问题:

我的主要思想是什么？我怎样才能最好地阐述它?

我的听众想知道哪些细节?

重新审视自己的文章，腾出时间来修改一下。

第三步，修改。

写完初稿后，自己反复读几遍，然后问自己一些问题:

（1）文章的主要思想清晰吗?

（2）文章的支持细节能够突出主要思想吗?

（3）我正确地使用时间词语了吗？

如果你愿意，可以要求一位同学读你的文章，并且请他提出修改建议。修改时同样要记住上面提到的四个方面的要点——记住目的和读者、陈述主要思想、使用支持细节、运用时间词语。

第四步，校对。

校对主要是检查文章段落的排版格式和文字书写是否符合要求，句式是否完整，是否符合语法规范，并且用不同的修改符号标出错误的地方。校对时需要围绕四个问题进行：

（1）我的段落有缩进吗？

（2）我的所有词语拼写都正确吗？

（3）我需要改正哪个标点符号的错误？

（4）我需要改正大写字母的错误吗？

第五步，发表。

所谓发表，是指把自己的文章拿出来与别人共同分享。教师对学生提出分享建议：创建记叙文的写作笔记，读读其他人的文章；在班里大声朗读自己的文章，邀请听众提出问题；或者，把你的文章寄给另一个城市的朋友，要求他对你的文章进行反馈。

五、拓展学习

（1）说话和聆听：针对记叙文的三个问题进行班级讨论，作者朗读自己的文章，同学聆听后提出发现的问题。

（2）作者的资源：指导学生如何运用词典查找自己需要的词语。

当看到陌生词语的时候，利用词典去学会它们的意义，通常，一个词语在词典中的义项不止一个，可以利用上下文或词语使用的语境来选择正确的意思。

六、课程联系

美国最新语文课程标准全称为《共同核心州立英语语言艺术及历史、社会学、科学、信息交流技术中的读写能力课程标准》，可见，“新标准”背景下的美国语文即母语课程，不再只是单纯的一门学科，在强调英语语言艺术的同时，特别重视对学生跨学科读写能力的培养，涉及历史、社会学、科学和信息交流技术领域，也就是说，读写能力除了语文课上要求的阅读和写作能力之外，还包括其他所有学科应该具备的读写能力。基于这种课程观念，我们可以看到，美国语文课里的“课程联系”早已有之，例如，这套5年级语文课本《现代语言艺术》的记叙文写作单元的最后一部分就是“课程联系”。

记叙文写作与历史、社会学及文学联系紧密，人们称为历史的东西通常就是一些事实和时间的记载，正像你所写的记叙文一样。穿过你家乡城镇的道路建设是一种历史性的事实，这个事实被记录在乡镇大厅里，你可以写一封信描述一下这条道路，并且写出它怎么改变了你的生活。你的书信就是历史的一部分。通过活动的方式完成下面的学习任务：

（1）想象一条高速公路。想象一条高速公路正好穿越你所在的城镇或城市中间，你的家与学校及邻近的商店正好被分割成两边，写一个片段描述一下你是怎样去学校和商场去购物的。

（2）写一段家庭历史。你的家庭有着何种类型的经历？你的父母和爷爷奶奶出生在哪里，成长在哪里？写一篇记叙文，文中包括过去一些年来的家庭生活信息，你需要访问你的亲属，寻找一些事实。

（3）观看风景。观察课本上的图片（画面：旷野的天空彤云密布，天空很低很低，天色昏暗），想象一下，如果此时你在这幅图画中会有怎样的感觉，在想象的基础上写一篇记叙文，叙述你在这个特定时空下的感受。你看到和听到了什么？你感到恐惧吗？运用你的想象力增加一些引人入胜的细节到你的文章中。

（4）文学反应。下面这篇记叙文选自《我的草原年，基于艾伦奥·普莱斯特德日记》，这是作者艾伦奥·普莱斯特德（Elenore Plaisted）1889年在草原生活的经历，这段经历不同于他在缅因州的生活感受。阅读下面这个片段，内容叙述的是他和家人保护自己免受龙卷风袭击时的情况。然后，写一个关于你发现的这个事件中令人兴奋的叙述，例如，暴风雨，天气的突然变化，或者另一个事件，你也可以选择去写下面这个片段的概要，如果是这样的话，你可以用到特别的细节，帮助你去描绘龙卷风。

七、单元总结

所有内容学完之后，教材以课时为单位对本单元内容进行总结。以上涉及的全部内容分为6个时段进行教学，具体分配如下：

第1课 小组写作：写记叙文，首先要学会运用中心句。

第2课 思维与写作：关键把握两个要点：主要思想和细节。

第3课 第一人称记叙文写作实践。

第4课 说话和聆听，班级讨论。

第5～6课 作者的资源，学会运用词典。

综上所述，美国写作教学的可贵之处在于，第一，文体明确，训练重点清楚。例如，记叙文写作首先要把握四个方面的要点：中心句、主要思想、支持细节和时间顺序的词语。这些要点不只是在记叙文中常用，议论文及其他类型的文章也必不可少。倘若能够熟练把握，并在将来的写作中自如地运用这些要点，其影响是深远的。第二，重视实践演练。例如，记叙文写作的第二个环节就是独立写作实践，结合写作过程的步骤，一步步地推进，从构思到写作，从修改到编辑，最后发表，引导学生去实践与操作，而不只是教给学生静态的写作知识。第三，写作不是急于求成的、在一堂课里完成的一次性练习，学会写作，提高写作能力，这是一个漫长的过程，需要不断地教给学生写作的方法、技巧和策略，不断地循序渐进地实践训练。为此，本套教材从小学一年级到六年级的写作部分均围绕七种文体进行训练，在反复实践的基础上逐步提高学生的写作水平。

第五节 初中写作教学案例

本节内容将介绍加利福尼亚州尔湾学区 Portola 中学的一节写作教学课。从教师的课堂教学和教室文化氛围中，我们可以领略美国作文教学的大致情况。

这所学校，除了前门草坪上竖立着的低矮的校名标记之外，看不到任何标志性建筑，也没有标致的大门。沿着一段水泥路，我们从边门进入会议室。会议室里没有油光锃亮的圆形桌椅，更没有其他什么特别的布置，只有一些平常学生使用的课桌椅摆放在中间，四周的桌子上摆放着校长特意为来访者准备的甜点和咖啡之类的饮料。说是会议室，其实只是比一般的教室略大一点的地方。

校长向我们简单介绍了学校的有关情况之后，大家按照事先分配好的科目去教室听课。美国的学校，很少有高楼大厦，这里的教室像一块块木盒似的分散在校园各处。我们轻轻推开一间木屋的门时，教师已经开始上课了。大家略微表示一些歉意，悄悄走进教室。

进门的第一感觉是，教室布置得很有条理，四周的书柜里摆满了书，整整齐齐，就像一间图书馆或阅览室一样，墙壁上贴满了各类资料，有图片，有文字。

这是一堂 7 年级的互动写作课，教学时间是美国西部时间 2004 年 12 月 9 日。下面就来看看这位老师怎么进行作文教学的。

一、课堂教学的“热身”与过渡

教师投影出一篇文章：

A gust of wind blew and mischief was in the air, some young kids wanted to play in what seemed like forbidden house. But in the midst of the revelry Lucy unknowingly found herself in a magical wardrobe that brought her to Narnia. And then the fun began famous talking animals and talking tress, a White and ……

一阵风缓缓地吹来，在空中顽皮地打着转，几个小孩子想进入一座看起来像是被禁闭的房子里玩耍。但是，狂欢到中途，露茜却不知怎的发觉一只有魔力的衣柜把她带到了 Narnia 这个地方，然后，有趣的事情发生了，她开始与动物交谈，与自己的披肩秀发交谈……

教师读着以上文字，学生认真地看着，想着，有的跟着一起读。教师给学生介绍文章开头的环境描写：

环境描写能够把读者带进故事的情境，并且引导他们预测后面将要发生的事情。

这是美国课堂教学常用的导入方法，用多媒体软件，或者电视节目，或者录音制品“热身”。

今天这堂课，教师的教学任务不是讲解这篇故事，他要讲的主题是“绝大多数与爱有关”（Most of all is about love），要求学生明白一篇文章如何解决语句的通顺连贯、上下段之间的过渡，以及用充分的证据证明观点等问题。

教师一边讲着，一边在白板上写着句子：

Love because one goes up his life for a child, love because he cherished that much! And perhaps that's it. Perhaps its about a lion traveling toward a stone table to save a life, to save his cowry ……

一个人之所以要爱，是因为他给自己的孩子创造了生命；他之所以要爱，是因为他们怀抱太多的希望。事情往往就是这样。或许这就像一头狮子走到石台上去挽救一个生命，救活它的宝贝一样……

教师不断地提出问题，引发学生思考，学生积极地跟随教师作出分析和回答。教师随时关注着学生的反应。课堂很活跃，几乎每个学生都在动脑筋。

临近下课，教师让所有的学生都趴在课桌上，闭上眼睛，听他读学生自己写的句子，静静地感受体验，对比体会文章的特色。

教师这样做的目的是，一步步地引导学生进行逻辑思维训练，关注句与句之间的连贯性，为自己要表达的观点寻找支持证据。

从这位教师的作文指导过程中，我们可以看出他是一位很有教学经验的教师。他把对作品的分析方法用到对写作的指导上。在这里，他强调环境描写对主题和情节发展的作用，强调语句的通顺连贯，引导学生寻找原因，理顺逻辑关系。其教学内容正与美国写作要求相一致。

二、创设情境，激发写作欲望

坐在教室里，环顾四周，一股浓浓的语言文化氛围扑面而来。教室四周书橱里码放的书籍整整齐齐，墙壁上布置的各种文字内容，无不向你透露出这位教师的文化品位和写作理念。在这里，还可以感受到教师平时训练学生写作能力时的一些具体做法。

白板上方一支“大铅笔”的模型展示了写作过程的几大步骤：

Prewrite—Compose—Evaluate—Revise—Edit—Publish

构思——写作——评价——修改——编辑——出版

从写作过程来看，“评价”并不是作文教学的最终目的和最后阶段，它是对作文进行加工、修改的开始，目的是让学生学会修改，学会编辑，提高自己的作文水平和文字质量。作文修改也不只是教师给定一个分数而已，而是要求学生对自己的或同伴的作文提供修改意见，使之变得更加完美。

学生的写作经验从哪里来？从平时的阅读和对自己作文的反思中来，从修改自己的作文中获得经验和方法。教师常常要求学生对自己的作品进行提问式的分析。比如，学生写完一篇题为《母亲的爱》的文章之后，教师要求他们对自己的作文进行如下分析：

为什么爱？	爱，因为女儿们爱她们的父亲
为什么勇敢？	勇敢，因为她有勇气经受和面对走过大门时的恐惧。
为什么和蔼？	女儿们如此亲切、可爱。
为什么空虚？	其他女儿独处时感到如此空虚。
故事希望表达什么？	内容提要：这不是别的灰姑娘的故事。这个故事真正要表达的是关于勇敢、空虚和悲哀的主题。一个少女鼓起勇气走过刑罚之路，这时，她可能会放弃，或者妹妹身上具有另一种品质，这时她将可能陷入妹妹的自私世界里。或者，一个父亲感到悲伤，因为他放弃了她。

一篇文章写完之后，教师要求学生对自己的作品进行评价，这种评价不是只给分数，而是要求学生运用学到的文学要素和写作知识对自己的文章作出具体的修改与评价。

例如，学生写了一篇《母亲的爱》，教师就要求学生用记号笔在文章上作批注。开头有没有环境描写？如果有，就画出来。有没有运用修辞方法？如果有，是哪一句，是什么方法，标注出来。有没有注意到上下段之间的衔接？如果有，把表示上下段衔接的相关词语标出来。教师甚至还要求学生注意语句是否通顺连贯，等等。这种用评价带动并促进写作的方式，很具体也很有效。

三、营造氛围，传授写作技巧与策略

如何提高写作水平，这位老师有自己的一套教学方法和思路。教室墙壁上的文字宣传栏向我们透露出他的教学思想。比如：

要想使文章句子连贯，衔接自然，“和”与“或”这两个词必不可少。如果没有这两个词，就不要写作！

如果你没有问题要回答的话，你就没有东西可写！

最有说服力的表达，通常是在长句子之间嵌入短句子。

开头和结尾很重要。

如果开头写得很好，你的文章将会引起阅读的兴趣；

如果结尾很好，你的文章将会令人难忘！

背诵和重复要么引领着你走过黎明前的黑暗，走向光明，要么使你成为一个只会滔滔不绝地说话的傻瓜。

…………

这些话语不经意间向学生们渗透着教师的写作思想，让学生明白：写好作文应该注意的细节很多。

四、紧扣标准，提高写作成绩

当然，这里的教学与美国其他地方一样，都是围绕语文课程标准进行。学生在获得写作技巧与策略指导的同时，心中一定要有“目标”，这个目标就是“标准”，即《加利福尼亚州公立学校英语语言艺术内容标准》的相关条款。这里，老师要求学生好好熟悉并巩固的写作标准有：

1.0 写作策略：

学生写作清晰、连贯、中心明确的文章。作文应该表现出学生的听众意识和目的意识。文章包括正式导言、支持证据和结论三个部分。学生通过写作过程各阶段的训练提高作文水平。

1.1 结构和中心：

创造有组织的结构，使文章的各个部分显得平稳。使用有效的过渡词语，使句与句之间的衔接自然，把文章的思想贯穿为一个整体。

在美国中小学教室里，随处可以看到这样的景象：教室的墙壁上贴着课程标准，教材的相关内容部分都印着课程标准，教室的白板上写着课程标准。一句话，当今美国学校教学的最终目的就是为了满足课程标准的要求，写作教学也不例外。

五、取得丰硕成果

从这堂课的教学过程来看，教师的教学思路非常清晰，目标明确，引导学生思考、提问，抓住学生的注意力；从教学结果看，这位教师的教学卓有成效。笔者从该校的校园网上获悉，他所辅导的两个学生参加老兵节全国作文大赛取得了优异成绩，被学校张榜表扬，其中一位名叫 Cherie Fabricius 同学的 *From the Distance* 荣获第一名，Jimmy Bui 同学的文章也获得了荣誉奖。

该校学生在去年的加利福尼亚州写作考试中分别获得了 8 分和 7 分的好成绩。[1] 一些学生所写作的作品也即将出版。

[1] 加利福尼亚州写作评价卷面满分为 4 分，每份试卷分别由两位教师评阅，得分则是两位教师给分的总和。

在这个生源不太好的学校里，能够出现这样出类拔萃的学生，老师的教学指导功不可没。

教室里的宣传文字和图片资料进一步显示出，这位老师对学生的要求很严格。比如，他为本班制定的教室规则如下：

（1）在举起你的手并且得到允许之前，不能说话。

（2）在所有时间里，你都应该尊重班上的每个人，不允许有任何不尊重人的行为。

（3）在所有时间里，每个人都必须完成任务。

（4）课堂上不能传递纸条。

（5）不能在教室里化妆。

（6）不能在教室里乱扔任何东西。

（7）铃响之前不得离开教室。

（8）未经允许不得离开座位。

墙壁上还有一幅宣传文字，黑色底子上印着字体各异、大小不一、各种颜色套用且不很整齐的文字：

从今往后的30年，重要的事情不是你穿什么鞋子，剪什么发型，买什么牌子的牛仔裤，重要的是你学到了什么，并且怎么使用你所学到的东西。

在美国，教师对学生行为习惯的要求比较严格，语文教学同样重视对学生学习品质与思想品德的教育。

第六节　独立门户的写作评价

美国语文教育把阅读与写作分开测评，单独进行读与写的项目评价。各州标准阅读考试从 2 年级开始，直到 12 年级毕业。写作评价单独设立项目，并不是每个年级都接受评价，比如，近年来，加利福尼亚州主要对 4 年级和 7 年级学生的写作进行独立评价。评价的目的不是评比学校教学成绩，不进行学校排名，而是用数据检测学生达到的写作标准要求的熟练程度，知道是否每个学生都能够在规定的写作类型实践中达到熟练程度。

具体地说，美国的写作评价分为正式和非正式评价两类。平时的写作评价，无论是同伴评价、教师评价，还是自我评价，都是非正式评价，所得学分同样计入作品文件夹。而正规的写作考试、各州的写作项目评价要算是正式评价，比如标准化考试中的写作、高中毕业写作考试以及 SAT 的写作项目，等等。

一、写作教学要求达到的标准

表面上看起来，美国语文教育好像没有全国统一规定使用的教材，也没有全国统一遵守执行的教学规范和标准，但是，我们从各州选用的教科书以及他们的课程内容标准或课程框架中可以看出，事实上各州在共同遵守着一个规范，这就是最新的科学研究成果和教育思潮。写作教学也不例外。写作标准，成为各州语文课程标准的一个重要组成部分，各州的写作教学评价则是在课程标准基础上进行的。

例如，《马萨诸塞州英语语言艺术课程框架》要求 K ~ 12 年级共同遵守的一般写作标准，内容如下：

标准 19：写作

学生的写作要求有明确的重点，连贯的组织结构，以及有效的细节。

标准 20：考虑听众 / 读者和目的

学生是为不同的听众 / 读者和目的而写作。

由于写作目的不同，学生在写作时就应该学习不同的组织策略、词语以及语气的选择。这样的写作过程将会加深学生对周围世界的理解。

标准 21：修改

通过修改，学生的作文将会在很多方面显示出进步，比如结构组织、内容选择、段落发展、细节层次、风格、语气和词汇的选择（措辞）。

标准 22：标准英语规范

学生将使用标准英语的规范知识，修改和编辑他们的作文。

标准 23：在写作的时候组织思想

学生在写作时，用某种方式组织思想，使得文章符合一定的目的性。

标准 24：研究

学生将从各种资源搜集信息，分析评价他们获得的信息的质量，并运用它来回答自己的问题。

标准 25：评价写作与汇报

学生把自己的作文或研究项目呈现给不同读者之前，发展和使用适当的修辞、逻辑、文体方面的标准，并以此来评价他们最后的作文或研究项目。

《纽约州英语语言艺术标准》则依据学生对语言信息的理解和听说读写能力的四个方面，概括了语文教育的功能。其中写作部分的内容和要求如下：

标准 1：为获得信息和理解能力而学习语言

作为说话者和写作者，他们将使用口头和书面语言依照英语语言惯用法去获得、阐述、应用和转达信息。

标准 2：为文学反应和表达而学习语言

作为说话者和作者，学生将会使用口头的和书面的英语语言系统中已被广泛接受的语言习惯进行自我表达和艺术创作。

标准 3：为批判性分析和评价而学习语言

作为说话者和作者，他们将使用那些符合英语语言表达习惯的口头和书面语言，从各个不同的视角提出他们的观点，以及表达他们以经验、思想、信息和事件为基础的判断。

标准 4：为社会互动交流而学习语言

学生听、说、读、写，将是为了与其他社会成员的交流与互动。学生将使用约定俗成的英语口头和书面语言表达习惯，与广泛领域里的社会人群进行有效的社会交流。

《加利福尼亚州公立学校英语语言艺术内容标准》的“写作”分为两部分：写作策略和写作实践。写作策略的具体要求，在本章第三节里已经介绍，这里不再赘述。至于写作实践，主要集中在作品的体裁及其特征两个方面。具体内容本章第三节中已有阐述，这里从略。

各州的写作标准，正是州教育部门评价学生写作水平和衡量教师教学水平的尺度。有些州的写作标准现在已经不是凌驾于教材之上、与教材内容相脱节的条条框框，而是与教材内容有机地结合，并借助教学来实现。例如，加利福尼亚版的小学《阅读》和中学的《文学要素》等教材就是如此。在写作研讨的专题下面都明确写着本专题训练符合课程标准的哪一条款，具体内容和条码都已注明。

二、好文章的品质特征

在美国语文教师眼里，什么样的作文才算是好作文，才是符合标准的文章？他们有自己看法。

1. 立意和思想

通常情况下，很多作者选择同样一个话题写作，但是，每一个作者却有着自己对某一个话题的独特思考。学生文章所表现的思想观点能够使其作品显得与众不同。不要为读者提供那些他们已经熟知的信息，要让他们分享你独到的思想和洞察力。因此，作品所表达的批判性思维，作者就某个话题所发表的对社会、人生或现象的独特的看法，最值得赞赏。

2. 组织结构

一篇有影响力的作文，必定能够被人理解和接受。按照一定的要求组织自己的文章，在适当的时候按照恰当的顺序给出适量的信息。

他们强调文章结构层次要分明，目的要明确，观点要鲜明。这样，就形成一种模式：

开头：提出观点。

中间：用充分的证据证明观点。

结尾：回到话题，重申观点。

3. 个人风格

这是美国写作教学中常常用到的一个概念。打个比方，你给朋友打电话，在自报姓名之前，对方可能听出了这是谁的声音。你的声音代表了你的风格。作为一个作者，也是同样的道理，你也有一个特定的风格。学会形成的风格，在表达思想的时候，让自己的个性特征充分展示出来，当然，还要遵守英语语言艺术的规范。

4. 词语选择

词语选择正确，措辞准确恰当，这是对一篇好文章的语言要求。

如果你要求一个作者给你“带来食物”的时候，可能你已经吃光了盘子里的所有东西。当你定购某种东西的时候，可能你是更加正确的。作为一个作者，你将为自己的写作目的选择最为恰当的词语，以帮助读者准确地理解你所表达的意思。这样，你不仅要考虑词语的意义，还要考虑词语本身的含义，以及词与词之间的关系。

5. 语句流畅

好的作文包含着一系列的句子模式和长短句型。句式的变化形成语流，听起来优美悦耳而流畅。

6. 语言规范

当我们在分享一种语言的时候，一定的语言规则或规范使得交际变得有效。写作时，一定要遵守英语语言规范，比如语法规则，惯用法，以及语言技巧，等等。

以上就是“好文章”的六个特征。

三、各州写作评价项目

通常情况下，美国学生的作文评定以自我评价为主，文章写完之后，必须由作者本人（有时与同伴合作）对其校对、编辑与评价，写出反思文字；教师很少对作文的字句和篇章结构作局部的修补与批改。

这里所述的写作评价，不单单是指对学生日常作文的定性或定量评价，主是指各州或国家为了了解写作教学情况，控制和衡量学生写作水平而进行的写作评价项目。

加利福尼亚州1972年通过立法程序设立评价项目，但只是通过选择题的方式考查学生的写作知识及相关技能，而没有考查学生的实际写作水平。

在加利福尼亚州课程标准下，教育工作者开始鼓励增加写作任务的频率，把写作当作过程来教，增加写作任务类型的数目，向学生演示写作过程，说明现实世界中存在的写作类型，并且把写作教学贯穿于课程教学之中。正如欧内斯特·波伊尔所说，“清楚的写作导致清晰的思维，清晰的思维又是清楚地写作的基础”。

之后，一种比多项选择题更新的写作评价方法在多方努力下出台了。加利福尼亚州 8 年级学生在 1987 年春季第一次接受类似评价，12 年级学生在 1988 年 12 月开始接受这种项目的评价。

加利福尼亚州写作评价从最初的多项选择题到新的评价方法的运用，其间经历了十五的时间，这反映了他们在写作教学与评价方面做出的探索与进步。

这种直接的写作项目评价除了加州之外，其他一些州，像德克萨斯州、纽约州、威斯康星州、南卡罗纳州，以及佛罗里达州等，也都建立起一套写作评价体系，考查学生的写作能力，报告写作教学的真实情况。

四、加利福尼亚州写作评价概况

加利福尼亚州写作评价项目 CWP（California Writing Program）是从属于加州评价项目 CAP（The California Assessment Program）的一个子项目。它开始于 1972 年，起初只用多项选择题的形式考查学生基本的写作能力和基础知识。1987 年春季开始对 8 年级学生进行写作项目评价，此时已经从单一的多项选择题转变为对学生写出的文章进行评价。1988 年 12 月开始对 12 年级学生的作文进行评价。现在，除了 8 年级和 12 年级之外，对其他年级的写作评价也已经开始。从 1993 年开始，3 年级、6 年级、8 年级和 12 年级的学生都将参加测试。1990 年进入公立学校的学生，在他们高中毕业之前可能要参加四次 CAP 的写作评价。

写作评价的目的在于，确定学生在各种写作环境中表现出来的思维、解决难题和创作文本的策略及能力。

加利福尼亚州写作项目评价是在全州范围内进行的，它反映了《示范课程标准》和《K ~ 12 年级英语语言艺术示范课程指导》的理念和对有效写作教学的研究结果。这种写作评价项目具有如下方面的作用：

监控加利福尼亚州学校写作成绩，检测本年级写作成绩的下降或提升。

评价《英语语言艺术课程框架》的实施情况。

鼓励加利福尼亚州的语文课堂进行更多次数、更多类型的写作实践。

为教师加强写作项目训练提供信息和资料。

通过写作评价项目，让所有的学生都知道写作是一个过程，它包括这样一些阶段：构思—写作—修改 / 校对—编辑 / 出版。这些写作阶段包括高层次的思维过程，比如集中和发散、分析和综合、推理和判断技巧等。在这种教学标准之下，教师必须要求学生做到：

养成流利写作的能力，经常对一系列话题进行写作练习；

发展听众 / 读者意识，明白自己是在为小组或个人写作文章；

对自己的每一篇文章都要明确具体的写作目的。

上面已经提到，以 8 年级学生的写作为例，要求学生掌握八种类型的写作，但是实际上评价测试的时候，由于时间、空间和资料的限制，研究报告不列入考试范围。

每一次的测试评价总共时间是 1 小时，真正用于不被打扰的写作只有 45 分钟。以 8 年级的测试为例，每一次写作任务分为两个部分：写作情境和写作指导。比如：

写作情境：思考一下你在语文课上读到的所有的文学样式，像故事、小说、诗歌、戏剧，选择你最喜欢的一类。

写作指导：为你的语文老师写一篇文章，评价你最喜欢的文学作品。为你的判断写出理由；告诉你的老师为什么这篇文学作品是有价值的或没有价值的；你的老师将会根据你的判断为下一年度的学生选择文学读本。

写作评价共计 6 分，主要依据以下三个方面的标准：

第一，语言表达的有效性。

这种语言表达的有效性主要反映学生的思维和组织材料的能力，它为教师和管理者提供学生在特定的思维和组织文章方面的信息。

第二，普遍特征，比如连贯和修饰。

这一项分数主要提供学生其他信息，比如在一种给定的写作类型中，学生完成作文时思维的连贯性、文章提供有效的证据，以及为自己的话语进行修饰的能力。

第三，语言规范。

这项分值主要反映学生对标准英语书面语言规范的掌握和运用能力。

每次写作测试都会有测试结果报告。写作项目评价最终会以报告的形式向特定的对象进行汇报，根据报告目的的不同，评价结果会以三种形式呈现。它们是：

给教师的写作成绩报告：是为教学目的而使用的报告。通常在秋季发布。这份报告所提供的只是学校成绩信息而不是学生个人的成绩情况。

为学校和学区的报告，称为学术技巧和写作成绩的调查报告。这是向公众汇报学生写作成绩的形式，为学校和学区进行比较，用图表的形式反映年度进展情况，这份报告通常在 11 月或 12 月发布。

为加利福尼亚州政策制定者、记者、教育工作者，以及父母提供的州写作评价结果和解释。这份报告在学校和学区报告之后发布。

下面是加利福尼亚州的写作标准化测试情况。

2000 年 2 月，加利福尼亚州州长戴维斯签署一项法规，增加加利福尼亚州小学和中学各年级的写作标准化评价考试项目。2001 年和 2002 年加利福尼亚州写作标准化评价考试为 4 年级和 7 年级提出写作应用标准。4 年级阶段，这些标准要求学生会写四种类型的文章：叙述类文章、摘要、信息报告和文学反应。7 年级阶段，则要求学生会写五种类型的文章：叙述类文章、劝说类文章、摘要、文学反应和研究报告。加利福尼亚州写作标准考试在 4 年级不要求写信息报告，7 年级不考研究报告，因为在写作前需要花费大量的时间搜集资料和信息，确定研究课题。

此外，2001 年和 2002 年写作项目的标准化考试在 4 年级和 7 年级包含了 90 个多项选择题，包括加利福尼亚州语文内容标准中的 35 个书面问题，以及选自与内容标准相一致的斯坦福 -9 考试的 55 个条款。

2002 年之后，4 和 7 年级语文标准化考试将继续包括加利福尼亚州写作标准考试，每个年级的写作考试将会包括适合于年级水平的每种类型的写作。除了州写作评价项目之外，美国大学的 SAT 考试也要进行写作测试。

总之，美国的写作训练虽然包括在语文教学的过程中，但是它却不是被捆绑在阅读测试之中，而是独立的测试项目。这是进步，还是特色，我们暂时无法作出评判。到底是混合测试的方式有效，还是分开测试有效，由于缺乏统一的评价平台和机制，暂时很难得出明确的结论。

第七章 文学教育

文学是运用语言激发情感、传达作者对社会人生的理解与感悟的一种艺术形式，读者从文字阅读中获得心灵的愉悦和智慧的启迪。文学能够“使看不见的东西被看见”。

文学教育一方面促使学生接触人类优秀文学文化遗产，通过文学阅读的方式，使得人类优秀的思想文化世代相传；另一方面，文学教育还是培养学生想象能力和语言表达能力、丰富自身精神生活的手段与途径。在美国，文学教育成为人文主义教育的一项重要内容。在他们看来，对美国文学与英国文学的阅读，则具有更深一层的意义，即民族文学教育可以产生民族凝聚力。对世界文学的阅读研讨，让学生了解世界各民族创造的灿烂文化，面对多元文化的社会生活，让学生把他们从书本上读到的世界各民族风俗文化同自己的实际生活联系起来，形成多元文化价值观。

美国中学语文的文学教育强调学生对文学作品的阅读体验与感悟，通过文学阅读影响他们的情感态度价值观，培养审美情趣，同时，通过对文学要素及其表达功能的理解与把握，引导学生理性地分析与评判作品，表达阅读体验，从而提高文学鉴赏能力。

需要指出的是，文学鉴赏与一般意义上的阅读理解不同，阅读理解主要针对信息文章的阅读而言，而文学鉴赏则要求学生对所读作品进行文学分析和文学反应，分析作品中各类文学要素及其功能，表达出自己对文学作品的阅读体验和创造性理解。

第一节 文学体裁的分类及其阅读方法

谈论文学教育，首先应该明确文学体裁的分类及其划分标准。

对文学体裁的分类，美国语文教育界也没有完全统一的观点，往往不同的州，不同的出版社，甚至同一版本的教材不同的学习阶段，都会有不同的划分方法。初中阶段，一般按照作品或文章的实用性特征来分类，其体裁名称有诗歌、小说、戏剧、短故事、推理小说、说明文和劝说文等；作品往往只是人文思想的载体，课堂教学借助对文章与作品的阅读理解，训练提高学生的读写能力，开阔视野。高中阶段的情况则明显不同，文学教育相对来说更受重视，学生在文学鉴赏与写作交流的过程中完成语文学习任务。这时，文学体裁的划分基本上实现了统一。

一般情况下，美国高中语文教育把文学体裁分为四类：虚构类、非虚构类、戏剧和诗歌。每一类别都有明确的定义，它们之间虽然会有相互交叉的地方，但是其界限仍然比较明确。由于作品的体裁类型不同，阅读方法及其策略也会各不相同。下面谈谈美国高中文学体裁的分类及其阅读方法。

一、虚构类

1. 概念的界定

美国语文教育认为，虚构作品是指包含想象成分的散文[1]。尽管虚构作品有时是受到真实事件和真实人物的激发而产生的创作灵感，但通常情况下，它是经过作者想象和加工而成的。虚构作品一般用作娱乐欣赏，但它也会为读者提供对社会生活的深刻而独到的理解和思考。

虚构类作品主要包括小说和短故事。小说篇幅较长，是包含着复杂的思想内容的作品。短故事篇幅比小说短得多。小说和短故事都包

[1] 这里的散文是指与韵文相对应的作品，英语写作 prose。

含四个基本要素：情节（包括开端、冲突、高潮和结局）、人物（包括人和动物）、环境（主要是时间和地点）及主题，此外，还包括情绪、语气和风格等要素。情绪主要指的是作者为读者营造的环境气氛和感情氛围；语气主要是作者面向主题或读者的态度。

美国语文教材对每一类基本要素的概念都作了明确的界定，让学生首先弄清每一类体裁“是什么”，然后再去探讨“怎么样”。例如，什么是情节？故事中一系列事件的序列，就叫作故事情节。情节像是一个蓝图，它向读者叙述发生了什么、什么时候发生的以及对谁发生的等一系列问题。情节几乎总包含着矛盾冲突——难题或者两个敌对势力之间的斗争。情节通常包含四个发展阶段：提示部分→ 情节展开→高潮→结局。

提示部分是介绍性文字，主要提供故事发生的背景；接下来便是情节的发展、高潮与结局。

2. 虚构作品的阅读方法

供人娱乐欣赏和具有教育意义的虚构作品，其魅力在于引人入胜的情节、令人过目不忘的人物形象、详细真切的环境描写和具有普遍意义的主题。在阅读虚构作品时，要求学生运用做读书笔记的方法进行：

把自己读到的关于人物、地点和环境的内容同本人的生活经验联系起来。

把自己发现的特别有趣的短语、片段或思想记录下来。

把自己对于情节、人物、环境和主题的问题记录下来。

具体地说，学生可从以下四个方面掌握虚构作品的阅读方法。

（1）理解情节的发展

跟踪情节发展的进程。可以用图表的形式帮助学生想象情节发展的序列和过程，如下图所示：

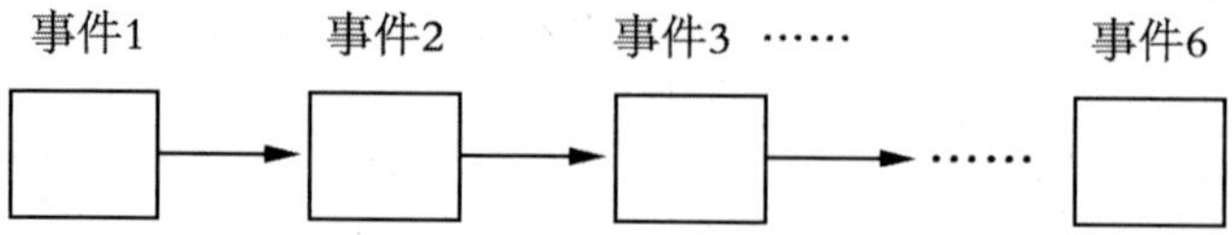

辨别情节的主要冲突与原因，记录人物遭遇的次要的难题或困惑。

记录人物在遇到的难题时的感受，预测下一步他们将会做些什么。

问一问自己：故事的结局是否与自己的期待相一致。

（2）探讨人物的特征

抓住细节。运用作者提供的细节去想象人物，记录下他们的外貌或表现得特别的方面，这些方面或许正是展现他们的性格特征的线索。

寻找目的。寻找反映人物动机的线索。

关注矛盾。记录故事中人物发生变化的各种情况，关注人物内心冲突与矛盾的迹象。

列出图表，帮助学生更清楚地了解作品中的人物形象。例如：

人物	
语言和行动	
表现 / 外貌	
别人的评价	

（3）想象环境描写的作用

寻找具体的形容词有助于学生想象作品开头是怎样开始场景描写的，关注这些细节也有助于学生想象作品所描写的环境与场面。

注意环境描写对人物形象、情节和故事的发展产生了怎样的影响。

（4）判断作品主题的方法

询问作品的标题是否提供了理解主题的线索。

思考作品的补充说明部分或插图所披露的内容。

记录自己发现的特别有趣的句子或思想，它们或许就是理解作品主题的线索。

二、非虚构类

1. 概念的界定

非虚构类作品一般写的是真人、真事和真地方。我们平常读到的电影评论、报刊社论或历史教科书，都属于非虚构类作品。与虚构类作品不同的是，非虚构类作品主要包含着真实的信息，尽管这些信息是作者按照自己的个人目的来选择的。非虚构类作品包括各种类型的文章，从食谱、处方、演讲稿到新闻报道，以及百科全书。具体地说，非虚构类作品包括下面六种类型的文章：传记、自传、散文、信息文章、访谈和真实生活的冒险故事。

（1）传记：作者记录他人的生活与事迹的作品。

（2）自传：作者记录自己的生活事迹与思想行动的作品。

（3）散文[1]：包括说明文（传达和解释信息和思想的文章）、劝说文（传达观点，设法使读者信服并且采纳作者观点的文章）和思想随笔（表达作者关于各种主题的思想和感情的文章）。

（4）信息文章：针对一个特定的主题为观众或读者提供事实的文章。这种文章包括两种基本形式：

新闻故事，对新近发生的事件进行客观、公正的报道。

专题报道，主要出现在报纸和杂志上，其内容往往与人们的兴趣

[1] 这里的散文是英文里的 essay，它包括文学样式的散文、实用类的说明文和劝说文，以及思想随笔。

息息相关，多聚焦于人们感兴趣的人或事件。

学生从教科书、百科全书和参考书籍上也可以读到这类包含信息材料的文章。

（5）访谈：访谈是一种对话式的文体，在对话中，一个人询问另一个人一些问题，从中获得信息。访谈者做好笔记，或用磁带记录双方的对话。运用那些记录，访谈者可以写一篇人物专访。人物专访既包括作者自己对被采访者感受的阐述，也包括来自其他资料的信息。另一种方法是访谈者一字不变地说出访谈中最有趣的部分，就像根据录音所作的文字记载一样。

（6）真实生活的冒险故事：非虚构作品的某些局部的文字也会像虚构作品那样激动人心，充满戏剧性。例如，英雄主义、幸存者和冒险的真实故事成为许多畅销书和文章的主题。

2. 非虚构类作品的阅读方法

（1）理解自传和传记的方法

紧紧抓住叙述中写到的人物，用树形图记录重要的人物关系。

厘清事件之间的因果关系。

在传记中，需要探问作者是否任凭个人偏见影响信息的表达。

（2）评价散文的方法

务必区分事实和观点的不同；弄清对事实的陈述是被证实还是被驳斥了；表达的观点是人们同意或反对的信念，但是不能够被证实或驳斥。可以运用下边的图表保持学生对事实和观点的追踪。

<table>
<tr><td colspan="2">散文：</td></tr>
<tr><td colspan="2">作者：</td></tr>
<tr><td>事实：</td><td>观点：</td></tr>
</table>

分析作者主要是想表达思想和感情，还是报告信息，或者劝说别人做什么。

评价作者的思想并阐明理由。作者用事实来支持观点了吗？作为读者，你同意作者的结论吗？

通过概括所读内容的主要思想，阐明自己对作品的理解。

（3）阅读信息文章或访谈的方法

阅读信息文章或访谈之前，快速地浏览一遍，了解主题是什么，查看作品的标题。

仔细地阅读信息报告或访谈，寻找关键的事实和思想。

阅读信息报告的时候，辨别支持主要思想的细节。

阅读访谈的时候，在文章所提供的信息的基础上，记录自己对被采访者形成的印象。

反复阅读自己没有弄明白的片段。

（4）阅读探究真实的冒险故事的方法

想象在叙述中已经阐明的人物和事件。

厘清事件的发展过程，尝试预测下一步将会发生的事情。

列出那些能够使读者产生危险、悬念、兴奋或者神秘感觉的词或短语。

三、戏剧

1. 概念的界定

戏剧是通过演员用对话和表演的形式讲述的故事。它可以写成诗行，或者散文体。一般情况下，戏剧属于虚构类作品，但是，有的戏剧也会包含真实的事件和真实的人物。即使一部戏剧讲述的是某个真实的故事，但是确切的语词很可能都是再创造的，因为没有人能够记住某人在特定的时候说过什么话。

自古以来，人们就一直通过表演或其他戏剧形式来进行娱乐和教育活动。今天，当观众在观看表演、电影、录像或电视故事的时候，他就是在体验戏剧。尽管戏剧是用于表演的，但读者也可以很好地阅读它。阅读的时候，读者可以通过想象情节和人物的方式，在心里创造一个剧院，使作品中人物及其行动在自己的心里一幕幕地展现出来。所有的戏剧都包含着共同的要素：舞台提示、情节、人物和对话。

2. 阅读戏剧的方法

阅读戏剧除了考虑人物和情节两个要素之外，学生还需要掌握以下概念：舞台剧、电视剧、广播剧、演员表、脚本、舞台提示和对话。

阅读戏剧的时候，应该做好记录，同时还需要做到：

写下自己对环境、人物、情节和对话的任何一个问题。

记录任何一个场景、对话，或者发现的特别有趣的思想。

把自己在戏剧中读到的人物、地点和情景等内容，同自己的个人生活经历联系起来。

如何想象环境描写，探讨戏剧情节，探究人物性格特征，以及理解人物对话？这些方面虽然同前面谈到的虚构类作品的阅读方法有一些相同之处，但也有很多差异，下面将具体地介绍各种要素的阅读方法。

（1）想象环境描写的方法

运用框架图帮助读者想象在舞台提示中描绘的环境与情景，这里面包括哪些道具和舞台布景。

记录不同的环境是怎么表现人物性格特征、情绪和故事情节的。

（2）探寻故事情节的方法

询问标题和情节的提示部分是否提供了反映主要冲突的线索，或者暗示冲突即将发生。

阐明主要冲突，创造一个冲突解决过程的示意图。

评价戏剧结尾是否针对中心冲突提供了令人满意的结局。

（3）探究人物性格特征的方法

阅读舞台提示，这将帮助读者想象人物的外貌和行动是怎样的。

列出主要人物和次要人物表，写下每一个主要人物的身份。

留心人物动机和活动的线索。

评价那些人物在故事中是怎么承担角色的。

（4）理解人物对话的方法

仔细查找提供戏剧人物在说话时动作神态的舞台提示。

如果词汇或方言很难理解的话，可以要求别人帮助自己理解它们的意义。

大声地朗读对话中的台词，要么自己去做，要么请求别人，帮助自己理解演员们是怎么表演戏剧的。

四、诗歌

1. 概念的界定

诗歌是一种最短小精悍的文学样式。一位法国诗人曾经说过：散文像是散步，可诗歌却像是舞蹈。在诗歌中，思想和情感被高度浓缩成一个信息包，里面包含着词汇的意义和声音，断行，甚至空行，这每一种东西都是用来产生一定影响，或者传达信息及情感体验的。尽管每位作家的风格不尽相同，但是，所有的诗歌基本上都包含着这些因素：形式、音韵、说话人、修辞语言和意象。其中每一种因素都有特定的内涵。

（1）形式

一首诗呈现在纸上的特定的方式，就叫作诗歌的形式。诗歌通常是分行排列的，每一行可以是也可以不是完整的句子。大多数诗歌中，一些行被安排在一起成为一组，就叫作诗节。一首诗歌的各个诗节中的诗行数目可以相同，也可以不同。所有的诗节一起共同地表达诗歌的意义。换言之，一个诗节就像是拼图玩具的一部分，它与玩具的其他部分有着密切的联系，它们共同构建整个“图画”。

（2）音韵

一首诗对读者产生的影响通常依赖于词语的音韵。下面提供的这些技巧，诗人通常用它们来实现不同的声音效果。

押韵是指词语末尾的读音相同或相近。中间韵是指在诗行内部运用押韵的词语。尾韵，则是指诗行的末尾运用押韵的词语。在一首诗中，尾韵的模式被称为诗的押韵格式。为了描绘诗歌的押韵格式，可以规定每一行的字母，开始或者用第一行的字母，规定各行押韵的相同字母。

除此之外，诗歌音韵还包括节奏、头韵、谐音和辅音韵，甚至词语内部也有长音和短音的不同。

（3）说话人

诗歌的说话人指的是与诗歌的故事和内容有关的声音。需要注意的是，说话人不一定就是诗人自己。当然，诗人有时候也会为他们自己而写。

（4）修辞语言

修辞语言，除了表达普通的、字面的意义之外，还用于交流思想。为了达到一种新的效果，或者用一种新的方式表达思想，修辞语言往往超越普通的词语的意义。修辞语言包括三种基本的类型：拟人、明喻、隐喻。

（5）意象

意象是通过视觉、听觉、嗅觉、味觉和触觉等一系列感觉描写呈现在读者面前的物象。

当作者通过我们的感觉器官，比如视觉、听觉、味觉、嗅觉以及触觉，帮助我们体验某些事物的时候，他们就是在运用意象。

2. 诗歌的阅读方法

从标题中获得理解诗歌主题的线索。

不要在一行诗的末尾停顿，除非有标点符号表明应该这样做。

寻找诗歌字里行间的意义。

设法在心里构造出一幅画面。

在叙事诗中，寻找人物的行动，并且想象这个能够支配行动的人物怎么样。

阅读诗歌时，应该注意诗歌的想象力和情感，感受一下诗歌的韵律。

仔细注意诗歌中运用的每一个词。

记住诗歌的叙述者不一定是诗人自己，而很可能是诗人选择来交流经验的人物。

3. 有关诗歌的术语

诗歌是文学体裁之一，通过具有激发想象的词语的运用创造一种情感反应。它帮助读者去感受或许没有注意到的东西，细致地表达情感。它能够令人惊喜，让人兴奋，通常向读者提出一些新的思想。诗歌这种体裁可以追溯到人类社会的童年时期，那时诗歌主要用于部落的仪式。后来，也用诗行来讲述故事，并且这样一代代地传递下来。

学习诗歌，需要了解并掌握这些术语：诗节、叙事诗、反复、想象、自由体、节奏、押韵、修辞语言、意象等。

第二节 以“文学”命名的阅读教材

在美国，“文学教育”几乎成为语文教育的代名词，从小学1年级起，“文学”一词就开始进入学生的视野。

综观美国语文教材，除了少数几套没有直接以“文学”命名之外，比如Houghton Mifflin出版公司的《英语》《庆祝阅读》《阅读》，其余教材基本上都以“文学”来命名。这些以“文学”命名的小学与初中语文教材有：Silver Burdeit Qinn公司出版的小学1～6年级《文学作品》、ScottForsman公司出版的6～8年级《文学和综合性学习》、Prentice Hall公司出版的《文学选择》、McGraw-Hill公司出版的《聚焦文学》和Heath公司出版的《文学》，以及McDougal Littell公司出版的6～8年级《文学的语言》。

以“文学”命名的高中语文教材，有以下种类：McDougal Littell公司出版的《文学和语言》，McDougal Littell公司出版的《文学语言》，该套教材还有《文学语言之美国文学》《文学语言之英国文学》及《文学语言之世界文学》等。目前，加利福尼亚州尔湾学区正在使用的高中语文教材则是《文学要素》（美国和美洲文学）。

这些以“文学”命名的教材，是否把文学教育放在首位，着力提高学生的文学素养呢？从美国语文教材的编排体例、单元主题，以及他们的语文课堂教学实际情况来看，不同年级阶段有着不同的文学教育目标与教学任务。下面我们将按照年级顺序，根据教材内容分别进行具体介绍。

第三节 以“文学”为名义的读写训练

一、小学阶段的“文学聚焦”

美国语文教育从小学 1 年级开始，让学生接受一些文学概念，接触文学作品的具体样式。比如加利福尼亚版 1 ～ 6 年级《阅读》教材，每单元设有“文学聚焦”专题，在这里，教材并不提供抽象的概念定义，不是让学生掌握文学“是什么”，而是告诉他们具体的某种文学样式“怎么样”。1 年级的“文学聚焦”是戏剧，2 ～ 3 年级是寓言故事、民间故事和传记，4 年级则是诗歌与推理小说，5 年级是诗歌、剧本和自传。安排这些教学内容的目的是让学生在认识文学体裁样式的特点之后，在阅读作品的基础上进行文学创作。当然，教材在处理文学体裁的时候，只需要让学生知道诗歌是什么样子的、戏剧是怎么写的，而不是苛求他们知道什么是戏剧、什么是诗歌、什么是自传；不是要求学生从内涵上把握体裁的本质特征，也没有对这些文学类别进行科学的定义，而是从体裁的外延上着手，让学生把握它们的外在形式特征。因此可以说，小学阶段的“文学”，只是作为一个专有名词进入学生的语文记忆库里。

二、初中阶段：以文学作品为载体，训练综合读写能力

下面以 ScottForesman 公司出版的《文学和综合性学习》（1997 年版）教材的单元主题为例，说明文学教育在初中阶段的实施情况，以及借助作品向学生进行哪些语文能力训练。

6年级

第一单元 变化

成长的痛苦

做好调整

第二单元 挑战

竞争在继续！

惊人的旅行

第三单元 关系

保持传统

真正重要的事情

第四单元 环境

欣赏你的世界

保护你的世界

第五单元 公正

面对偏见

公平是什么，不是什么？

第六单元 冲突和解决办法

面对扑面而来的难题

找到解决的办法

7年级

第一单元 关系

朋友和敌对者

不同的观点

第二单元 挑战

选择和结果

找准自己的位置

第三单元 公正

犯罪场面

遭遇偏见

第四单元 旅行

旅行改变生活

理解的桥梁

第五单元 变化

转变观点

新的方向

第六单元 冲突和解决办法

你侵入了我的空间！

站在你自己的地盘上

8 年级

第一单元 变化

这件事为什么发生在我身上?

面临诸多变化

第二单元 挑战

寻找真实的你

力量之外的东西

第三单元 冲突

真理的瞬间

事情总会出乎意料

第四单元 关系

做好自己的事

互相欣赏

第五单元 公正

生活并非总是公平的

精神的胜利

第六单元 旅行

追寻你的梦想

决定性的旅行

从以上单元主题可以看出，初中阶段的美国语文教育要求实现的目标如下。

第一，关注学生的自身变化与成长，使学生在单元学习中明白：成长本身是一种痛苦，要做好情感与心理方面的自我调整。

杜威实用主义教育思想对今天的美国教育依然具有很大的影响力。实用主义的重要理念之一是“教育即生活”，其认为，教育就是儿童现在生活的过程，而不是将来生活的预备。杜威说：“生活就是发展，而不断发展，不断生长，就是生活。”因此，最好的教育就是“从生活中学习”“从经验中学习”，教育就是要给儿童提供保证生长或充分生活的条件。在教育过程中，引导学生了解自己，认识到成长过程中遇到的各种生理的心理的感情的变化，并且做好迎接这些变化的准备，做好自我调整。

第二，使学生明白挑战与竞争的存在，引导他们学会如何面对依旧存在的竞争。

第三，引导学生关注周围的世界，把握各种联系，学会欣赏和保护自己周围的世界。

第四，面对偏见，坚持公正。这是美国教育要求培养批判性思维的要求之一。批判性思维不是指责、诘难，而是以公正、无偏见的客观态度来评判人、事和现象。

第五，理解冲突，勇于面对扑面而来的难题，寻找解决的办法。培养解决难题的能力，是美国教育培养目标的重点内容，语文教育也不例外。

第六，认为旅行可以改变人的生活和观念，开阔视野，增长见识，它是人们实现梦想的方式之一。正如美国作家爱默生所说的，美国是“伟大的充满智慧的爱享乐的贪得无厌的美国”。享受生活的最佳方式就是旅行。所以，我们发现不仅是这套教材如此，其他版本的教材也都大致有类似的单元主题。

在实现这些教育目标之外，语文教育的重要任务是培养学生的读写能力。从对单元课文的编排和语言训练项目设置的考察中，笔者进一步了解到，初中阶段的美国语文教育到底在做些什么。

同样以 ScottForesman 版教材为例，每个单元主题下面又分为两个专题，每个专题教学包括三部分的内容：课文，语言 / 阅读 / 写作小课堂，综合性学习。

课文，包括诗歌、戏剧、短故事以及自传和传记作品等各种体裁的作品。

小课堂训练，包括语言小课堂、阅读小课堂和写作小课堂。通过阅读和写作小课堂训练，教给学生阅读和写作的基础知识和技巧策略，提高学生的读写技能；通过语言小课堂，教给学生词汇和语法知识，训练学生规范地使用语言的能力和技巧。

综合性学习，主要包括跨学科学习、读写知识学习，以及非文本形式的读写训练。

以7年级教材为例，教师主要从四个方面对学生进行语文读写能力训练。

1. 阅读方面

学生需要完成如下专题学习：

（1）浏览标题，从中获取必要的信息；（2）做读书笔记；（3）阅读时要想象；（4）利用结构图帮助阅读理解；（5）记住你所读的内容；（6）区分事实和观点；（7）使用时间顺序；（8）回忆细节；（9）寻找原因和结果；（10）作概括。

2. 写作方面

学生需要注意并接受如下训练：

（1）建立自己的作品文件夹；（2）说明文的写作；（3）安排细节；（4）使用劝说的语气；（5）保持自己的作品文件夹；（6）叙述文的写作；（7）准备展示作品文件夹；（8）劝说文的写作。

3. 语言训练方面

除了阅读写作之外，美国语文非常强调学生的语言学习与训练。7年级阶段，学生需要进行如下语言训练：

（1）选择正确的同音异义词；（2）组合句子；（3）主语和动词的搭配；（4）添加标点符号使之更清楚；（5）研究技巧：搜索信息；（6）动词时态的一致性；（7）检查拼写。

4. 综合性学习方面

综合性学习的编排是这本教材的最大特色，主要包括跨学科学习、阅读小课堂、写作研讨和非文本形式的学习四方面的内容。阅读小课堂、写作研讨上面已经提及，这里从略。

跨学科学习是指通过特定的主题把相关学科的知识和学习方法整合起来，运用一种新的不同于常规语文的学习方式进行综合性学习。本套教材7年级的跨学科学习主题如下：

（1）什么是爱（心理学、人类学和数学的整合）

（2）抓住焦点（科学和心理学的整合）

（3）进行战斗（历史和诗歌的整合）

（4）帮助无处不在（历史、数学和社会服务的整合）

（5）搜集证据（历史和生命科学的整合）

（6）裁定有罪（历史和社会学的整合）

（7）坎坷之路（地理和历史的整合）

（8）永远的传说（历史和艺术的整合）

（9）科学在进步（生命科学和科学的整合）

（10）从钢笔到打印机（历史和语言的整合）

（11）客人还是害虫（地球科学和科学的整合）

（12）女人做妻子（社会学和人类学的整合）

非文本形式的内容学习，是美国语文教育新理念的一种实现方式。其语文课程标准认为，语文阅读的文本除了纸质的印刷品之外，还包括电子产品，如电影、电视、录像、图像等。阅读除了用眼睛看纸质的文本之外，还包括用耳朵听非纸质的文本。所以，教材特别设置这项内容供学生学习。7年级教材所涉及的主题如下：

（1）表达与交流——有效地听

（2）图像读写能力

（3）表达与交流——有效地说

（4）媒体读写能力——电视剧的各种表达手段是怎么产生效果的

（5）表达——运用技术的能力

（6）批判性地思考（思维训练）

7 年级教材如何处理课文教学内容和步骤？先来看看教材中的课文呈现及训练内容的编排情况。

课文阅读的编排分为三个部分：阅读之前—阅读之后—表达观点。每篇课文都是如此，栏目名称保持不变，具体训练重点则依据课文内容而变化。

阅读之前，要求学生做到以下几点：

作者介绍，配图说明；

建构背景，介绍故事发生的环境和当时的情况；

走进故事，根据故事内容引导学生进行讨论；

阅读要点，根据教材内容和特点，设置本课阅读的难点和应该注意的问题。

阅读之后，要求学生做到：

建立联系，让学生把阅读与自己的生活联系起来，提出一系列的问题，在回答问题中交流思想感情；

文学重点，每一课都有不同的重点，引导学生抓住重点问题进行探讨；

词汇学习，设置练习，引导学生理解词汇的意义，学会运用。

表达观点时，主要分为写作选择和其他选择两个项目。要求学生把阅读与生活紧紧地联系起来，通过小组学习和头脑风暴的形式，列出讨论的主题，制作小册子，解决生活的难题。

从这些教学内容的安排来看，无论是教材和训练内容的编排，还是课文训练重点的设置，都没有把文学教育放在重要的位置。而且文学体裁的分类也没有一致的标准，文章和文学作品混为一谈。“文学”在这里也只是徒有虚名，语文教育实际上是在完成一项很普通的训练任务——提高学生的读写能力。这些教学内容正好体现了“为满足学生今天和明天的读写需要而准备”的美国语文教育目标。

可以这样说，当前美国语文教育是以人文内涵和文化素养为底座，以发展读写能力为核心的教育。课文与单元编排都具有很高的文化含量，内容与主题不仅涉及人类思想文化的方方面面，还涉及学生心理、情感发展的需要等多个角度，但实际上，他们的语文教育特别是初中阶段的教学，在把文学与语言艺术整合的基础上，突出读写能力训练，整个教学过程几乎都围绕着课程标准进行。依据标准教学，教师为了标准考试而教，学生为了达到熟练程度而学。全部教学都围绕着标准考试进行，在此基础上，语文教学的目标只在于提高学生的阅读和写作能力。

什么是读写能力？《国家读写能力法案（1991）》对其定义是：

读写能力，是指一个人用英语阅读、写作、说话，以及计算和解决难题的能力，在工作岗位和社会生活的各种层次中熟练地发挥必要的积极作用，实现个人目标，发展个人的知识和潜能。[1]

初中阶段，尽管每一册语文教材在附录部分都列出了学生应该掌握的文学术语，并且列出其定义，但是语文教育无一例外地以读写训练为重点，在传授语文基础知识的基础上，培养学生的语言运用与表达能力。只有到了高中阶段，文学教育的情况才有所改观。

[1] 《国家读写能力法案（1991）》（The National Literacy Act of 1991）: Literacy as “an individual’ s ability to read, to write, and speak in English and compute and solve problems at levels of proficiency necessary to function on the job and in society, to achieve one’ s goals, and to develop one’ s knowledge and potential.”

附：7 年级学生应该掌握的文学术语

作者的目的	寓言	隐喻	口述历史	短故事
传记	虚构	情绪	拟人化	明喻
个性化	修辞语言	寓意	戏剧	说话者
对话	民间传说	神话	情节	诗节
措辞	自由体诗	叙述者	观点	象征
戏剧	幽默	叙述	结局	主题
尾韵	意象	非虚构	节奏	语气
议论文	传说	小说	押韵	
夸张	抒情诗	拟声词	环境	

（按英语字母顺序排列）

第四节 高中文学专题教育

上文已经提到，高中阶段的美国语文教学更多地着眼于文学教育。美国语文究竟怎样进行文学教育？下面从五个方面具体介绍。

一、高中阶段：名副其实的文学专题教育

下面以 McDougal Littell 公司出版的《文学的语言》（2000 年版）为例，说明美国高中文学教育 9 ～ 12 年级单元主题的设置情况。

9 年级

第一单元 故事的魅力

危机和冲突

怀疑和惊喜

第二单元 变迁

发现之旅

变迁的典礼

第三单元 经验之声

大胆说出

面对极限

第四单元 家是一切

家庭纽带

独立宣言

第五单元 神秘的世界

犯罪心理

梦幻与现实

第六单元 古典传统

奥德赛（荷马史诗）

罗密欧与朱丽叶的悲剧

10 年级

第一单元 挑战变化

进步的代价

文化十字路

第二单元 爱的名字

束缚的纽带

心灵的奥秘

第三单元 寻找真我

青年的体验

传统的威力

第四单元 历史教训

面对敌人

朱利斯的悲剧

第五单元 发现真理

现象对本质

第六单元 制造英雄

无名英雄

英雄的传统

11 ～ 12 年级 美国文学

第一单元 起源和遭遇

（2000 B.C ～ A.D 1620）

与自然和谐相处

初次相遇

第二单元 从殖民地到主权国家

（1620 ～ 1800）

天堂与地狱之间

争取自由的权利

第三单元 个人主义的精神

（1800 ～ 1855）

庆祝自我

个人主义的阴暗面

第四单元 冲突与扩张

（1850 ～ 1900）

家庭分裂

魔术师与开拓者

第五单元 美国的变化

（1855 ～ 1925）

妇女之声，新文学的女性形象

美国梦：梦幻还是现实？

第六单元 现代化的时代

（1900 ～ 1940）

新文化的实体

消融个体

第七单元 国外战争和国内冲突

（1940 ～现在）

记住战争

整合与分离

11 ~ 12 年级 英国文学

第一单元 盎格鲁－撒克逊和中世纪
（449 ~ 1485）
勇气的考验
每天生活的反思
努力做到尽善尽美

第二单元 英国的文艺复兴
（1485 ~ 1660）
爱的方方面面
权力的欲望
面对生命的极限

第三单元 恢复与启蒙运动
（1660 ~ 1798）
社会观点
为变化而争论
揭露人类的本质

第四单元 浪漫之花的盛开
（1798 ~ 1832）
寻求真理
拥抱想象

第五单元 维多利亚时代
（1832 ~ 1901）
个人关系
新的声音，新的方向

第六单元 现代主义（1901 ~ 1950）
现实的新幻象
现实休克

第七单元 当代的声音（1950 ~现在）
现象和本质
文化与冲突

随着课程标准、教学理念及学术思潮的变化，教科书也在不断更新。同样是 McDougal Littell 公司出版的《美国文学》教科书，2008 年版在内容编排上就有很多变化。教科书扉页上写着：

生命中充满了问题，文学教育能够告诉你们答案。
自由的代价是什么？
安全是一种幻觉吗？
什么是美国人？
所有的笼子都有栅栏吗？

每个人都有阴暗面吗？

沉默什么时候比语言更响亮？

其单元主题如下：

探索美国文学

引导单元

有关文学本质的讨论

有关文章本质的讨论

第一单元 一个新兴的民族

早期的美国文学色彩（1600～1800）

美国人民的经历

探索和早期的移居者

清教徒的传统

革命中的作家

第二单元 庆祝独立

美国浪漫主义（1800～1855）

早期浪漫主义

法尔赛德的诗

超越论者

美国哥特式风格

第三单元 一个过渡的年代

从浪漫主义到现实主义（1855～1870）

思想先进者：威特曼和迪克森

内战中的文学

第四单元 捕捉美国景色

地方主义和自然主义（1870～1910）

地方主义和地方色彩的描写

自然主义的兴起

女人全新的社会角色

第五单元 正在改变的意识

哈尔姆文艺复兴和现代主义（1910～1940）

哈尔姆文艺复兴时期

新兴的诗歌

摩登短故事

新闻作为文学

第六单元 新的观点

当代文学（1940～现在）

摩登美国戏剧

对于战争的回应

公民权利和抗议的文学

第七单元 调查研究与发现

调研的力量

McDougal Littell公司出版的教科书《英国文学》，2008年版在内容编排上也有很多变化。其教科书扉页上这样写道：

生活中充满着疑问，文学能够帮助你回答它们。

荣耀值得为之牺牲吗？

你愿意被爱或被尊重吗？

我们会害怕变化吗？

谁的意见很重要？

你会有太大的野心吗？

情感比理智更强大吗？

英国文学探究

单元介绍

文学精华研究

写作本质研究

第一单元 国家的起源

盎格鲁撒克逊人和中世纪（449～1485）

盎格鲁撒克逊史诗

日常生活的反映

乔叟时代

中世纪传奇故事

第二单元 人类成就的庆典

英国文艺复兴（1485～1660）

田园诗和十四行诗

莎士比亚戏剧

人文主义的兴起

精神和信仰的写作

玄学诗人和骑士诗人

第三单元 传统和理性

复辟时代和18世纪（1660～1798）

社会观察

讽刺的声音

约翰逊时代

女性作家的兴起

第四单元 情感与实验

浪漫之花（1798～1832）

新古典主义的反抗

湖畔诗人

湖的浪漫

第五单元 快速变革的时代

维多利亚时代（1832 ~ 1901）

浪漫主义的影响

现实主义小说

维多利亚的观点

第六单元 新想法，新声音

挑战现代主义（1901 ~现在）

爱尔兰文艺复兴

战争与殖民主义的回应

战后作家

帝国的辉煌

第七单元 调查发现

研究的力量

网络

文学和阅读中心

作者传记

附加选择背景

文学分析框架

思维活动

写作和语法中心

写作模板和结构图

出版作品

语法游戏中心

媒体中心

制作模版

分析指导

词汇中心

词汇学习策略和练习

词汇翻转卡

多语言学术词汇表

研究中心

网络研究指南

引用指南

评价中心

评价训练和考试提示

SAT 和 ACT 训练和考试

科技

版本

交互选择

音像摘要

写智慧

写作提示和模板

学生互动模型

交互式图形组织者

互动式复习课

题目创始者

媒体

媒体课件

互动媒体研究

作文

作文在线分析

2002年开始，这套教材还出版了《世界文学》专题系列。2006年修订，其最新版本的单元主题如下：

第一单元

古代中东

古代印度

第二单元

古代希腊

古代罗马

第三单元

古代中国

日本

第四单元

波斯和阿拉伯

西部非洲

第五单元

中世纪

文艺复兴和启蒙运动

第六单元

浪漫主义

现实主义

第七单元

现代主义

战争与冲突

诺贝尔奖获得者

以上是9 ~ 12年级的单元主题。从这些教科书里，学生将获得对世界各地历史、文化、文学和艺术的阅读体验。

从9 ~ 10年级的单元主题中可以发现，语文学习同学生的生活实际，同他们的心理与情感发展历程，同他们的认识发展从经验、现象上升到本质再到真理，以及从家庭、社会再到自我的发展过程都有着密切的联系；美国语文同样重视传统文化和经典的教育作用，以欧洲后裔自居的美国人同样把古希腊和英国文明作为自己的文化传统。我们发现，他们把《荷马史诗》和莎士比亚戏剧作为古典传统来学习。11 ~ 12年级，则是文学专题研讨，《美国文学》《英国文学》和《世界文学》这些教材都以时间和事件发展为序编排，都是16开本一千多页，相当于我国大学中文系的系列文学教材。美国加利福尼亚州尔湾地区高中 11 年级使用的教材《文学要素》（美国和北美文学）同样是按照时间顺序编排文学专题。从这个意义上说，高中阶段的美国语文教学的确是名副其实的文学专题教育。

二、文学阅读：侧重于文学分析与文学反应

美国语文阅读教学，通常分为阅读理解、文学反应与文学分析两个板块。这是两组有区别的概念，它们有着特定的内涵。对信息类文章的解读，目的是为获得信息和理解而读，统称为阅读理解；而对文学作品的阅读则需要进行文学反应和文学分析。

《加州阅读教学能力评价内容说明》指出，文学反应和文学分析指的是关于文学阅读的过程，在这个过程中，学生不断提高对饱含有意义的文学作品的理解能力和欣赏水平，这些文学作品代表着各种体裁类型、各个不同的视角，以及不同时代与文化背景下的社会生活。

文学反应通过要求学生回答一些问题，对已读过的作品作出口头或书面的反应。教师可以设置一些开放性的问题，要求学生自由地表达自己对已读过作品的感受和体验，还可以直截了当地向学生提出一些问题，鼓励学生表达感受。

文学分析主要集中在对文学要素的理解与分析，比如人物、环境、情节、主题、情绪以及风格等。教师还应该帮助学生弄清楚在小说和诗歌中作者是如何运用修辞语言的，像明喻、隐喻、夸张、运用典故等。

他们认为，教师有责任为学生选择高质量的文学作品，鼓励他们去阅读。所以，在美国学校，如果教师认为某个作家的某部作品有意义，

值得一读，他们就会推荐给学生，让学生买回来在课堂上进行阅读。更为重要的是，在文学反应和文本的结构、要素分析方面，教师应该为学生提供直接明确的教学和指导实践。教师不仅要关注学生的阅读行为，更要关注学生阅读的文本类型和报告方式。

美国的文学教育是如何进行文学反应和文学分析教学的呢？下面将从两个方面作具体探讨。

1. 文学反应

在文学反应中，为了给学生创设反应的情境，教师在教学中应该掌握如下几个方面的标准。

（1）为学生选择不同时代、不同观点和不同文化的广泛领域里的文学作品

在小学，教师应该保证学生能够读到多样化的高质量的作品。教师应该注意到那些已经获奖的作品。要求所有教室的书架上都应该摆放着已经赢得两项大奖的作品，这两项大奖是每年由美国图书馆协会颁发的 Newbery 和 Caldecott 。Newbery 奖专门颁给美国作家为孩子们写得最好的儿童书，通常是小说；Caldecott 奖主要颁给最好的配有插图的美国图画书。

（2）经常向学生提供听和读高质量文学作品的机会

有效的教学应该选择多样化的教学模式，为学生提供有意义的文学体验。不过，文学体验只是文学阅读的一部分，而非全部。

在核心书阅读过程中，班级里的每个孩子都读同样的一本书，或者听老师读它，然后完成一系列作业。教师鼓励学生进行文学反应和文学分析。往往在一个文学单元里展示给学生某一系列的好书，这些书有着相同的要素，比如同一个作者、同一个主题或者同一个体裁类型。也可以通过读者研究室、文学学习小组或儿童小组的形式对同一本书

进行文学反应和文学分析。

中小学阶段的美国语文阅读教学，仍然强调大声地朗读。即使到了 8 年级，教师还专门为学生朗读文学作品，让他们去听，去理解，然后作出口头的或书面的反应。

（3）帮助学生运用理解策略和方法，提高文学反应能力

在文学教育中，有三种具体的教学方法可以帮助学生提高文学分析和文学反应能力。

第一，指导性的阅读。这种阅读方法主要用于发展学生的文学反应能力。在阅读指导课上，教师应该抓住机会鼓励学生谈论他们已经读过的内容，教师的问题应该是综合性开放的话题，以便学生自由进行文学反应，或者教师提出重点问题，以唤起学生辨别具体的人物、事件、主题或写作风格的兴趣。

第二，要求学生做读书笔记或日志。学生应该记录或写下他们已经读过的书，教师运用多种形式的话题激发学生进行书面反应。此外，开放式的、重点性的问题在相关章节里反复提到几次，教师还可以使用引语和批注的方式教学。具体做法是：让学生从一本书里选择自己喜欢的或有意义的句子，把它逐字照抄到自己的读书笔记里，然后在引用的这段话下面写一段评论。在这种复式的笔记里，每个学生都要写对于一本书的评论，并留出空间给老师或另一个学生写回复。这种写读书笔记的方法与我们提倡的“不动笔墨不读书”的方法有类似之处。

第三，进行文学讨论。文学讨论应该建立在固定的基础上，在讨论过程中，教师的作用是变化的，教师通常是作为一个促进者而不是统治者参与讨论过程。教师给学生讨论的机会越多，针对某个重点问题要求学生作出口头反应的时候，学生就会做得越好。

2. 文学分析

（1）描绘和分析故事的要素

文学要素是文学分析的核心内容。教师应该直截了当地教给学生每个要素的知识，比如学生应该知道环境描写在故事中的作用是进一步阐明冲突，丰富人物形象，创设情境，具有象征意义，等等。文学要素也是教师要求学生谈论他们已读过的书的许多问题的基础。文学要素一般包括人物、情节、环境、情绪、主题和风格等六个方面。

人物 儿童文学中，人物通常是人，有些儿童文学里的人物可以是动物、植物或非生命的东西。学生应该能够辨别一篇小说的主人公和他的敌对手。主人公是故事的主要人物，或者用一句更专业的话来说，主人公就是推动事件向前发展的人物。用通俗的话来说，敌对手就是反面人物，是一个坏人，是反作用于主人公并设法阻止他实现其目标的人。

情节 在一个故事中，一系列的事件组成情节。许多用英语写成的小说或戏剧的情节包括开端、发展（冲突与纠纷）、高潮（冲突得到解决）和结局。需要明确的是，有些故事打破了正常的事件流程，运用倒叙和提前叙述未来事件的方法。

环境 在一本书里，环境指的是时间和地点，教师应该帮助学生理解这个概念。环境描写的作用可以看成是背景，或者使故事贯穿为一个整体的东西，或者应用于二者之间。

此外，一篇文学作品还包括情绪、主题和风格等要素。

（2）辨别情绪和主题

小学生在辨别故事的情绪和主题上有一定的难度。情绪是指读者在阅读故事的时候所产生的一种感觉，它可以是阴森恐怖的，可以是舒适的，也可以是宏大的，等等。图画书里，插图可以传达情绪。恐怖的情绪通常用黑色来表示，而快乐与幸福的情绪通常建立在阳光、明亮色彩的基础上。在小说中，作者通常使用描写性的词语创设情境。

主题是故事的重要信息，通常是对于人的生存状态的评论。主题可以直接明确地表达，读者很容易就能辨别，也可以是隐晦曲折地表达出来，需要读者去推导。

（3）分析修辞语言的运用

风格，是作家运用语汇，插图画家使用视觉想象的一种方式，它不属于故事的内容，不是关于“是什么”的问题，而是“怎么讲述故事”的问题。语言包含着两层意义，一是字面意义，一是比喻意义。修辞语言包括夸张、隐喻、明喻和象征等。

（4）辨别文学体裁的特征

对于文学体裁的分类问题，各州或各家教材分法不完全一致，尤其是初中阶段，只是依据文章或作品的类型划分。比如，《加州教师阅读教育能力评价考试》一书中，就把文学体裁分为传说与神话故事、现代幻想（童话故事）与高级幻想、科学幻想、当代现实主义小说、历史小说、传记，以及非虚构类的信息文章。高中阶段的分类明显与此不同。教师教给学生每种文学体裁特征的知识，学生运用所学的知识去辨别一篇文章属于哪种体裁。

《马萨诸塞州语文课程框架》“阅读与文学”部分的普通标准10“文学体裁”中指出：学生将要学会辨别、分析和运用不同的文学体裁特征的知识。该课程框架认为，通过理解不同文学体裁的规范与结构知识，可以使学生成为熟练的读者。那些知道文学体裁特征的学生，能够参与到文本是怎样形成的问题讨论，欣赏作品的精妙之处，依靠这些知识，学生可以更细致深入地表达对文本意义的阐释。

例如，2003 年加利福尼亚州高中毕业考试题中有一道试题，要求学生在阅读 *White Fang* 这本书的选段之后，判断下面的描述最正确的是：

A. 虚构

B. 传记

C. 文章

D. 散文（随笔）

这道题目是考查学生对虚构与非虚构类体裁特征的掌握情况，传记、信息文章和散文都属于非虚构类作品。

综上所述，无论是小学、初中还是高中的文学教育，都离不开文学要素、文体特征、篇章结构，以及语言规范知识的传授，学生正是在接受这些基本知识的基础上，通过阅读实践活动形成一定的技能，从而提高理解、反应与批判性思维能力。

三、要求掌握的文学术语

Mcdougal Littell 版教材中设置了大量的文学语言专题训练，使学生在课文学习之外掌握一些文学术语，把握文学类型与相关术语的内涵及其特征。下面以该套教材 9 ~ 12 年级为例，来看高中阶段要求学生掌握的文学术语。

9 年级：

虚构、非虚构、诗歌、戏剧

史诗

莎士比亚戏剧

推理小说

人物发展

风格

主题

作家的世界观

观察角度

10 年级：

虚构、非虚构、诗歌、戏剧

莎士比亚戏剧、神话和传说

主题

情节

风格

作家的世界观

反语讽刺

观察角度

象征主义和修辞语言

现实主义

从教材安排的文学专题训练来看，9、10 年级的文学教育基本上围绕四种文学体裁——虚构、非虚构、诗歌、戏剧——进行，同时介绍基本文学要素，比如主题、人物、情节、风格、作家的世界观以及语言特色，等等。单元主题和课文训练的编排基本上沿袭初中阶段的特点。而11、12年级的情况就不同了，比如美国文学和英国文学的专题学习中，要求学生学习并掌握的文学术语，以及接受的文学训练内容如下：

11 年级（美国文学）：
历史故事
戏剧规则
劝说修辞
诗歌形式
文学作品中的环境描写
虚构作品中的社会主题
现代主义
12 年级（英国文学）：
史诗
十四行诗
莎士比亚悲剧
17 世纪英国的玄学派诗歌
18 世纪非小说类写实文学，如传记、随笔
讽刺文学
浪漫主义
诗歌的形式和意义
小说数量的增长与发展
现代文学中的讽刺作品
当代小说的观点
作为社会批评的文学

在上述文学术语的专题训练中，学生不仅要掌握术语的概念及其特征，还要通过具体的实例或者写作运用来实践。这些术语皆是美国或英国文学学习中必须了解的理论基础和知识要点。从教材的文字陈述中可以看出，强调概念的严密性、表述的科学性，这是美国教育的普遍特征。

这些文学专题学习类似于我国大学中文系学生应该接受的文学体验。因此说，美国高中阶段的语文教育是名副其实的文学教育。不过，他们的文学教育并不只是局限于概念和术语的学习，而是在作品阅读教学中强调文学反应和文学分析，通过理解、分析和评价作品的实践，提高文学鉴赏水平。

第五节 文学教育的课程指导与评价

在美国，教育评价建立在实施课程标准的基础之上，因此，讨论文学教育的评价问题之前，有必要先了解课程标准中关于“文学教育”的基本标准和要求。

一、课程标准中的“文学教育”

高中阶段，美国语文课堂教学集中进行文学专题训练，从关注文学要素开始，进而要求学生对文本进行阅读分析与批评，提高学生的文学理解与欣赏水平。虽然各州课程标准都在关注文学教育，但其标准细则与要求却存在一定的差异。下面分别以马萨诸塞州、纽约州和加利福尼亚州为例，介绍这些州课程标准是怎样指导教师进行课堂教学的。

1. 马萨诸塞州：“有用的教学实践”

《马萨诸塞州语文课程标准框架》认为，不同层次水平的语文课堂教学的有效性主要表现在，学生积极地阅读各种文学的和非文学的文本。学生通过阅读虚构的、说明性的和复杂的信息类文本，从中获得关于不同文学体裁的结构和要素的知识。课程标准的这个部分主要概述了能够让学生理解和欣赏高质量的阅读材料的文学概念和词汇，而且包括阅读技巧与策略。

语文教师需要从广度和深度两个方面丰富学生的阅读体验，向学生提供包括古典作品（那些反映美利坚民族共同的文学遗产），展现美国今日生活的当代作品，以及来自其他国家和文化背景的有意义的作品。

教师怎样进行文学教学的课堂设计与指导呢？该框架认为，教师的教学可以从以下几个方面进行：

（1）教师把单元学习分成一定范围的组织结构，学生可以或独立地，或以小组形式，或以班级形式进行研究探讨。

（2）从一个作家的几部作品中学习作家是如何形成与发展他/她的风格和思想的。

（3）从同一类文学体裁的作品中获得某类文学样式的相关知识。

（4）把作品放到产生它的历史背景下去理解各种历史事件之间的关系，或者与同时代的其他文学或艺术作品之间的关系。

（5）探讨不同文学作品的相同主题，分析作者处理普遍的人类经验的方式有什么不同。

（6）对于短篇作品，详细地探讨作者的写作技巧，比如措词、语调、意象、句子结构，以及主题的提炼与升华。

该框架还进一步提出，教师在对学生进行文学教育时，必须积极尝试“有用的教学实践”，具体内容如下：

（1）提倡大声朗读，这样可以提高学生的兴趣，建立对文学的语言和录音材料的欣赏习惯。

（2）教师要为学生留出课堂阅读时间，让他们去选择书本并默读，如此学生才有机会去提高阅读欣赏能力。

（3）教师指导整个课堂文学讨论活动。全班讨论使教师能够提供合适的问题，保证探讨的是重要内容。班级讨论能使学生阐述他们对一本书的理解。这种阅读属于独立阅读的水平层次。

（4）指导学生进行小组阅读和讨论。当学生通过初级文学阅读之后，在小组中讨论书本，给学生增加机会分享他们的印象和思想，在这样的环境里询问一些问题，比在课堂上对全班提问更具有个性色彩。教师为学生的讨论设立目标，进行清晰的指导，引导学生学会互相倾听、互相学习。

（5）熟记与背诵。背诵诗歌、演讲或戏剧对白，使学生更认真地倾听词语的声音和节奏。熟记、背诵或表演需要反复阅读，这些技巧可以帮助学生发现文本的深层意义，这些意义是在简单的浅层次阅读时所不能发现的。

（6）改编剧本。当学生把一则故事改编成戏剧场景的时候，他们正是在把一种文学体裁或样式转变成另一种形式。通过对话和表演传达他们对情节、人物动机、冲突和语调等文学要素的理解和掌握，而不是运用抽象的文学分析的词汇来交流他们的观点。表演的标准是帮助学生注重流畅、声量、姿势和表情等要素。

（7）借助艺术进行反应。阅读和写作同艺术和音乐综合起来的活动项目，能够帮助学生关注他们对所读作品意义的理解。根据个人的兴趣和天赋组织项目，使学生展示出他们对文本意义的整体把握，并与同学一起讨论与分析。

（8）运用学校与社区资源。学校图书馆和媒体中心以及班级图书角都是发展多样化的文学课程所必需的强有力的学习资源。图书馆人员和教师共同选择教学资料，通过各种渠道支持文学研究与学习。这些资料包括印刷的文本和非印刷的媒介，比如电影、图片、绘画、音乐，以及计算机软件。教师和图书馆人员还可以与公共图书馆建立联系，保证学生能够更充分地利用更多的公共的多样化的资源。另外，更充分地利用社区资源，还包括邀请作者、插图作者、演员和导演到教室里来参与教学实践活动，让学生一起分享他们的创作过程，介绍或表演文学作品。

2. 纽约州："为文学反应和表达而学习语言"

《纽约州语文课程标准》把K～12年级分为K～1年级、2～4年级、5～6年级、7～8年级和9～12年级五个学段，每个学段的课程标准都有"为文学反应和表达而学习语言"这项要求。标准认为，作为读者和听话人，学生将倾听和阅读口头的、书面的电子文本和来自美国和世界的文学作品，把文本和作品与他们自己的现实生活联系起来，提高对包含多元化的社会、历史和文化内涵的文本的理解与表达能力；作为说话者和作者，学生将会使用口头的和书面的英语语言系统中已被广泛接受的语言习惯来进行自我表达和艺术创作。

以9～12年级标准为例，高中阶段的文学教育标准包括如下具体内容：

（1）阅读数量要求：学生每年将至少阅读25本书或相当于这些分量的作品，这些作品包括所有的内容领域和标准。

（2）应该阅读的作品类型：阅读、表达和解释来自每一种媒介的虚构类文本和作品，这些作品包含各种不同的形式，如多个作者、多样化主题和各种不同的体裁类型，包括短故事、小说、戏剧、电影和录像、诗歌、散文、文学批评和电子书籍。

（3）进行文学反应和表达时，学生应该具备如下方面的能力：

对文学作品进行独立阅读、表达和反应，这些作品代表着各种不同的社会、历史和文化观点。

阅读文学批评，以便提高理解和欣赏虚构类作品的能力。

识别一系列的文学要素和技巧，比如修辞语言、寓言、反讽、象征主义和意识流，并且运用这些要素分析和阐释作品。

辨别作者是如何运用语调来表达他对待主题和听众的态度的。

区别不同形式的诗歌之间的细微差别，比如十四行诗、抒情诗、感伤诗、叙事诗、史诗和颂歌，并且了解作者是怎样运用诗歌的形式来传达信息和意图的。

比较电影、录像或戏剧同它们的书面文本之间的差异。

大声地朗读虚构类文本，表达对作品的理解并转述。

在理解文学体裁和文学时期的基础上，解释文学作品。

阅读一般主题的作品，比较不同的作家是如何处理同一类主题的。

解释文本的多层含义和细微差别。

认识与当代或个人事件及情况有关的文学作品。

（4）在阅读过程中，学生应该做到以下几点：

明确阅读的目的。

按照阅读目的调整阅读的速度。

借助学习资料确定不熟悉的词语的意义。

区分作者所用的词语的字典意义和比喻意义。

跟踪复合句或复杂句子结构的逻辑。

运用标点符号的知识帮助理解文本。

鉴别运用过渡性的词或短语使文章通顺连贯，比如“最后”“此外”“相比较而言”。

辨别作品的组织结构，比如等级高低、年代先后、原因 / 结果。

运用一些策略（比如同别人进行讨论、阅读指导、写概要、大声地朗读），以更好地理解作品。

识别提高阅读理解技巧的途径，比如把范围扩大到多个作者、话题与风格。

保持个人阅读列表，其列表能够反映阅读目标和成就。

3. 加利福尼亚州：“对文学作品的感知与分析”

《加利福尼亚州公立学校英语语言艺术内容标准》的文学教育部

分要求高中学生做到“对文学作品的感知与分析”：

学生阅读并思考具有历史意义或文化意义的并能促进他们学习历史和社会科学的文学作品。他们能深入分析经常出现的文学模式和主题。《推荐读物（9～12年级）》的选文表明了学生应有的阅读材料的质量水准和复杂程度。

具体要求学生从三个方面对作品进行感知与分析。

（1）分析文学作品的结构特点

9～10年级要求学生掌握戏剧文学形式（如悲剧、喜剧、独角戏）的本质特点与表达意图之间的关系，比较和对比表现同一主题的各种体裁，以便解释体裁的选择对表现主题的影响。

11～12年级则要求学生分析各类诗歌，如讽刺诗、诙谐诗、寓言诗、田园诗等的特征。

（2）对适宜于本年级水平的作品进行叙述性分析

9～10年级要求学生分析主要人物与次要人物的互动关系，从分析叙述、对话、独白、自语中确定各角色的个性特征，比较表达同一主题的不同作品，提供证据去支持各作品中表达的观点，分析和探索作者情节安排的时间顺序和前后照应，包括所使用的复杂的文学表现手法（如伏笔和倒叙），识别和理解各种文学表现手法的重要性，包括比喻、想象、讽喻、象征等，并解释这些手法的恰当用途；说明和评价文本中含糊其词、自相矛盾、表达不力、褒贬有误、前后不一之处的影响，解释语态、人物、叙述者的选择是怎样影响一个文本的个性描写、基调、情节和可信度的，鉴别和描述对话、布景、对白、旁白、角色衬托在戏剧文学中的功能。

11～12年级要求学生分析一篇选文中如何用主题和旨意来表达一种生活观的方式，用作品中提供的证据论证自己的看法；分析如何使用反语、语气、语调、作者特有的风格和语言的声韵达到修辞或美学的具体目的；分析诗歌如何运用想象、拟人、声韵激发读者的情感；分析代表各种体裁和各种传统的美国文学名著：a. 追溯美国文学自殖民地时代以来的发展历史，b. 比较文学史中各主要时期的各种主题、风格和流派，并描述一个时期中不同文化背景的作者的著作在各个时期是如何相互联系和影响的，c. 对形成文学作品中人物、情节、背景的那个历史时期的哲学、政治、宗教、伦理道德和社会环境进行批评；分析数个世纪以来的作家如何利用源自神话、传说、影片、政治演讲和宗教作品中的原型，如怎样利用被理想世界所放逐的流放原型来解释莎士比亚的悲剧《麦克白》；分析由不同作家创作的世界文学名著：a. 对比重要文学时期（如古希腊荷马时期、中世纪时期、浪漫主义时期、新古典主义时期、现代主义时期等）的主要文学体裁、写作技巧、写作特点，b. 将文学作品和作家及他们所处时代的主题和问题联系起来，c. 对形成作品中人物、情节、背景的那个历史时期的哲学、政治、宗教、道德伦理和社会影响进行评论。

（3）进行文学批评与阐释

标准要求从美学、历史、政治和哲学等不同层面分析作品，对作品进行阐释和批评。具体说明如下：

用文学批评的术语，评价写作风格中的美学要素，包括措辞和比喻对语气、意境和主题的影响。（美学探讨法）

分析一部文学作品与所处的历史时期的主题和问题联系起来的方法。（历史探讨法）

分析文学作品或论文就某一问题（如选举权、劳动组织中的妇女作用等）如何清晰、一致地表达某些政治观点。（政治探讨法）

分析文学作品中表达的哲学观点，以确定作者的立场是否有助于

提高作品的质量和人物的可信度。（哲学探讨法）

从对以上三个州语文课程标准相关内容的陈述中可以看出，尽管各州教学实际情况不同，对文学教育的核心概念和一些名词术语的表述也不尽相同，但是在文学教育应该教给学生什么知识、学生学习文学作品的方式方法等方面却有很多相通之处，即学生应该系统地掌握一定的文学体裁与文学要素知识，掌握辨别体裁类型的技巧，学会从不同的角度分析与评价作者与作品，挖掘作品的意义。

二、考试与评价

1. 考试要点与评分细则

美国教育部借助法律手段，规定各州从 2 或 3 年级开始参加标准考试，以达到检测与控制教育质量与水平的目的。美国语文对文学教育内容的考试与评价以课程标准为依据，主要集中考查学生的文学反应和文学分析能力。下面以加州标准考试和高中毕业考试为例进行说明。

加利福尼亚州 2 ~ 11 年级的语文标准考试主要考查词汇分析、阅读理解、文学反应与分析、写作策略和写作规范五个方面的知识和技能；写作则单独设立评价项目，对学生的写作能力与策略技巧进行评价。其中，文学反应和文学分析在各年级全部试题中所占比例如下：

年级	试题数目	所占百分比	年级	试题数目	所占百分比
2	6	（6/65）9%	7	13	（13/75）17%
3	8	（8/65）12%	8	15	（15/75）20%
4	9	（9/75）12%	9	16	（16/75）21%
5	12	（12/75）16%	10	16	（16/75）21%
6	12	（12/75）16%	11	16	（16/75）21%

（表中数据为加州教育董事会 2002 年 10 月 9 日开始采纳）

从以上数据来看，文学反应与文学分析所占比重随着年级的增长而上升，到初中最后一年即8年级时已经达到20%，高中毕业前达到21%。

再看加利福尼亚州12年级高中语文毕业试题情况，考试要点共分六个方面，其中每一项内容测试的试题数目如下：

考试项目	考试问题的数目
词汇分析	7
阅读理解	18
文学反应	20（占总数的27.4%）
写作策略	12
写作规范	15
写作实践	1
总计	73

除了写作应用之外，试题全部以标准化选择题的形式出现，即使是文学体裁与文学要素的辨别，对作品主题、感情基调、语气，以及对人物的分析与评判都要求学生在给定的四项备选答案中作出选择，而且文学反应与分析试题并不是单独设题考查，而是分散到文章与作品阅读的全部过程中，与词汇分析和阅读理解试题一起出现在文章或作品阅读之后。

需要强调的是，所有考试问题的设置，严格按照课程标准的相关条目和适宜的年级水平来确定，每道题考查的是几年级的哪一条标准、哪一部分内容，都有清楚的说明。因此，对文学要素与文学体裁特征的知识与辨别技巧，以及对作品的分析与评价等方面的考查，各个年级都有具体的内容规定，绝不会超出相应年级阶段课程标准的要求。从这里我们同样可以看出，美国教育的实用主义价值观念对文学教育及其评价的影响。

高中毕业考试则以州课程标准为基础，这些标准着重强调学生到每一年级末应该掌握的知识及本学科应该达到的能力要求。高中毕业考试语文学科的标准检测到 10 年级为止。对每一个考试要点都有一套详细的指导说明。例如 2003 年 10 月加州教育局发放的《高中毕业考试准备：语文学习指导》中“文学反应与分析”考试项目的具体要求：

学生阅读并思考具有历史意义上或文化意义上的，并能促进他们学习历史和社会科学的文学作品；他们能深入分析经常出现的文学模式和主题。

按照课程标准的要求，学生必须能够阅读文学作品，并且思考与表达如下方面的问题：

人物及其品质特征，以及冲突。

各个人物之间的关系。

修辞语言和象征手法及其蕴含的意义。

不同的文学体裁及其名称。

文学作品是如何反映作者的文化观念、艺术风格和历史时期的。

高中毕业考试将要检测学生所掌握的关于文学反应与分析方面的知识，总共 10 条标准，其中前 9 条是 10 年级文学反应与分析的标准要求。在这 9 条里，第 1 条属于“文学结构特点”方面的知识，其余 8 条属于“适宜于本年级水平的叙述性分析”；第 10 条是 8 年级“文学批评”部分的内容。

（1）条理清晰地表述不同的戏剧文学形式（如悲剧、喜剧、独角戏）的本质特点和表达意图之间的关系。（2 个问题）

（2）分析文学作品中的主角与配角间的互动（如内外部矛盾、动机、关系、影响）；解释这些互动是怎样影响情节的。（2个问题）

（3）通过作品人物在叙述、对话、独白、自语中对自己的形容来确定各角色的个性特征。（2个问题）

（4）比较表达同一主题的不同作品，提供证据去支持各作品中表达的观点。（2个问题）

（5）分析和探索作者情节安排的时间顺序和前后照应，包括所使用的复杂的文学表现手法（如伏笔和倒叙）。（2个问题）

（6）识别和理解各种文学表现手法的重要性，包括比喻、想象、讽喻、象征等，并解释这些手法的恰当用途。（2个问题）

（7）说明和评价文本中含糊其词、自相矛盾、表达不力、褒贬有误、前后不一致等影响。（2个问题）

（8）解释声音、人物、叙述者的选择是怎样影响一个文本的个性特征、感情基调、情节和可信度的。（2个问题）

（9）鉴别和描述对话、场景设计、独白、旁白、角色衬托在戏剧文学中的功能。（1个问题）

（10）分析一篇文学作品，显示它是如何反映文化遗产、传统、态度和作者的信仰的。（传记方式）（3个问题）（评价三种不同渠道的任务是交替使用测试的形式）

高中毕业考试运用20个多项选择问题来测试这些标准。要求学生阅读包含历史与文化意义的文学、故事和诗歌。考查学生的理解能力，洞察各种人物之间的关系的能力，辨别主题，探讨感情基调，了解虚构与非虚构作品的不同之处。（加利福尼亚州高中毕业语文试题见附录1）

第六节　文学教育迫切需要改革

由此看来，美国中小学的文学教育是一种培养学生文学意识、以文学阅读体验为目的的教育行为，他们对文学要素、知识的教学采取“传道授业”的方式，从文学反应与文学分析的要求来看，他们的教学方式整齐划一，建立了一定的教学模式。然而，事实上，美国人对自己的这种文学教育并不十分满意，用大学通识教育的弊端来观照与反思中学阶段的文学教育，就会发现那样的教学方式存在着一定的不足。Kathleen Yancey 在她的《对写作课堂教学的反思》（犹他州州立大学出版社 1998 年版）“文学教学的反思实践”部分提到自己所观察到的五种现象，这些现象与当下的文学教育模式存在必然的关系。

第一种现象：学生不知道阅读文学作品与阅读微积分的方法有什么不同。当教师给学生讲授不同类型的课程时，竟发现学生的阅读很少像是在读文学作品，更多的是像在读微积分；在修辞理论课程教学中也得到同样的反应。对大多数学生而言，阅读是一个整体性的逻辑思维活动。令作者感到困惑的是，教师设计的校内写作与阅读任务，跟学生在校外所做的任务是不同的，而学生却不能把他们在课外作业时学到的方法用于课堂教学。这是一个很严重的问题。

第二种现象：“一个普通的美国孩子在课外时间里，一周花费 78 分钟阅读，102 分钟做家庭作业和学习，12 个小时看电视……”新的读写方式似乎在不断地增多，人们已经远不能跟上它的发展速度。孩子们从电视或其他方式的阅读中，逐渐养成“自发的读写事件”，有时候，他们宁愿进入亚马逊网站，为博客提供一篇评论。如果通过满足人们的社会生活目标来测量的话，这种校外影响具有很大的作用，表面看上去是很成功的，其实不然。

第三种现象：当作者同自己喜欢的人（丈夫与女儿）一起去看电影的时候，尽管他们的教育经历和价值观念相同，但是他们所看的似乎并不是同一场电影，很难用同样的方式对同一部电影作出反应。

第四种现象：正像在 K ～ 12 年级一样，高等教育最大的变化之一，就是从智者中心、教师中心、演讲驱动模式的教学方式转变为以学生为中心的互动模式。大学生的学习正如青少年一样，在玩中学，它包括两个特征：责任感和反省。

第五种现象：文学教育正在慢慢地发生着变化，从传授式教学法逐渐转变到定位于专题的“研讨会”。这种变化源于语文课程本身的内在规律。特别是在最后的 12 年级，学者们反复号召并提倡新课程，人们便开始对学生的兴趣、多项技能和多媒体水平变得敏感起来。文学课程的难题是尊重学生的体验，这正如我们设法把它转变成不同的东西一样困难。

最后，作者明确提出，改变文学教育的方式已经不容怀疑，为什么改变、怎么改变则是研究的关键。

近来，关于美国文学课程作用的观点，有人认为，它被蒙上独特的美国人的观点和令人惊奇的实用主义色彩。“就像托马斯·吉弗逊充分理解的那样，如果没有教育，人人分享的民主就不会发挥作用。公民民主教育的基础在于表面看似简单实际却很难的阅读行动中，以便深刻地理解和评价作者隐秘的思想和感情，语文教师的责任就是帮助学生发展那些技巧。”[1]

由此可见，美国的文学教育过于强调技巧与方法的学习，结果势必导致学生思维模式的僵化，结果是，很多人阅读诗歌是用数学的方式进行着，而非真正地感受体验作品的人文思想和内涵。

[1] Scholes，Robert J.Transition to College Reading [M].Duke University Press，2002.

第八章 语文作业

家庭作业是一项指定的任务，它与课堂学习内容有关，并且是对课内学习的拓展与强化。家庭作业必须在课外时间完成。

走进美国中小学语文课堂，翻看学生的语文作业，笔者发现，美国孩子不是没有家庭作业，相反，从幼儿园或1年级开始，每个学生都有厚厚的作业文件夹，还有大量成体系、有规模的各类评价手册。美国学生的作业具有针对性和目的性，越到高年级其作用越明显，即为了获得学分而做；学生全部学习目的，看起来就是为了那一个切近的目标——通过州标准考试，达到语文阅读和写作的熟练程度。

第一节 小学生的家庭作业

在美国，小学与中学在课程安排上有很多不同的地方。小学的课程是综合性的，除了科学、艺术和体育之外，所有课程就叫作“阅读”，基本上由一个教师包班上课，这位教师既是班主任，也是任课教师，既教数学也教语文，而且阅读教材内容包括各门学科领域知识的链接，具有很强的综合性。因此，小学生的家庭作业通常是综合性训练，内容涉及识字、说话、写句子和片段等。

美国的中小学学生既有课堂作业，也有家庭作业，而且还有一套比较完善的家庭作业观。这并非小题大做，它说明美国教育想认真做好这件事。

首先，他们对“家庭作业”这个概念有着比较清醒的认识。他们认为，有规律的有明确任务的家庭作业是学校全部教育内容的一个重要组成部分。当然，布置什么样的家庭作业应该按照学生的需要和学科性质来决定。他们给家庭作业下了定义：

家庭作业是一项指定的任务，它与课堂学习内容有关，并且是对课内学习的拓展与强化。

教师还特别规定，家庭作业必须在课堂之外的时间里完成。

学生为什么要写家庭作业呢？他们认为，写家庭作业有以下几个方面的目的：

第一，扩展或强化课堂学习内容；

第二，帮助学生掌握学习技巧；

第三，教学生合理明智地估算和使用学习时间；

第四，让父母参与到孩子的教育之中，但不要求家长提供初始的指导；

第五，为父母－子女互动提供机会；

第六，能够弥补学生由于缺课造成的损失，不包括被暂令停课的学生。

由于家庭作业只能在课下完成，因此作业量的分配和安排要合理，时间不能过长，作业时间过短也不利于学生的发展。一般情况下，小学生的家庭作业时间分配如下：

K ～ 3 年级，周一到周四，每天 10 ～ 30 分钟

4 ～ 6 年级，周一到周四，每天 30 ～ 60 分钟

家庭作业应该有规律性，而不是随意的，每天等到放学才提出来，而应该早作计划，并且把计划在班上展示出来，让学生和家长都知道。比如，在加利福尼亚州尔湾学区 Northwood 小学的教室里，张贴着这样两份家庭作业计划表：

表 1　每日家庭作业

星期一——词汇 句子 星期二——图画结构 星期三——写作 星期四——为测验而学习

表 2　11 月份家庭作业计划

星期一	星期二	星期三	星期四
1 日 完成字典中字母“T t”的内容	2 日 今天完成带回家的文字作业	3 日 给父母朗读带回家的书	4 日 完成今天带回家的数学作业
8 日 完成字典中字母“B b”的内容	9 日 完成带回家的文字作业	10 日 给父母朗读带回家的书	11 日 今天与星期五不用上学，是老兵节
15 日 完成字典中字母“N n”的内容	16 日完成你的感恩节计划项目	17 日 给父母朗读带回家的书	18 日 完成你的感恩节计划项目
22 日 明天展示你的感恩节项目	23 日 完成带回家的文字作业。感恩节项目表演，所有人都要来，时间是 8:15−11:35	24 日 给父母朗读带回家的书	25 日 感恩节快乐！
29 日 完成字典中字母“H h”的内容	30 日 完成今天的读写能力和识字作业		

跟学校的教学工作计划一样，教师的家庭作业也不是随意安排的，而是提前计划好，并且让家长知道，以便家长在家辅导并督促孩子完成作业。

相比之下，中学生的家庭作业则比较灵活一些，它们跟学科教学联系得更为紧密。比如，8年级学生因为阅读能力测试没有通过，因此，每天回家都必须按要求阅读20分钟的书，即使星期六和星期日也不例外。高中学生，同样根据教学进度，或者回家阅读，或者完成写作任务，自己校对、修改、编辑，具体的作业任务根据教学进度和内容而定。

美国教育认为，家庭作业不单单是教师布置、学生完成的事情，而是父母、教师、学生三方共同的责任和义务。因此，他们规定三方共同承担家庭作业的责任，并且把家长对家庭作业的责任放在第一位。

下面是学校为父母、教师、学生三方共同认定的“责任状”。

父母的责任是：

（1）提供合适的家庭学习环境。

（2）为孩子提供必要的帮助，但避免代孩子写作业。

（3）监控孩子在家学习时更有效地利用时间。

（4）每天检查孩子是否有家庭作业。

（5）确信所有的作业和书都准时归还学校。

（6）保证孩子在学习时间里有必要的学习用品，比如纸、铅笔、圆珠笔、字典等。

（7）为孩子提供一系列丰富知识和提高能力的机会。

（8）如果很关心家庭作业，并且有兴趣的话，可以和教师保持联系。

（9）对教师发放的额外的练习材料提出合理要求（作业难度是否适合学生由教师来决定）。

（10）建立家庭作业常规。

（11）为学生提供创造性地写作业的空间。

（12）帮助孩子取得基本资料和资源，有需要的话，可以跟教师联系。

（13）有规律地浏览作业，看看是否整洁、是否完成。

（14）跟教师有规律地保持交流。

（15）鼓励和支持你的孩子。

教师的责任是：

（1）避免布置超出规定完成时间的作业量。

（2）提供练习纸张或训练作业，这些作业被教师和家长认为是必要的。

（3）当学生因病缺课时，教师布置适当的作业弥补功课，让学生有充分的时间去完成。

（4）提供必要的家庭阅读实践。

（5）涉及新的概念，教师应该事先在学校讲解，然后才能作为家庭作业。

（6）如果这些作业包括在给予评分的过程中，教师应该决定家庭作业上交日期。

（7）家庭作业不能作为对学生惩罚的标尺。

（8）教给学生家庭作业技巧。

（9）不允许学生在班级完成家庭作业。

（10）确保家庭作业是有意义的，与课堂教学有联系。

（11）通过家庭作业检查学生对所学内容的理解和把握情况。

（12）布置和评价家庭作业时，应该考虑个体学生的需要和特征。

（13）在教室里为父母和孩子提供清晰的家庭作业政策说明，提前两周写出作业标准和要求，包括家庭作业计划表、值得注意的预定完成日期、时间期限，以及给分的标准。

（14）所有家庭作业在教师作出批阅之后都要归还给学生。

（15）学生的家庭作业应该给出质量标示，这些标示可以是等级、评语、作品标示符号，或者一个给定学分的标志。

（16）学生的家庭作业获得进步，完成了或者没有完成的，都要及时通知家长。

（17）向家长转达：每日出席和准时到校的重要性。

学生的责任是：

（1）听从指导，在离校之前确保已经理解要求完成的作业。

（2）从学校带回家完成作业必需的资料。

（3）按照学校标准完成所有的家庭作业，并按时上交。

（4）保护好学校的书、设备，并且完好无损地归还。

（5）弥补由于缺席而损失的功课。

（6）家庭作业中遇到难题，要及时跟家长和教师沟通。

（7）选择合适的时间、地点完成家庭作业。

（8）跟父母交谈家庭作业。

（9）对自己的作业内容和材料负责任。

（10）独立完成家庭作业。

父母的责任通过 PTA（Parent-Teacher Association，家长－教师联合会）聚会时间向家长通报，并且向家长传达课程标准内容。总之，家长必须知道学校的教育内容和教学目标，必须参与到学校教育的行列。这是布什总统《不让一个孩子掉队法案》规定的四项内容之一。

从上面陈列的作业责任状中可以了解到，美国教育这样不厌其烦地列出条规、责任，自然有他们自己的考虑，或者说理论支持。他们认为，把家长纳入教育管理的行列，对监控学生的学习行为有着重要的作用。至少，家长认为孩子不写作业、孩子学习有了问题，不仅仅是学校和教师的事情，学生自己和家庭同样负有责任。

学习目的的多样性决定了家庭作业的多种类型，他们还对家庭作业的类型作了如下规定：

创造性的活动或项目

丰富文化积累

弥补性的作业和修改

复习或补救

对新知识的应用和扩展

美国学校对完成家庭作业也提出明确的标准和要求。他们认为，家庭作业将反映一系列高标准的要求：清晰、整洁、完整，就像教师在课堂上期望的那样。

通过对上述信息的展示与分析，我们可以得到这样两条认识：

第一，学习是人类接受知识和传播经验的一种行为，无论是在地球的哪一端，东方或者西方，欧洲还是美洲，获得技能、掌握知识的途径是相同的。如果不经过系统的训练，不经过实践的磨砺，一个人就难以获得真知。知识技能和文化经验的传承，需要通过学习来实现。所以，当移居国外的人在谈到美国素质教育的时候，总是说美国孩子是如何如何的轻松，可是他们却忽略了这样一个事实：在中国，大部分由孩子个人承担的责任，在美国是由父母、教师和孩子在共同承担着；同时，在孩子们学习的背后，有很多理论家的研究成果在付诸教学实践。学生是最大的受益者。

第二，学校教学时间的安排为学生自由生活提供了很大的空间，为他们轻松地完成教师布置的家庭作业提供了充裕的时间。从对加利福尼亚州中小学校的考察中，我们了解到，这里的小学生早上 8：15

上学，下午2：30之前放学；Portola中学的在校学习时间为上午8：07至下午2：49。即使在高中，早上7点上课，一天7节课，下午3：03学生就放学离开学校。学生一天在校时间不到7个小时。这样学生可以有充分的时间完成应该完成的课外学习任务。而且小学规定，学生从星期五到星期天都没有家庭作业。算起来，即使他们的学生比我们的学生有更多的家庭作业，孩子也不会感觉太累，毕竟他们有着充裕的可自由支配的时间。

第二节 初中生的语文作业

中学阶段，美国学生同样有家庭作业，作业的分量和类型因学校或学区不同而有区别，其作业也因所用教材的不同而有很大的差异。美国中学生写作业往往有两个目的：一是拿学分，二是训练语言表达能力，以便在州标准考试中达到熟练乃至优秀成绩。

教师会给初中学生留些什么样的作业呢？下面分别举例介绍。

加利福尼亚州 Portola 中学 8 年级的阅读课堂上，教师在黑板上明确写出作业题和要求：

星期一 完成随笔的写作

阅读理解 阅读 30 分钟

星期二 阅读理解 阅读 30 分钟

这个 8 年级是阅读补习班，因为在上一学年的州标准考试中，这些学生没有达到熟练程度，所以必须接受阅读 180 的干预指导，对他们进行强化训练。阅读日志里明确要求每天在家阅读 30 分钟，并由家长在指定的阅读作业单上签名。这种由家长督促完成作业的现象，在美国很普遍。

学完一项内容之后，学生需要做些什么作业呢？例如，2004 年 12 月 8 号这一天，教师布置了这些作业：

温习当天所学的功课

写文学反应

写随笔

除此之外，教师特别强调学生对课程标准的学习与把握。教室的墙壁上贴着加州课程标准，教师还在黑板上明确写着学生已学内容所符合的课程标准条款。最近，要求学生应该熟悉的课程标准条款如下：

阅读

1.0 词的起源 / 词汇

3.4 环境描写及其表达效果

书面语与口语交际

1.6 拼写

1.5 正确使用标点符号

因为是阅读教学，学生需要完成的作业基本上都与阅读理解有关。阅读策略之一，是给词语写定义，他们认为这是一种理解词汇意义的有效方式。教室的墙壁上贴满了学生们自己写的定义。教师还要求学生每读一本书，都必须写阅读反应日志，并在课文上作记号，做到“不动笔墨不读书”。具体的阅读要求与实施情况，本书第五章第四节“阅读教学案例”部分已有介绍，这里从略。

打开学生的作业文件夹，从他们的阅读任务里，可以清楚地看到上面这些阅读问题的提示和要求。可见，他们的作业任务不是自行决定，而是由教师统一要求的；阅读问题也不是由学生自己提出，而是由教师事先确定好了的。这是达到州标准考试分数要求的必经之路。

在写作方面，该班教师还教给学生写作导论和结论的方法，通过告诉学生一些必要的词汇和发给作业进行训练。

同样是加州尔湾地区，同样是 8 年级的阅读教学，因为学生层次不同，所学内容不同，他们的家庭作业也会有明显的不同。

比如，Las Flores 中学 8 年级语文阅读教学就体现了这种差异。该校 8 年级使用的教材是加利福尼亚版的 Prentice Hall 银级（Silver Level，即 8 年级）《文学》，教材自称是“永久的声音，永恒的主题”。该班教师在 2004 年 11 月 16 日星期二布置了这样一道作业题：

◇完成随笔的初稿

——这篇文章必须书写工整或者打印出来

篇幅：12 或 14 行

间距：双倍行距

字体：Times New Roman /Allied /Courier

最后，特别注明，交稿截止日期是 11 月 18 日，星期四。

11 月 19 日这一天，学生们带着自己写的随笔来上课了。他们写的文章（随笔）的标题都是 *The Stolen Party*。

上课之前，教师在黑板上已经写明要求本节课学生应该做的事情：

（1）花几分钟时间修改一下你的文章，特别要注意拼写和标点符号。

（2）改正需要修改的地方。

（3）用彩色笔标记你的文章：

黄色——对情节的概括

绿色——引用（文章中的，或别人的话语）

蓝色——你自己独到的见解（你深刻的思想就像蓝色的海洋）

全班二十几位学生，每人都按照老师的要求用彩色笔标记自己的文章。教师用这样的方式检查与评价学生的作业。通过这项练习，学生知道了如何概括故事情节，从原文中找到相关的话语来证明自己的观点和对作品的理解，同时也要表达自己独到的见解。

第三节 高中生的语文作业

在美国，教师要求学生在文学阅读过程中完成一系列的书面表达练习，高中阶段更是如此。语文文件夹就是学生的作业本。打开厚厚的文件夹，可以直观而清楚地看到今天的美国学生在完成一篇文学作品阅读之后做了些什么。学生通过完成这些作业获得学分，教师对这些作业基本上不作批改，只是根据完成情况判定学分，并盖上“credit”的字样，表示该生在此项练习中已经获得学分。

下面是加利福尼亚州Trabuco Hills高级中学11年级学生在阅读《本杰明·富兰克林自传》后完成的作业。

使用教材:《文学要素》(美国及北美文学,Harcourt Brace公司出版)

课文标题：本杰明·富兰克林自传

阅读完《本杰明·富兰克林自传》之后完成以下书面表达任务，共分为两个部分：

第一部分 为下列词语提供一两个同义词，或写出定义；注明词语所在的页数和行数。

Approbation （称赞，认可）

Convey （传达，运送，传播）

Censure （责难）

Admonish （警告）

Contrivance （发明，设计）

Vigilance （警戒，注意）

Trifling （微不足道的）

Vice （罪恶，缺点；副的）

Virtue （德行，善良）

Avarice （贪婪）

第二部分 通过回答下面的问题进行文学反应，并确定它所在的页数和行数。

（1）1720 年的时候富兰克林多大？当他写自传的时候年龄是多大？当他追述往事时，提到历史时期，是想表达什么观点？

（2）富兰克林告诉我们，他的愿望是成为一名作家。当他努力实现这个目标时，他遇到了哪些难题？

（3）列举三个具体的事例，说明他与兄弟詹姆斯的关系怎么样。

（4）具体地说说富兰克林为什么要离开波士顿。

（5）富兰克林独自在纽约市的时候才 17 岁，他为什么要去费城？

（6）在什么条件下他旅行到了费城？

（7）他在什么情况下到达费城的？

（8）瑞得先生是谁？他和富兰克林最终是什么关系？富兰克林为什么说他做了一个“很尴尬而荒唐的表现”？

（9）在老师的教学，你自己的见闻、体验和阅读的基础上，写出“道德完美”的定义。

（10）富兰克林给“道德完美”的定义是什么？引用课文第 62 页第 2 行作为证据说明。

（11）富兰克林是如何使用“经验主义的”思维和方法追求他的道德完美的？为了实现他的神圣目标，他采取了什么样的实践方法？

（12）富兰克林运用一则轶事来说明别人同意道德完美的观点。简要地概括他用来揭示自己的哲学思想的故事。对自己的追求，他得出了什么结论？

（13）当他写“所以，我希望我的子孙后代能够跟随这个榜样，并且从中获得利益”这句话的时候，他多大年龄？他对自己得出的结论评价的要点是什么？

（14）让我们去实践！

用一句话写出富兰克林在自传里写的关于零的论题陈述的主要观点。嗯，我想知道，Jonathan Edwards 会说本杰明·富兰克林……

从这些问题的设置来看，在美国，文学阅读不仅要求学生把自己对作品的理解和感受表达出来，进行文学反应，同时，还要求学生结合作品的文学要素进行分析，表达自己独特的阅读体验或见解。

翻阅美国学生的作业文件夹时我们还发现，几乎每读完一篇文学作品，学生都需要完成类似的作业。作业内容所涉及的方面与加州高中毕业考试试题类型基本吻合，例如，2004 年加利福尼亚州高中毕业考试语文试题分为六个方面：词汇分析、阅读理解、文学反应与文学分析、写作策略、写作规范和写作实践。学生阅读项目的作业则囊括了前三项内容。

这些作业设置向我们展现了美国语文教育的一个事实：文学反应所涉及的问题基本上由教师或教材提供，学生围绕这些问题阅读教材，找到相应的章节，以事实为根据作出解答，或者通过自己的批判性思考来回答。另一方面也应看到，美国语文教学并不是像数理科那样着力培养学生的创造能力和探究精神，而是在培养一种具有批判意识的思维能力，以及有说服力的符合语言规范的表达能力。

此外，美国学生还有一个特殊的作业本——文件夹。在加利福尼亚州的教室（即教师的办公室）里，很少看到像中国学生这样一摞一摞的作业本，他们教室后面的书架上、桌子上往往摆放着成堆的文件夹。这些文件夹就是学生的作业本。美国的初中和高中都采取学分制，学生的作业往往写在一张张的活页纸上，经过教师批阅之后，给定学分。

语文阅读教学中，教师针对所学内容会设置一些问题，并且复印出来，学生人手一份，完成之后，装订在各自的文件夹里。作文练习也在其中。本书前面的写作教学部分已经提到，学生在学年开始的时候，建立自己的作品文件夹，期中继续维持自己的文件夹，最后教师检查文件夹，并且给予评价。这就是“文件夹评价”方式，也叫“公文包评价”。

第九章 语文教材

工欲善其事，必先利其器。

——《论语·魏灵公》

语文课堂教学需要先进的教学技术和设备的支持，需要新的基于科学研究的教学理念、方式方法和策略技巧的支持，更需要一套好的教材，这套教材有着明确的教学内容和目标，自成体系，有系统的知识结构，经典有效的文选和针对性强的思考与练习。教材是教师教学所依靠的得力有效的工具、器械，它包含着教学理念和方式方法，具有很强的指导性和可操作性。有效的课堂教学离不开好教材的指引，正所谓“工欲善其事，必先利其器”。

翻阅美国几大出版公司发行的语文教材，我们感触颇深。这些教材不仅采用先进的印刷技术，彩色套印，装帧精美，文字插图艺术化，而且资料详尽，教学目标明确，教学指导性很强，包含的信息量很高。一本供一学年使用的高中语文教材竟然厚达一千四五百页。翻阅协和大学尔湾分校图书馆所陈列的语文教材，我们不能不感叹美国语文教育背后存在着的强大的理论与实践力量的支持。

第一节　教材编写依据和使用原则

原则上说，美国语文教科书的编写并不以课程标准为基础，而是以最新的研究成果或学术思潮为依据，有些出版社在教材发行的同时，还配备了具体详细的课程框架，列出教材编写所依据的最新研究成果，为教师使用教材、实施课堂教学提供理论依据。

例如，Houghton Mifflin 公司出版的 K ~ 8 年级《阅读》就专门配备了 K ~ 3 和 4 ~ 8 年级的《基于研究的课程框架》，该课程框架明确表示，《阅读》是建立在学术研究基础上的，它综合了很多学者的研究成果，这些成果业已接受审查，国家专门小组也对其进行了广泛而详细的研究。制定课程框架的目的在于，综合概括几年来学术研究成果的主要结论，书中直接引用研究报告中具有代表性的言论和观点，提供支持结论和观点的证据。

事实上，美国教材编写与课程标准有着相当密切的联系。各州都有自己的课程标准，规定了全州统一的教学内容与评价目标。对教科书作者和出版社来说，教科书的内容是否符合各州的课程标准，是教材能否被各州采用的一个重要原因。因此，目前美国语文教科书已经打上了州课程标准的烙印，在教材的相关章节或内容旁，已经标明这项内容具体符合课程标准的哪些条款。

美国没有全国性的教材评审机构，联邦政府教育部也没有对中小学教材进行审定的职限。教材评估与选用根据各州实际情况而定。各州或地方评审教材的标准一般包括：教材要反映文化多元性，避免出现引起种族、性别、文化方面争议的问题；要符合课程要求，反映真实性，具有时代性；内容清楚、正确，易于理解，价格适中等。

以加利福尼亚州为例，加州法律要求加州教育董事会提供足够经费购买公立中小学教材。这些经费由州议会拨款。在选择新教材前，首先由州教育董事会发布公告（提前2年），公告内容包括某一年需要进行评审的学科教材，该学科的课程标准，平均每个学生的教材购买经费指标，第一个合同年度每一个年级或学科需要购买的教材数量，以及详细的采购程序时间表。每个学区负责本学区的新教材选用政策，一般情况下，只有写进州政府采购推荐目录并得到学区董事会批准的教材才可用州政府经费购买。

通常情况下，谁购买教材，谁就拥有教材的所有权。在中国，由学生出资购买回来的教材，自然要分发给学生本人，所有权与使用权都归学生个人所有。而美国的情况则不同，用政府经费购买来的教材并不属于学生个人，学生只有使用权，没有所有权。教材在编排时已经考虑到这些情况，每本教材的封面上都印有一个表格，附有说明文字，表明这本书的所有权属于谁（州、市、县、教区、学区或其他地方），并要求每一个使用它的学生都必须在规定的表格里填写自己的姓名和使用年份以及版本情况，比如是否是新教材。同时，还要求学生不得在书页上涂抹写字。这种情况导致的结果是学生与书本分离，他们只在上课时间能读到教材，下课时教材就放在原座位，不得带出教室。花费大量资金和技术投入的美国教材，却不能被学生充分地使用，这不能不说是一种遗憾。这或许正是一些移居美国的华人，看不到孩子带语文课本回家，便认为美国语文课没有教材的缘故吧。

美国实行 12 年义务教育，学生免费使用教材。教材不能被学生个人拥有的一个重要原因，可能还是因为教材成本太高、价格昂贵。例如，Houghton Mifflin 公司出版的一本 6 年级《文学语言》，学生用书是每本 63.96 美元，教师用书每本则是 104.61 美元，加上其他练习和评价资料，少则五六百，多则上千美元。年级越高，教材价格也就越贵。在美国协和大学成人教育学院学习期间，Faith 老师给学员发放教材时，就大声地说道："这个教材非常非常昂贵，希望大家好好学习。"后来，笔者与该校图书馆管理员交流，说明我对美国语文教材感兴趣，并想订购一套时，她一边热情地为我上网查询，书写网址，一边不断地说着教材很贵的话。可见，教材高昂的价格的确令一些经济并不宽裕的美国人望而生畏。

为了满足教师教学的需要，满足各州课程标准的要求，出版社按照州教材评估意见定期修订，并补充与更新教学资源，这就使得教材越来越厚，与此同时，价格也越来越高。

下面是6年级《文学的语言》教科书和各类教学资料配备情况及其价格表，大家可由此大致了解美国教材价格的真实情况。

教材名称	价格	教材名称	价格
学生用书	$ 63.96	英语学习者语法练习（配有CD）	$ 22.92
注解本教师用书	$ 104.61	对全体学生的标准考试指导	$ 36.48
电子版及在线教材	$ 63.96	写作研究报告（6～8）	$ 11.97
交互式读者及CD	$ 10.92	考试发生器CD-ROM及使用手册	$ 168.36
英语学习者的交互式读者及CD	$ 10.92	一年期的网络学习考试	$ 2.97
交互式读者的附加练习及CD	$ 10.92	轻松计划者及CD-ROM	$ 218.37
交互式读者及CD教师指导用书	$ 19.65	文学操作绩效资料书VCD	$ 49.50
交互式读者及CD的10套资料包	$ 81.90	文学练习资料	$ 9.00
阅读资料包	$ 289.02	录音资料包（CD）	$ 195.60
语法·惯用法·技巧及其答案	$ 11.97	选本摘要资料包（英语）	$ 30.00
说话和听话课本	$ 11.97	选本摘要资料包（西班牙语）	$ 30.00
词汇和拼写课本	$ 1.50	选本摘要资料包（海地克里奥尔语）	$ 30.00
词汇和拼写及答案	$ 11.97	威力展示	$ 85.89
英语学习者的五种语言翻译课本	$ 36.48	网络活动（CD-ROM）	$ 31.32
英语学习者备考练习	$ 11.43	合计	$ 1663.56

从上面的数据统计来看，购置齐全这样一套教科书和教学资料，需要花费 1663.56 美元。

美国课程标准和教材修订已经形成了周期性修订制度。例如在 2004 年在加利福尼亚州尔湾学区考察期间，我们发现，1997 年版的教材都已经废弃不用了。该学区每六年为一个教材修订周期，但每年启动不同的学科修订计划。教材修订的过程是：分析回顾、课程修订、选用教材资料、实施执行和检查调整。周期修订保证了教学内容和方法的不断更新，也是对过程实施周期性的监督检查。

第二节 语文阅读教材包概况

美国大学图书馆的中小学教材陈列室里，书架上摆放着琳琅满目的语文教材，这些教材不是一本本地摆放出来，而是一套套，一箱箱地陈列着，每个年级的教材都用一个大大的纸箱或者塑料包装着，便于携带与放置。每种教材都包括教学用书（教师和学生分册）、教学所使用的各类教学资料、技术支持，比如幻灯机使用的透明胶片、练习和评价手册，小学教材还包括课堂阅读的课外小图书、生字卡片、语音图书馆，等等。教学资源丰富，品种齐全。看来，有人说“美国语文课没有教科书”，完全是一种误解。美国教师到底用不用教科书上课？全美教育协会 2002 年的抽样调查表明，有 95% 的教师把教材作为学生学习的主要参考用书，有 78% 的教师在日常教学中使用教材，有 47% 的教师在每天的课堂上使用教材。2001—2002 年度美国中小学教科书市场（包括教材、技术产品、辅助材料及测试等）销售总额为 122.64 亿美元。[1]

美国中小学教材市场是一个竞争激烈的市场，但大部分市场份额掌握在几家大的出版集团手中。参与教材出版的出版集团有 50 多家，其中排名前 11 的出版集团销售码洋占了全国码洋总数的 95% 左右，最大的 4 家出版集团的销售码洋占了总数的 70% 左右。据统计，2001 年排名前 7 的出版集团的中小学教材及配套材料销售码洋为 50 亿美元。最大的 4 家出版集团分别为 Pearson Education, McGraw Hill Education, Harcourt Education, Hughton Mifflin。这些教育出版集团的中小学教材

［1］ 郑旺全. 美国中小学教科书概况［J］. 课程 · 教材 · 教法，2004（3）.

出版一般都有4个部门：初中、小学部，高中部，辅助材料部，测试部。[1]

下面分小学、初中和高中三个阶段，介绍几家出版社的语文教材，具体说明本阶段的教材种类、名称及使用情况。

一、小学阅读教材包

这里以Hughton Mifflin出版集团的小学《阅读》(2001年版)为例，介绍小学语文教材及其教学资料和技术配备情况。

这种教材共有6套，分别供1～6年级学生使用。每套教材装在一个大大的敞开着的彩色纸盒里，分层次摆放着，各类书本大大小小，高高低低，错落有致地摆满一大盒子。整套教材包由七种类型的资料组成。

1. 教师的教学用书系列

这个系列里面包括六类可供教师使用的资料。一学年使用的教材包含十个主题，分为五册，纸张质量相当好，彩色套印，图文并茂，1年级教材还考虑到与幼儿园衔接的阅读，“标准”和“学习策略”是教材关注的重点。

(1)教师用书

教师用书精美，内容可谓包罗万象，既包括学生用书的全部内容，从课文到练习，一应俱全，还设置了每课的学习目标、教与学的策略和知识要点，针对不同层次学生的特殊情况，给定不同的作业或问题；同时，那些与教材配套的教学资料，如练习、评价手册等在什么时候用、怎么用，都作了具体指导和说明。教学用书不仅资料详尽，而且提供技术手段，教学内容齐全，教学手段清晰，教学方法指导明确。一本

[1] 郑旺全.美国中小学教科书概况[J].课程·教材·教法，2004(3).

教师用书基本上能够应付课堂教学所需要的知识、能力与技术手段。

（2）教师评价手册

评价手册主要评价学生在课堂学习中知识与技能掌握情况，以练习与问题的形式呈现。

（3）各类 CD-ROM

其中包括课程教学计划 CD、获得阅读技能 CD、自然拼读法 CD、学习者文件夹 CD、阅读教学技术 CD、学生文选 CD 六个项目。

（4）孩子早期阅读成功指南

为了满足《不让一个孩子掉队法案》要求，为孩子获得早期阅读成功而进行的阅读干预项目指导，一共七本，构成系列阅读图书。

（5）激发兴趣的读物

这套小书一共 10 本，用彩色套环装订在一起，也可以自由地拆开阅读。这些是图文并茂的阅读材料，可以激发学生的阅读兴趣。

（6）大书

这是一套类似于挂历的图画书，很厚，图画与词语、句子相配合，使学生能够把课堂上学到的阅读知识与技能运用到阅读实践中来。

2. 满足个人需要系列

这套书考虑到满足不同层次学生的需要。美国是一个多民族的移民国家，由于语言文化背景不同，学生的兴趣与语言程度不尽相同，另外，不同的孩子，其天赋与个性也有很大差异，所以出版社专门为那些语言学习者（第一语言非英语）和天才学生准备了不同的阅读材料与评价练习。

（1）英语语言学习者手册

这是为英语语言学习者准备的学习手册。整个小学阶段，只有 1 年级教材有配备。

据统计，在美国，从学前班到6年级的学生当中，几乎有2/3，即超过210万的各个年龄层次的英语语言学习者。这些英语学习者有着不同的语言文化背景，这就需要教给他们明确的英语语言结构知识。这本书针对学生的不同情况，明确规定每天学些什么内容，学多少。对学生需要掌握的词汇、上课需要准备的材料、具备哪些信息技术和学习技巧，达到什么样的目标，都有明确的解说。同普通学生使用的教材一样，该书分十个专题编排，每个专题的教学时间是3周，练习题都附在书本后面。

（2）挑战手册

这套手册是专为那些天赋和水平层次很高的学生（这些学生已经具备了广泛的文学体验和阅读技巧）准备的学习材料，利用活动来挑战学生，运用交互式、富有意义的方式进行高层次的思维活动。教材按照专题划分单元，共10个专题，每个专题3周教学时间，每周5天的教学计划，每天做什么，所需要的材料，要达到的结果，手册中都作了明确规定。

3. 教学技术与策略系列

这里面包括教师课堂教学需要用到的教学材料与策略。

（1）教师版自然拼读法 / 解码策略

按照从左到右的顺序看字母；

想一想字母的读音；

把各个读音混合起来去读词；

问一问自己：这个词我认识吗？它有什么意义？我在读着什么呢？

（2）教师版透明胶片

这是教学时需要用到的幻灯片，不仅有教学指导，还有评价练习一类的内容。

4. 学生独立完成的练习

（1）练习册

教材配备的这些练习，以一种半活页纸的形式呈现，教师可以撕下来，复印给学生使用。美国学生的作业多半是活页文件夹形式，他们的练习也多半称为评价，所以对他们平时学习绩效的评价运用的就是“文件夹评价”。这里设定的每项练习，都得写上姓名，对评价要点、得分细则都作了清楚的指导。

（2）自然拼读法图书馆

1 年级学生处于识字阶段，需要运用自然拼读法的形式，把词语的读音与符号联系起来。美国的识字教学所运用的策略方法就是“自然拼读法教学”。这是“阅读第一”项目中规定的、基于科学研究的一种教学方法。

（3）我爱读书

这是为学生实践和应用自然拼读法技巧准备的阅读资料，教师无须再另外寻找材料供学生实践。

5. 革新技术

这里所提供的资料反映着美国语文教育的最新研究成果。

（1）字母、词和图画卡片

把字母和词用图画的形式对应起来，与我们的看图识字类似。

（2）写作资源中心

这里倡导一种读写理念：

在哪里成为成功的读者，就会在哪里成为成功的作者。（Where successful readers become successful writers.）

学会阅读，就是学会写作。刚刚读 1 年级的学生就开始接受读写结合、相得益彰这种观念的熏陶。

（3）读音 / 拼写卡片

（4）字母朋友

根据字母特征，运用生动活泼的形式培养学生音位意识和自然拼读法。

6. 综合评价

（1）基准小组测试。

（2）综合主题测试。

（3）读写能力检查。

（4）综合测试。

前三本册子都是提供给教师平时检测评价学生学习情况用的，只有第四本综合测试为学生测试用书，学生人手一册。

7. 基于科学研究的项目指导

这里共有两本册子，它说明教材编写是在吸取最新科研成果的基础上进行的。该内容在本章第一节已作介绍，这里从略。每套教材都附有这两本小册子，让教师对整套教材编写系统有个完整概括的了解，便于使教学立足于科学研究的基础之上进行。

（1）以研究为基础的课程框架（A Research-Based Framework for Hughton Mifflin K ~ 8）。

（2）科学研究基础和项目效能（Scientific Research Base and Program Efficacy）。

以上是 Hughton Mifflin 公司出版的小学 1 年级《阅读》教材包所包括的内容和物件，其他年级教材包的情况也大致相同。

二、初中阅读教材包

下面以 McGraw-Hill 公司出版的 6 ~ 8 年级《聚焦文学》为例，介绍初中语文阅读教材包概况。

这套教材包一共 18 件，其中包括如下教材、资料和资源：

（1）学生教科书和教师用书各 1 本。

（2）教学基本知识资料。

这本资料为教师提供各类形式的活动和评价练习，目的在于提高学生在各个方面的熟练程度，其中包括以下内容：词汇、阅读理解、语法 / 技巧、拼写、写作活动、拓展活动、文件读写能力和家校联系。家校联系的目的是在家长与学校之间建立联系，让家长参与到孩子的教育中来。资料包里设计了同家长联系的各类方式及其卡片。

（3）操作绩效评价手册。

这是对学生学习行为与结果的评价。

（4）大声朗读：戏剧、诗歌和集体朗读。

（5）进步评价。

这是两本薄薄的小册子，主要集中在对以下两个方面的评价：一是阅读理解与文学体验，一是写作与修改。

（6）语法小课堂。

（7）文选与单元评价。

主要集中在对阅读技巧和策略以及词汇方面的评价。

（8）综合能力评价手册。

（9）写作和语言训练手册。

（10）中学教师发展指导手册。

这本教师发展手册是专为提高教师的教学水平准备的，有近 300 页。它从五个方面对教师的教学提供必要的理论指导。

一是我们的学生、我们的教学和我们的学校。让教师充分了解今日的学生情况，了解学校概况，在此基础上解决教学的实际问题。

二是文学的作用。语文教师必须明确文学教育在语文教育中的地位和作用，明确了意义，再去进行教学，就不会盲目了。

三是教与学。明确教与学之间的关系，才能更好地从事教学。

四是评价。教什么，学生学到了什么，目标要明确，同时还要关注教学的成效与结果。这是美国语文教育中时常关注的问题。

五是课堂教学的组织与教学设计。怎样组织课堂教学、进行教学设计，如何进行文学教育，教师都可以从这里获得理论支持。

（11）思维训练图。

这套教材还专门配备了一本为阅读和写作设计的思维训练图手册，用图表的形式训练学生的空间逻辑思维能力。

（12）令人惊奇的小故事。

教材包里还配备了这本课外读物，供学生阅读。

（13）多种语言支持的学习资料。

这是针对美国学生语言文化背景复杂的特点编写的一本书，主要目的是提供课本中文选的其他语言翻译文本。比如，同样一篇课文的西班牙语、汉语（主要是粤语）、越南语和柬埔寨语等译文。

此外，还有分层考试测试题。这是专为 HBJ 阅读项目准备的测试，目的在于检测学生在阅读理解和上下文语境中的词汇发展能力，以便判断学生具有的适当的水平层次。

总之，这些资料包的内容基本上反映了出版社对最新教学研究成果的应用，同时也反映了美国语文教育的理念和指导思想。

三、高中阅读教材包

与小学与初中教材相比，高中教材包的内容和情况略有不同。下面以 Houghton Mifflin 出版集团的分公司 McDougal Little 出版的教材

《文学的语言》（2006 年版）为例介绍说明。

这套教材的文学领域包括 6 ~ 12 年级《文学的语言》，这里主要介绍 9 ~ 12 年级的普通高中语文教材包的内容。这套教材包的主教材包括《文学的语言》的学生版本和教师版本各一本。9 ~ 10 年级的版本名叫作《文学的语言》，11 ~ 12 年级则分别包括《美国文学》《英国文学》和《世界文学》。

这套教材有如下优点：

体验文学　《文学的语言》为学生提供与文本互动交流 / 对话的机会，分析他们所读的内容，享受阅读优秀文学作品的体验。

熟练精巧的教学　每一篇文选后面都附有一系列的学习技巧和策略，支持学生在此之前和之后的阅读，帮助他们在阅读与文学之间建立联系。

交互式的学习策略　批判性阅读、写作和思维策略交织、渗透在整个课本之中，以便提高学生的阅读理解能力，发展他们的写作技巧。

固定的文学分析　学生学会怎么分析各类体裁的文学作品，阐述一系列的文学主题，对他们自己的阅读体验进行分析。

灵活的过程评价　印刷格式和电子格式的评价同文选阅读整合在一起，以便学生学得更好，取得更大的成功。

世界文学读本　这是本套系列教材 2006 年的最新版本，它为学生提供来自世界各地的多样化的经典文学作品，让学生学会比较和对照不同的文化，并把这些文化同自己的生活联系起来，激发与培养学生的多元文化意识。

这套教材还包括一系列的辅助教材，其中语法和作文系列包括 6 ~ 12 年级的《语言网络》，词汇 / 演讲 / 新闻系列包括 6 ~ 12 年级的《词语技巧》、9 ~ 12 年级的《演讲交流的本质》和 9 ~ 12 年级的

《新闻导论》，此外，还配备一系列的专业课程的文学作品选读，为读者提供各个时期美国、英国和世界其他地区的经典作品，等等。从这里可以看出，美国高中语文教育强调文学阅读鉴赏与语言表达及写作训练并行不悖，语言训练和文学熏陶则是美国语文教育不可偏废的两个重要方面。

与本套教材匹配的《教师资料包（9 ~ 12 年级）》，则为教师和学生提供了文学阅读体验与评价所需要的全部工具。其包括如下项目：

（1）资源管理指导

（2）单元学习资料

（3）正式评价

（4）教师评价和文件夹使用指导

（5）综合评价

（6）教学计划指导

（7）写作透明胶片

（8）语法透明胶片

（9）词汇透明胶片

（10）交流和美术作品透明胶片

（11）文学分析透明胶片

（12）阅读和批判性思维透明胶片

（13）英语学习者 / 西班牙语学习指导

（14）英语学习者 / 教师语言发展资料书

（15）职业发展和计划指导

（16）在线课程策划者指导

在美国，教师在课堂教学中使用的幻灯片透明胶片都是由出版社统一制作并出版发行的，教师不必自己动手去做。这些教学辅助资料，无论是从胶片的质量，还是科学研究和技术含量方面都比教师自己制作的要高得多。

从以上所列各阶段的教材包情况来看，美国语文教学并不是杂乱无章、任由教师随心所欲地发挥，教学依赖于教材，立足于课程标准，而教材编写依赖于科学研究成果。在很大程度上，这说明美国教师是教材的消费者和使用者，真正建设教材、将最新研究成果推广应用到课堂教学中，并且物化为教学策略与技巧的则是教材编写者。

第三节 语言及写作教材概况

在美国，一方面，语言学习成为语文教育的核心与基础，学习并掌握语法和篇章结构等语言基础知识，培养语言能力，养成有效的听、说、读、写能力则成为语文教学的目标；另一方面，教学写作技巧，培养写作能力也是语文教育的重要任务。语言教材和写作教材则是培养语言能力的两大阵地。

如果说阅读教材是进行文学阅读、提升学生阅读理解与表达交流能力的主要依据的话，那么写作教材及语言教材则为培养这些能力提供技巧策略与方式方法，它成为提高学生语言能力的一个切实有效的工具。本节着重介绍这两类教材的编写体例与教学内容的编排情况，展示美国语文课堂教学如何处理写作与语言教学等内容。

一、语言教材

美国语文教学重视语言能力的培养，有其自身的原因。首先，是由英语语言特点决定的，英语属于拼音文字，因此语法及词源等知识显得相当重要。其次，是由美国国情决定的，美国移民多，若要这些来自不同语系的新老移民很快地掌握英语学习技巧与能力，他们必须对英语语言结构及其句子篇章结构等知识有一个清晰的认识。因此，语言知识便成为教学的内容。最后，这是由美国语文教育理念决定的，他们认为，书面与口头表达能力（即沟通交际能力）是一个人立足社会、成就事业的重要基础。

美国中学语文的语言教材到底有哪些内容？他们以此为依据为学

生提供怎样的教学？下面我们来看 McDougal Little 公司出版的《语言网络》6 ~ 12 年级教材安排的教学内容。

6 年级

语法、惯用法和技巧

第 1 章　句子及其成分

第 2 章　名词

第 3 章　代词

第 4 章　动词

第 5 章　形容词和副词

第 6 章　介词、连词和叹词

第 7 章　主谓一致

第 8 章　大写字母

第 9 章　标点符号

必要的写作技巧 / 写作研讨

第 10 章　写作过程

第 11 章　建构句子

第 12 章　建构片段

第 13 章　组织片段

第 14 章　建构作文

第 15 章　修饰

第 16 章　修改句子

第 17 章　有效的语言

第 18 章　个人经历的文章

第 19 章　描写一个地方

第 20 章　文学反应

第 21 章　过程描述

第 22 章　解决难题的文章

第 23 章　观点陈述

第 24 章　短故事和诗

第 25 章　研究报告

信息时代的交际

第 26 章　查找信息

第 27 章　学习与考试技巧

第 28 章　清晰的思维

第 29 章　听说技巧

第 30 章　检查媒体

第 31 章　发展自己的词汇

7 年级

语法、惯用法和技巧

第 1 章 句子及其成分

第 2 章 名词

第 3 章 代词

第 4 章 动词

第 5 章 形容词和副词

第 6 章 介词、连词和叹词

第 7 章 口头语言和口头短语

第 8 章 句子结构

第 9 章 主谓一致

第 10 章 大写字母

第 11 章 标点符号

必要的写作技巧 / 写作研讨

第 12 章 写作过程

第 13 章 建构句子

第 14 章 建构片段

第 15 章 组织片段

第 16 章 组织作文

第 17 章 修饰

第 18 章 修改句子

第 19 章 风格和有效的语言

第 20 章 第一人称叙述

第 21 章 人物描写

第 22 章 阐述一首诗

第 23 章 原因和结果的文章

第 24 章 比较和对照的文章

第 25 章 提出建议

第 26 章 短故事和诗歌

第 27 章 研究报告

信息时代的交际

第 28 章 查找信息

第 29 章 学习与考试技巧

第 30 章 运用思维技巧

第 31 章 听说技巧

第 32 章 检查媒体

第 33 章 发展你的词汇

8年级

9 年级

语法、惯用法和技巧

第 1 章 语言成分

第 2 章 句子及其句子成分

第 3 章 运用短语

第 4 章 从句和句子结构

第 5 章 写出完整的句子

第 6 章 运用动词

第 7 章 主谓一致

第 8 章 运用代词

第 9 章 运用修饰

第 10 章 大写字母

第 11 章 标点符号

必要的写作技巧 / 写作研讨

第 12 章 写作过程

第 13 章 从句子到片段

第 14 章 从片段到作文

第 15 章 修饰

第 16 章 修改句子

第 17 章 风格和有效的语言

第 18 章 第一人称叙述

第 19 章 人物素描

第 20 章 文学反应

第 21 章 过程说明

第 22 章 比较与对照类文章

第 23 章 观点陈述

第 24 章 短故事

第 25 章 研究报告

信息时代的交际

第 26 章 查找信息

第 27 章 分析与评价思想

第 28 章 口头交际

第 29 章 了解媒体的作用

第 30 章 创造大众传媒

第 31 章 扩展你的词汇

第 32 章 准备考试

10 年级

11 年级

语法、惯用法和技巧

第 1 章 句子成分

第 2 章 运用短语

第 3 章 运用从句

第 4 章 运用动词

第 5 章 主谓一致

第 6 章 运用代词

第 7 章 运用修饰

第 8 章 大写字母

第 9 章 句末符号和逗号

第 10 章 其他标点符号

必要的写作技巧 / 写作研讨

第 11 章 写作过程

第 12 章 写作有效的片段

第 13 章 写作有效的作文

第 14 章 修饰

第 15 章 修改策略

第 16 章 风格的选择

第 17 章 反思文章

第 18 章 目击者报告

第 19 章 文学阐述

第 20 章 比较与对照类文章

第 21 章 商务实用文章写作

第 22 章 劝说辩论

第 23 章 短故事

第 24 章 研究报告

信息时代的交际

第 25 章 使用信息资源

第 26 章 评价信息

第 27 章 口头交际

第 28 章 劝说和媒体

第 29 章 创造媒体产品

第 30 章 扩展你的词汇

第 31 章 英语的历史

第 32 章 参加标准考试

12 年级

从上述目录大致可以看到美国初中与高中语言教学的全部内容。每册教材分为三个部分：第一部分，语法、惯用法和技巧，从这里学生将获得语法结构的知识及其句法结构的运用技巧；第二部分，必要的写作技巧，学生从中将得到系统的写作训练，从写作过程的知识开始，到文章类型、修辞手法的运用，再到形成自己独特的风格；第三部分，信息时代的交际，在这里，学生一方面学会查找信息、评价信息，获得口头交际能力的训练，学会评价思想和信息，进行有效的口头交际，另一方面了解大众传播媒体，学会分析其作用与意义，最后为各级考试做好充分的准备。

从上述目录来看，教学内容有很多重复之处，不同年级的单元内容名称相同，不过具体的教材内容是有差异的，在概念的界定和例句的选用，以及训练目标和要求方面，各年级之间还是存在着一定的难易区别。这也告诉我们，语言能力的提高是一个循序渐进的过程，在这个过程中，学生语言能力的增长如滚雪球似的螺旋式上升。总之，这套《语言网络》已经成为该出版社语文阅读主教材《文学的语言》的重要补充教材，为学生提供必要的语法、写作和交际方面的指导，以及相关的网络使用技术，为阅读教学准备了必要的知识体系，成为训练学生语言能力的一个很好的依托。

该套教材彩色套印，图文并茂，融概念定义、实例分析与学生实践为一体，显示出美国教材出版的雄厚实力。

二、写作教材

与《语言网络》教材一样，有系统、成体系的写作教材成为阅读教材必要的补充，成为阅读教学的辅助教材。

下面以 Holt, Rinehart and Winston（简称 HRW）公司出版的《写作要素》为例具体说明。这套教材初中阶段 6 ~ 8 年级共三册，分别称为导论课程、第一课程和第二课程；高中阶段共四册，分别称为第三课程、第四课程、第五课程和第六课程。

下面的表格是 6 年级的教材目录。

教授们的 指导文章	他们怎么敢? 像透镜一样运用体裁 满足标准和写作模式 模式 写作之乐 为学而教 多元智力和写作课堂 综合语言艺术 成为有策略的读者 多做少说:最先的美德的现实性 时间安排表 语言艺术课堂里的技术 对写作的直接评价
第一部分 写作	写作导论:魔法师的魔杖 写作手册:1. 写作和思维 2. 片段学习 写作目标:3. 想象文章:记叙文 4. 运用描写 5. 创作作品:记叙文 6. 写作通知:说明文 7. 写作劝说文章 8. 关于文学写作:说明文 9. 写作一篇报告:说明文 语言与风格:10. 写出有效的句子 11. 英语:起源与运用

第二部分 手册	语法：12. 句子 13. 语言成分（名词，代词，形容词） 14. 语言成分（动词，副词，介词，连词，叹词） 15. 介词短语 16. 补语 惯用法：17. 主语和动词的一致 18. 正确运用动词 19. 正确运用代词 20. 正确运用修饰成分（modifiers） 21. 惯用法总表 技巧：22. 大写字母 23. 标点符号 24. 标点符号 25. 拼写 26. 改正常见错误
第三部分 资源	27. 说话 28. 听话和观察 29. 图书馆 / 媒体中心 30. 字典 31. 词汇 32. 字母和字体 33. 阅读，学习和考试

以上是6年级《写作要素》的内容框架，6 ~ 12年级全套教材的编排体例相同，内容名称也大体一致，所不同的是，随着年级的升高，教学内容的难度逐渐加大，教材所运用的例句逐渐复杂，对语法与写作的要求也逐步提高。

《语言网络》和《写作要素》这两套辅助教材，在教学中都不是独立使用的，而是与同一家出版社的阅读教材配合使用，在进行文学阅读教学的同时进行写作和语法知识教学及语言技能训练，向学生传授必要的语言基础知识，训练其综合语言技能。主教材与辅教材有机地配合使用，阅读、写作与语法等教学内容融为一体，贯穿于语文课堂教学的整个过程。这些内容是如何有机地整合在一起，共同完成语文教学的任务，实现语言教学目标的呢？详细情况参见附录五弗吉尼亚州Pittsylvania县《8年级语文学年教学进度指导框架》。

第十章 语文考试及其评价

没有优异的公平是空洞的成就，没有质量的数量是未兑现的承诺。

——美国优异教育质量委员会

“考考考，教师的法宝；分分分，学生的命根。”教学与考试、学习与分数是两对不可分割的概念。考试是衡量学生学业成绩和学校教育质量的一个重要手段。在很多人谴责应试教育危害的今天，美国教育却竭力走着一条严格的考试评价之路。在美国，考试是常有的事情，每学年每学季，或者在相应的年级或年龄阶段都会进行各类考试，对考试结果的分析与公布已经形成严密的报告卡制度（Report Card）。与中国考试有所不同的是，美国的考试一般称为“教学 / 项目评价”，评价的目的是衡量学校教育质量和教师的教学水平，以及学生在相应学科领域里是否达到熟练程度，而不是仅仅看谁将成为考场状元。因此，在他们看来，分数就未必是学生的“命根”，并非只有考试成绩第一的学生才是优秀的。优秀学生除了成绩优异之外，还具备其他方面的优良素质，比如良好的沟通能力、交际能力、身体素质和个人品质，等等。美国大学招生录取，也并非只看高考成绩。为此，我们就不会对哈佛大学理直气壮地拒绝接收“高考状元”的事感到惊讶了。

美国语文教育有些什么样的考试评价？考试评价的目的是什么？评价结果有什么作用？本章将对美国语文教育的考试类型和试题项目等具体情况进行梳理和探讨，以期对我国语文教育评价有所启示。

第一节　语文考试及其评价概况

美国联邦制度决定了各州拥有教育的自主权，从教材的选择、课程的设置，到考试评价、人才选拔等方面都实行各州独立自治。不过，各州在教育方面的一些具体措施并非完全独立，互不相干，而是相互借鉴，共同促进与发展。各州的考试评价在名称上或许会有不同，但在考试类型和目的方面却是相通的，它们共同受制于国家教育法案，遵循着教育科学研究规律，实践与应用教育研究成果，因此美国各州的语文教育和评价存在许多共同之处。考试的重要目的，是检测学生是否在学，学到了什么。这与其课程标准解决的主题问题——“学生应该做什么”和“他们能够做什么”——是一致的。

对土生土长的美国人来说，英语是他们的母语，而对来自世界各地的移民来说，英语虽然不是他们的母语或第一语言，但是生活在美利坚的土地上，其工作语言是英语，因而英语学习与考试对所有的美国孩子来说，从幼儿园开始就伴随着基础教育的全部过程。美国的社会经济政治文化制度决定了美国教育的特殊性以及教育目标的独特性，美国的语文考试便也存在着自己独有的特点。具体来说，主要表现在以下六个方面。

第一，把阅读放在第一位，阅读考试伴随语文教育始终。

《不让一个孩子掉队法案》要求建立“阅读第一”项目，通过把阅读放在第一位来提高学生的读写能力。这就决定了从幼儿园开始直到高中毕业，阅读考试便伴随语文学习的全部过程。自从该法案签署并付诸实施之后，各州基本上都已经采取了早期阶段的语言艺术“准备评价”，为学生升入 1 或 2 年级的学习做好准备。从 2 或 3 年级开始，学生都将参加州标准考试，考试依据则是各州的课程标准。10 年级时，学生就可以开始申请高中毕业考试，如果一次不能通过，到 11 年级或 12 年级还必须参加同样的考试，直到全部通过为止。这些考试项目中，阅读是必考的项目和内容。不同的年级阶段，阅读的文本体裁或格式不完全相同，对知识点和阅读技能与方法策略的要求也会有很大差异。

总之，在美国人看来，阅读是学生获得知识的重要途径，学会阅读就是学会生存。因而，对一个人来说，具备读写能力是非常重要的事情。

第二，阅读试题基本上采取标准化样式。

阅读考试主要考查学生对文本的阅读理解能力，以及对文学作品的分析和反应能力。综观州标准考试试题，我们发现，他们的阅读试题绝大多数采用标准化样式，学生在阅读完指定的文段之后，只要按照自己的理解选择正确答案就可以，不需要用文字表达对篇章的理解和感悟。虽然美国教育强调对学生批判性思维的训练，强调学生在阅读中的独特感悟，重视学生创造性的阅读，但是试题都以标准化选择题的方式呈现出来。为什么要用标准化选择题的方式检测语文能力呢？美国人有他们自己的看法。

他们认为，语言跟一个活的有机体非常相似，它不能像一个机器那样把各个零部件固定地安装到一起，而是经常变化着的。正像活的有机体一样，它的存在依赖于外物，在一定的社会中相互联系。语言是人们理解外部世界和内心世界的一套符号系统。语言本身不包含意义，语言的意义存在于语言发生的各种社会关系中。不同社团中的个体，依据他们所处的社会关系、个人历史和他们的集体意识来理解语言的意义。甚至仅仅为了理解一个词语的意思，人们必须考虑语言环境和他们同说话人与作者的关系。比如“家庭”这个词，人们经常会用到它，好像所有的社会成员对它的意义都已达成默契一样。其实不然。不管是在文化的，环境的，还是个人的不同语境中，这个词的所指都不尽相同。对一个四十岁的白人来说，父母带着两个孩子从伊利诺伊州搬家到缅因州，这里的“家庭”指的是核心家庭，即只包括父母和子女的家庭。而对不同文化背景中的其他人来说，比如非洲裔的美国人和亚洲裔的美国人来说，“家庭”这个词呈现在他们脑子里的形象便是祖父母、姑姑、叔叔、阿姨、舅舅、堂表兄弟姐妹之类家庭成员的集合。甚至从一个人口中传给另一个人时，语言的意义就已经发生了变化。因为附加于“家庭”这个词的意义相当依赖于人们自己在家庭或与之生活的家庭成员的经验。因此，不同的人要弄懂表面相同而实际却不相同的语言的意义，甚至同一个词，对同样的人，因为环境不同所指也会不同；同理，对同样环境中的不同的人，语言的所指也会不同。可见，个人要理解并弄懂语言的意义，需要依赖于他们所处的文化和个人生活经验，这里有很多复杂的问题，过去人们并没有严肃认真地去对待它们。为此，他们尝试着用标准化考试的形式，尽可能使语言对每个人都有同样的意义，希望通过这个“小心的假设”，让所有的学生从那些指导性语言中获得同样的意义，这也不失为一种进步。

对语言意义的这些考虑，并不是美国人故意耸人听闻。在一定程度上，这是由美国社会文化特征决定的。作为移民国家，多民族的融合必定带来语言文化的多元化特征。阅读试题的标准化，或许可以使学生对语言文字的解读更实用更直接更有效。当然，这种标准化测试，也使得美国语文教育中那些死记硬背的东西更少一些。

实际上，语文考试的标准化试题并不是先进的考试样式，它无法测量学生实际的语言表达能力。为此，有些州的语文标准考试中也增加了适量的开放性问答试题，要求学生阅读完一个片段之后，按照要求回答问题。比如，马萨诸塞州 2004 年春季州标准考试 3 年级阅读试题中有这样一道开放性试题：

用你自己的语言描绘《贝多芬第九交响曲》在第一次演奏中发生的事情，你的答案中至少应该包括四个方面的重要细节。

其他州的语文考试中也出现了类似的开放性问答题，旨在提高学生的书面表达能力。今天，美国大学入学 AP 课程考试中，语文科目的语言与作文、文学与作文两项考试，完全采取问答题的形式，没有标准化选择题。

第三，以能力测试为主，兼顾知识技能的考查。

翻开美国部分州的语文阅读试题，我们发现其中有不少试题是对基本知识要点的判断与鉴别。这些知识要点不需要学生死记硬背，只要学生能够理解，具备一定的技能与技巧，学会辨别就可以答题了。

美国语文教学比较重视知识的传授，在他们看来，“知识就是力量”这句话很有生命力。那些能够生成知识和能力的基础知识是必须要掌握的。比如，美国语文教材对文学体裁名称以及语言与文学方面的术语都进行了系统的梳理，分年级安排在教材之中，课堂教学中教师将会教给学生这些术语和知识，词汇教学也会涉及词源等知识。

第四，考试评价的目的，是为了检测学生是否达到熟练程度。

基础教育阶段的读写考试结果以分数呈现，分数是用来衡量学生是否达到熟练程度的标志。比如，印第安纳州 3 ~ 10 年级学生需要参加印第安纳州教育进步考试（ISTEP+，即 Indiana Statewide Testing for Educational Progress），其中英语语言艺术考试项目及数据情况如下：

考试项目	题目类型	学生得分	达标分数	强 / 弱情况	州平均得分
阅读词汇	多项选择题	63	82	— 19	95
阅读理解	多项选择题	50	47	3	58
文学反应与分析	多项选择题	85	87	— 2	84
写作过程	多项选择题	82	63	19	78
写作应用	多项选择与开放题	47	50	— 3	49
语言规范	多项选择与开放题	87	85	2	84

（资料来源：Guide to Test Interpretation，Fall 2005 School Year 2005 - 2006，2005 by State of Indiana Department of Education and CTB/McGraw-Hill http://www.doe.state.in.us）

如果学生的考试分数达到“达标分数”，就表明学生在这方面的知识和能力达到了州课程标准的熟练程度，可以进入下一阶段的语文学习。这里每一个考试项目的成绩不能相加，不可以取综合平均得分，比如阅读词汇如果只有 63 分，距离基本要求的 82 分还差 19 分，而写作过程则比规定分数超出了 19 分，但是这两个分数不可以随意调整然后取平均数。如果不能达到这个熟练程度，还必须继续留在本年级学习，参加“阅读 180”训练，直至达到本年级的熟练程度要求。

再比如，加利福尼亚州 2 ～ 11 年级标准考试的分数共分为五个等级，分别是远离及格、低于及格、及格、精通和优秀。学生只要达到 300 分，就可以满足标准要求，低于 300 分的学生就得参加“阅读 180”的阅读干预项目训练。

加利福尼亚州语文标准考试成绩等级分布

年级	远离及格	低于及格	及格	精通	优秀
2	150—261	262—299	300—349	350—401	402—600
3	150—258	259—299	300—349	350—401	402—600
4	150—268	269—299	300—349	350—392	393—600
5	150—270	271—299	300—349	350—394	395—600
6	150—267	268—299	300—349	350—393	394—600
7	150—262	263—299	300—349	350—400	401—600
8	150—265	266—299	300—349	350—394	395—600
9	150—264	265—299	300—349	350—396	397—600
10	150—262	263—299	300—349	350—391	392—600
11	150—258	259—299	300—349	350—395	396—600

（资料来源：Performance Level Tables for the California Standards Tests and the California Alternate Performance Assessment， California Department of Education）

在美国人眼里，一个真正优秀的学生必然具备多方面的良好素质，比如良好的沟通能力、健康的体魄、优秀的个人品质，以及挑战自我的勇气，等等。一个学生是否优秀，需要考查其整体素质，至于考试成绩，只要达到规定的分数即可。

第五，考试及其评价机构独立于教学机构。

在美国，考卷的制作是一项系统工程，需要一支强大的专业队伍来完成，州教育部门不可能长期配备这样一大批高级专业技术人员，因此几乎没有一个州是由教育厅自己单独命题制作考卷的。一般情况下，出版机构的考试公司根据各州课程标准为其特别制作试卷，或者州教育部门购买全国通用考卷，或者在现有通用考卷基础上，由考试公司为某州进行改制。例如，纽约州的标准考试试题就是由全国四大考试公司之一的 CTB 麦格劳－希尔（McGraw-Hill）公司提供的。阅卷评分以及对试卷的量化分析也基本上由考试公司完成。至于对考试结果的分析与评价，各州设有专门的评价小组，国家也有专门的评价机构，比如国家教育进步评估（the National Assessment of Educational Progress，简称 NAEP）、国家教育目标小组（The National Education Goals Panel，简称 NEGP），还有专门的阅读小组、国际阅读协会（the International Reading Association，简称 IRA），等等。

国家教育目标小组，是联邦政府监控国家和州的教育进步是否朝向国家教育目标的一个独立执行任务的分支机构。不过，只要看一下这个小组的人员构成，我们就可以了解其性质。国家教育目标小组由八位州长、两位联邦政府阁员（一位是总统内阁事务助理，一位是联邦政府教育部长）、四位国会议员、四位州立法委员（同时也都是国会议员）组成。可以说联邦、州两级政府的教育决策者和最高管理者尽在其中。但这个小组对教育的监控与干预并不是依靠行政手段，而是借助法律的名义行使职权，承担一系列的责任，以便支持系统的教育改革，他们所承担的责任包括以下四个方面：

报告国家和州在十年期限内朝向目标的进步；

建立高质量的学术标准和评价体系；

鉴定联邦、州和地方政府所采取的各项行为；

建立一种为了达到教育目标，国家和两党所能支持的一致意见。

比如，国家教育目标小组在对 1998 年的阅读与写作考试成绩进行分析，得出下面两组数据。

1992 年与 1998 年的阅读成绩中，学生成绩在达到熟练程度及以上的百分比为：

年级	1992 年达到熟练程度及以上的百分比	1998 年达到熟练程度及以上的百分比	进步情况
4	29%	31%ns	⟷
8	29%	33%	↑
12	40%	40%	⟷

1998 年写作成绩达到熟练程度及以上的学生百分比为：

年级	达到熟练程度及以上的百分比
4	23%
8	27%
12	22%

通过各级各类形式的考试评价，衡量或监控教育质量，运用数据说明教育目标的实现程度，以此制定相应的教育改革措施，把握课程改革的方向和力度，这正是美国教育评价的核心任务。

第六，联邦政府对教育质量与教育效率的关注，与绝大多数美国人的期望值一致。

1983 年 4 月，国家教育质量委员会发表了《国家处在危险中：教育改革势在必行》的报告，深刻揭示了美国教育的严重问题和面临的严峻挑战。报告发布后，教育质量与教育效率问题成为公民关注的焦点。自 80 年代以来，提高教育质量，特别是公立学校的教育质量成为教育改革的重要特征之一。1982 年盖洛普民意测验显示，大多数美国人（84%）认为教育是美国未来实力的主要基础，他们甚至认为，教育比建立最好的工业体系或最强大的军事力量更重要。他们还认为教育对个人未来的成功是极其重要的，公共教育应该是联邦追加拨款最优先考虑的对象。“美国公众把教育的重要性理解为：教育是美满的生活、进步和文明的社会、强大的经济和安全的国家的基础。”[1] 至今，我们从各州的课程标准及其相关的教育理念中，都可以读到美联邦民众对教育的高度期望值。

2001 年布什总统发布的《不让一个孩子掉队法案》就明确指出，我们今天所走的是“一条关注结果的教育改革之路”，这与美国教育提倡实用主义的观念和今天的关注教育质量与效率的现实情况相一致。

［1］ 张维平，马立武 . 美国教育法研究［M］. 北京：中国法制出版社，2004.

第二节　语文的考试及评价类型

通过观察我们发现，美国语文考试类型与项目随着学生年龄或年级的不同而略有差异。与我们的语文考试相比，美国语文考试不是太少，而是太多，太频繁，也很正规，每次考试都实行严格的报告卡制度；从幼儿园开始就有早期教育评价，其后各年级有州标准考试，直到高中毕业和大学录取，学生都要参加各类不同考试。不同的时期，有不同的评价目的，评价要求也会不同。下面将按照考试类型分别进行介绍。

一、早期读写能力评价

1. 早期教育评价的目的

2001 年 1 月 23 日，美国新任总统布什向国会提交了《不让一个孩子掉队》的教育改革计划，这是布什上任的第一份立法动议。2002 年 1 月 8 日国会通过这部法案。这部法案第二部分实施要点的“政策”项目提出两条重要的措施。

一是缩小成绩差距。

实行成绩责任制与高标准，要求州、学区和学校必须保证所有学生包括处境不利学生达到较高的学业标准。

对学生的年度学业进行评估。年度阅读和数学评估将使家长得到他们需要了解的信息，让他们掌握孩子在学校的表现以及了解学校的教育水平。进一步地说，年度统计数据是衡量学校是否得到不断改善的重要工具。在充分规划和实施的情况下，每个州可以选择和设计它们需要的科目进行评估。此外，4 年级和 8 年级学生将参加阅读和数学

“国家教育进步评估”测试，评估小组对各州抽样学生进行年度评估。

二是通过把阅读放在第一位来提高读写能力。

首先，注重最初年级的阅读教育。如果州实施定位于 K ～ 2 年级科学研究的综合阅读项目，那么在新的“阅读第一”项目下就可以获得资金援助。

其次，对学前儿童进行阅读指导。参加“阅读第一”项目的州将可能选择获得另一个项目的资助，即新的“早期阅读第一”项目，在学前教育包括先期教育中心，开展以研究为主的“阅读前方法”实验。

他们为什么如此重视阅读，强调“阅读第一”？因为美国有“太多的儿童不能阅读。对于教育改革而言，阅读是基石，是基础”。《不让一个孩子掉队法案》还明确指出：“今天，将近 70% 的城区 4 年级学生在国家阅读测验中未达到基本的阅读水平。”在美国人看来，有“三百多万英语熟练程度有限”的学生，数量不可忽视。因此，政府通过立法的形式对教育进行干预和影响，借助法律的名义对各州教育起到统率作用，“把阅读放在第一位”便成为各州教育评价的起点。“把阅读放在第一位”明确提出，从幼儿园到 1 或 2 年级的阅读教学，成为教育的关键时期；对阅读教学的评价则成为小学阶段的一个重头戏。

幼儿园（K 年级）是美国小学的起始年级，各州语文课程标准就是从 K 年级开始实施的，K ～ 1/2 年级则称为早期教育阶段。

按照《不让一个孩子掉队法案》，把阅读放在第一位，在 K ～ 1/2 年级阶段对学生的读写能力进行评估，使学生做好学习的准备。读写能力，除了阅读与写作能力之外，还包括更广泛领域里的与语言有关的各项活动能力。读写能力不仅仅是技巧问题，它还包括更多的社会和个人的因素。

各州都进行早期教育评价，语文学科着重评价读写听说等语文能力，通过教师的观察，以学生的学习和作业为基准进行检测。不同的是，各州评价年级范围略有差异，比如南卡罗纳州和加利福尼亚州的早期教育评价对象是 K ～ 1 年级，印第安纳州是 K ～ 2 年级，而佐治亚州则只对幼儿园（K 年级）学生进行评价。各州早期教育评价的形式和名称尽管不完全相同，但是目的基本一致，都是为学生顺利地升入下一个年级的学习做好准备，为今后的语文学习打下良好的基础。

2. 部分州早期教育评价举例

（1）纽约州：早期读写能力文件夹

纽约州早期教育评价定名为“早期读写能力文件夹”，是对儿童作为读者、写者、听话人和说话人的读写能力的全面评价。从笔者搜集有关资料来看，该州早期教育评价体系已经建立并且相当完备，它不仅规定了评价的维度和内容，而且评价的工具和方法也已基本齐备，甚至连评价需要的表格都已经完全准备妥当。

早期教育的评价操作者是教师，教师通过观察与记录学生的学习与作业情况，比较全面地掌握学生的学习状况。该州对学生早期教育评价集中在阅读、写作和听 / 写三个方面，建立了一套完整的评价体系，出版了《早期读写能力文件夹》，从听说读写方面具体地考查学生的语文学习能力与潜力。“早期读写能力文件夹”是一个评价项目，主要用于对学生在读写能力发展的各个方面——阅读、写作、说话和听话——取得进步情况的评价。围绕州英语语言艺术学习标准，侧重于评价以下四个方面的能力：

1）获得信息和理解能力。

2）文学反应与表达能力。

3）批判性的分析与评判能力。

4）社交与沟通能力。

为了更好地实施早期评价项目，该州制定出版了专门针对 K ~ 3 年级学生的《早期读写能力指导手册》，从以下三个方面对教师的评价过程与行为进行指导：

1）早期读写能力。

2）以证据为基础的教学实践。

3）满足语文课程标准的策略。

早期教育评价的目的是为小学年级的学习做好准备，其作用具体表现在这样三个方面：

1）支持学习。

2）指导教学。

3）用于绩效责任的目的。

“早期读写能力文件夹”由教师实施，它是一套标准化的任务，要求教师在课堂上完成，在每年的十月和五月份搜集数据信息，用来评估学生的学习进步情况及发展幅度。

该州“早期读写能力文件夹”包括五部分的内容：

1）阅读证据。

2）写作证据。

3）听话 / 说话证据。

4）诊断手段（工具）。

5）各类相应的表格。

前三项主要提供评价的维度，是评价的具体内容。每一项内容都有具体的评价细则和要求，主要检测学生的读、写、听、说能力。

下面以“阅读证据”为例，介绍早期阅读评价的具体操作和实施情况。

如何评价学生已有的语音词汇知识与能力？可从以下五个方面展开：

1）组韵意识。

2）小写字体字母的辨认。

3）字母—读音对照。

4）拼写。

5）高频词汇的识别。

运用这些诊断工具来评价学生的音位意识、字母知识、形音知识，以及对高频词汇的识别能力。

如何检测和评价学生的阅读潜能？可从以下三个方面展开：

第一，对阅读样本的分析，包括流利和理解两个方面。

第二，学生作为读者，通过他们的阅读范围和阅读体验的列表来提供相应的证据。

第三，通过阅读反应，提供学生理解和分析文本能力的一些附加信息。

根据学生的阅读范围所反映出来的阅读进步的连续性，把学生分为四种不同阅读阶段的读者：

新手读者——初级与高级

初级读者——初级与高级

独立读者——初级与高级

有经验读者——有经验和很有经验的

还可以从文本的难易程度、阅读策略和理解能力方面考查学生的阅读进步情况。

下面三份表格是纽约州早期教育“阅读证据”评价的部分内容，其中表1通过了解学生的阅读情况，由教师作出评论，反映学生的阅读状况。表2比表1的内容稍微复杂、具体一些，这里既对学生的阅读情况进行横向了解，又搜集学生阅读的范围和数量情况。表3是在教师的指导下，引导学生对所读文本进行反应，给好朋友写一封信，讨论文本的有关内容和思想，以及自己对文本的态度和评价。这样不仅可以检测学生的阅读理解程度，而且可以检测学生的写作能力状况。

表1　阅读列表

（学生名字）__________的阅读列表

秋季 / 春季

标题：______________________________

作者：______________________________

文本类型：　□虚构　□非虚构　□诗歌

我读这本书	**阅读这本书是**	**我的观点**
□ 独立	□ 容易	□ 我不喜欢它
□ 与成人一起	□ 正好	□ 还不错
□ 与父母或小组一起	□ 很困难	□ 我喜欢它
		□ 非常喜爱

评论：

____

____

____

____

____

表 2　阅读列表

日期		标题与作者	文本类型（虚构、非虚构、诗歌等）	我读这本书：			读这本书是：			我的意见：				评论
				独立	与成人一起	与同伴或小组一起	容易	正好	困难	不喜欢	一般	好	很棒	
1														
2														
3														
4														
5														

表 3 阅读反应

选择一本你已经阅读过的书，给你的朋友写一封信，跟他谈论这本书的内容。

在这封信里：

- 告诉你的朋友这本书讲了什么内容。
- 跟他讨论你喜欢或不喜欢的一个部分。
- 告诉你的朋友，你为什么喜欢或不喜欢这本书。

标题： ______________________________

作者： ______________________________

读这本书	我读这本书
□容易	□ 独立
□正好	□ 与成人一起
□很困难	□ 与父母或小组一起

今天的日期：__________

亲爱的__________：

____

____

____

____

____

真诚的__________

（你的姓名）

这三份表格正是教师评价学生早期读写能力的工具，思路清晰，目标明确，易于操作。

早期教育评价的最终目的在于为教学提供更多的信息与指导，从而促进和改变教与学的方式，提高教学能力与效率。评价与教学之间的相互关系，可以用下面这幅图来表示：

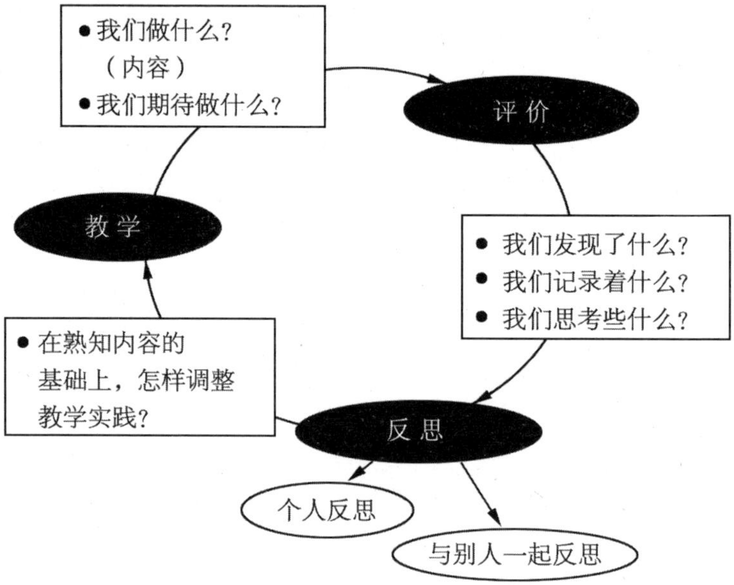

（资料来源：纽约州教育局促进早期教育文件夹实用指导）

（2）南卡罗纳州准备评价

南卡罗纳州教育质量在全美国位于前列。他们认为，早期教育评价具有双向目的：一是为教育决策者提供资料和信息；二是基于标准的教育测量，使学生顺利地升入 1 或 2 年级，继续学习。

2002 年南卡罗纳州已正式出版了《早期教育评价指导手册》，对 K ~ 1 年级的学生进行早期教育评价。评价项目包括个人与社会发展、语言艺术和数学三个领域。其中，语言艺术领域的评价主要集中在对儿童语言和读写能力技巧的考查，把握儿童对意义的理解和表达能力，具体地分为交际、阅读和写作三个方面。

通过在一系列的语言环境下，学生对语言、文字和文学的广泛体验，从而获得对语言艺术的精通。学生还将学会建构意义，并使之与他们的生活建立联系，逐渐地对他们所听到、观察到和读到的内容开始进行批判性的分析和解释。学生能够针对不同的听众和目的，开始进行有效的口头和书面交流。

所有这些评价都是建立在课程标准基础之上的。比如，南卡罗纳州幼儿园阶段交际领域的评价标准，包括四个要点：

1）从听话中获得意义。

2）听从指导去做一系列的活动。

3）清楚地说出和有效地表达思想。

4）为了达到多种目的，使用广泛的词汇和语言。

对每一个要点的评价都用具体的课程标准细则来衡量，而且这一系列的评价都依赖于一定的基本原理和理论基础，而不是任意的盲目的想当然的一种临时测评。

下面以“从听话中获得意义”为例，来看这项目评价所对应的相关课程标准及其理论基础。

与“从听话中获得意义”相对应的课程标准内容有：

表现出当某人在说话的时候，能够集中注意力去听，并且有礼貌，不去打断别人说话的能力。

表现出在会话与讨论中听出意义的能力。

表现出能够去听大声朗读的各种文学作品，并作出反应的能力。

表现出在大声朗读的故事中辨别人物和环境的能力。

继续回忆大声朗读过的文本中的细节内容。

继续认知非文字的资料的能力。

继续对大声朗读过的文本进行询问并回答问题的能力。

继续在非文字资料与自己的已有知识、其他资料和世界之间建立联系的能力。

继续在观察的基础上组织信息的能力。

继续通过建构类型来组织和分类信息的能力。

开始对会话和讨论进行归纳总结的能力。

开始学会倾听主要意思的能力。

开始对自己表达观点的内容作出预测的能力。

对学生听话能力的这些评价标准则是建立在如下理论基础之上：

通过看和听的渠道，小孩子很容易主动地进入对他们周围世界的学习活动中。五岁的时候，儿童就能够在同儿童或成人一对一的会话，参加小或大的小组活动，讲故事和看录像等不同的环境下，倾听出意义。通过肢体语言、目光交流和积极参与表现出他们的专注。通过提出问题、进行评论的方式，表现出对他们所听到的内容的理解。

下面再看 K ～ 1 年级学生阅读能力评价的细则和要求：

K 年级阅读评价要点	1 年级阅读评价要点
表现出对印刷品的概念的理解	表现出对阅读的兴趣和有关书本知识的理解
开始表现出音位意识	表现出对印刷品的概念的理解
知道字母、声音以及它们是如何构成词语的	开始表现出音位意识
对虚构和非虚构的文本进行理解和作出反应	对不熟悉的词语进行解码，使用不同的策略从文字中建构意义
	理解和阐释虚构和非虚构类的文本

K ~ 1 年级写作评价要点：

K 年级写作评价要点	1 年级写作评价要点
通过看图、口述和表演的形式讲述故事	运用写作策略来表达思想
使用字母、符号、词来表达意义	辨别并使用基本的文字和拼写规范
理解写作的目的	为不同的目的进行写作

以上每一项评价要点后面都有很多具体的细则和要求，清楚地说明具体要考查的是学生哪些方面的能力。这种评价工具针对性和实用性都很强，便于评价操作。

综上所述，美国语文学习从起始阶段就关注学生的语文生活，关注学生的交际能力与读写能力的发展状况，评价的最终目标是实现教育进步，使每个学生的阅读在 3 年级之前就能达到熟练程度。虽然各州早期评价共同遵守《不让一个孩子掉队法案》，但是各州情况并不完全相同，不仅评价的起讫年级有差异，而且这些评价都必须在各州语文课程标准内容与要求的范围之内，由于各州课程标准内容与目标存在不同程度的差异，因而评价的内容板块与方式也会有所不同。

二、州标准化考试

1. 标准考试概况

自从《教育处在危急中：教育改革势在必行》一文发表之后，美国人开始重视教育成效，不久后开始制定课程标准，明确规定学生应该知道什么、应该做什么。如何知道学生知道了什么、做了什么呢？唯一的检测手段就是考试。

《不让一个孩子掉队法案》在第三项“立法条款”“通过高标准和教学效能核定来实现平等”这一部分明确指出，“对 3 ~ 8 年级的每一个学生进行年度测评，并且保证每个孩子每年都能达到目标”。每年的阅读和数学测验将为学生的父母提供他们所需要的信息，让他们了解孩子在学校学习以及学校对孩子进行教育的情况；各州可以有充分的时间规划、设计、选择、实施与标准相适应的测试，同时对学生的成绩进行逐年比较。各州将用三年时间开发和实施测试，联邦政府将支付开发测试的全部费用。

以课程标准为基础，对所学课程进行最低能力水平测试，确保学生对本学科领域知识与能力的获得达到熟练程度，各州基于课程标准内容的标准考试，已经成为美国语文教育评价的重要方式。

迄今为止，美国各州都已实施阅读与数学的年度学业考试，以此检测学生是否在进步，学校教育质量是否在提高。这些考试都是建立在各州课程标准内容的基础之上，以课程标准的要求为目标。由于考试完全实行各州自主与自治，所以各州标准考试的名称、时间长度以及考试内容和具体安排都不尽相同。

例如，加州标准考试的对象是 2 ~ 11 年级所有公立学校的学生，即除了参加早期教育评价和 12 年级高中毕业考试之外的所有学生，包括残疾学生。不过，残疾学生单独参加考试，试题与普通的健康学生不同。纽约州从 1998 年开始对 4 年级和 8 年级学生进行标准考试，为满足《不让一个孩子掉队法案》要求，于 2005 年开始，将参加标准考试的学生增加为 3 ~ 8 年级所有学生。

由于各州课程标准内容不同，语文试题及测试的侧重点自然也很不相同。加州语文标准考试从词汇发展、阅读理解、语言规范和写作策略四个方面进行考查，另外，自 2001 年春季开始，还在 4 年级和 7 年级率先设立单独的写作标准考试；而纽约州则从阅读、听力和写作三个方面进行考查。由于纽约州考试项目与州立大学委员会考试保持一致，所以从 2006 年开始取消写作选项的独立话题的写作考试。

标准考试的目的是评价州课程标准在学校、学区和州范围内的实施情况，同时有助于学校检测其教育进步的有效性，以及本年度内学生的进步情况。评价建立在明确的州课程标准和核心课程之上，考试内容则是对课堂教学质量的检验。

标准考试每年举行两次，学校可以根据本校教学进度和准备情况，选择一次恰当的时间参加考试。考试的制卷与评分工作则由考试公司来完成。例如，1998 年以来，纽约州考试就由 McGraw-Hill 公司的分公司 CTB/McGraw-Hill 提供服务，该公司在全国范围内为几千个学校学区提供评估和评分服务。

另外，语文和数学考试时间不是同时进行的，这样便于学生为某一学科考试做好充分的准备。比如，纽约州 2005 年 3 ~ 8 年级的语文标准考试安排在 2 月份，数学考试则安排在 5 月份，2006 年的语文考试安排在 1 月份，数学考试则安排在 3 月份进行。

标准考试无论是时间的安排还是试题的设置，都充分考虑学生的实际情况，在某种程度上减轻了学生的学习负担；同时，由于标准考试是为了控制学校教育质量，检测学生在学科领域的学习是否达到熟练程度，而不是为了选拔和甄别，所以尽管美国学生考试多，但心理压力却很小。

2. 州语文标准考试举例

前面已经提及，美国教育实行州自治，各州标准考试时间与学科内容甚至考试项目都有很大的差异性。下面以加利福尼亚州和纽约州为例，介绍语文标准考试的具体情况。

（1）加利福尼亚州读写标准考试

加州语文标准考试对象为 2 ~ 11 年级公立学校的所有学生。考试基准为加利福尼亚州语文内容标准。其标准主要分为阅读和写作两大板块，阅读部分包括“词汇分析、流利和系统的词汇发展”“阅读理解”和“文学反应与分析”三个部分，写作部分包括“书面和口头英语规范”和“写作策略”两个部分。标准考试的试题将涉及这两大板块、五个方面的内容，试题以标准化选择题的形式出现。

翻阅加州标准考试试题，我们发现，考题的设置严格围绕课程标准进行，除了不易用多项选择题的方式出题考查，以及超出年级水平的内容，其余条款都在考试范围之内。制卷者很慎重地考虑每一道试题的设置是针对哪条课程标准，在发给教师的教学指导手册与试卷分析中都作了明确而具体的说明。

标准考试结果有多种用途。对学生而言，主要检测学生在语文读写方面是否达到熟练程度；对学校而言，考试成绩直接衡量学校的教育质量和教师的教学水平。如果一所学校在标准考试中没有进步的话，将会受到帮助或惩罚。

为了达到“熟练程度”这项指标，美国的学校教育几乎成了一种应试教育。我们在加州尔湾学区参观考察时发现，无论是优秀学生聚集的快班，还是上一年度没有通过标准考试而需要进行阅读补习（Reading 180）的班级，教室内都贴满了加州语言艺术内容标准，而且黑板上的家庭作业竟然就是熟悉、记忆某一条的课程标准内容。可见，在美国，教育质量、学校等级同样需要通过考试成绩来体现；考试是每个年级每个学生都无法逃脱的枷锁。在加州，这样的考试每年都在进行，为升学提供成绩依据。

下面这份表格显示的是加州 2 ～ 11 年级标准考试范围及其问题的分值分配情况。

加利福尼亚州语文标准考试问题数目与分值分配表

年级	阅读						写作				总计	
	词汇分析、流利和系统的词汇发展		阅读理解		文学反应与分析		书面与口头英语规范		写作策略			
	问题数目	分值比率	问题数目	分值比率	问题数目	分值比率	问题数目	分值比率	问题数目	分值比率	问题数目	分值比率
2	22	34%	15	23%	6	9%	14	22%	8	12%	65	100%
3	20	31%	15	23%	8	12%	13	20%	9	14%	65	100%
4	18	24%	15	20%	9	12%	18	24%	15	20%	75	100%
5	14	19%	16	21%	12	16%	17	23%	16	21%	75	100%
6	13	17%	17	23%	12	16%	16	21%	17	23%	75	100%
7	11	15%	18	24%	13	17%	16	21%	17	23%	75	100%
8	9	12%	18	24%	15	20%	16	21%	17	23%	75	100%
9	8	11%	18	24%	16	21%	13	17%	20	27%	75	100%
10	8	11%	18	24%	16	21%	13	17%	20	27%	75	100%
11	8	11%	18	24%	16	21%	14	19%	19	25%	75	100%

（资料来源：California Standards Test English–Language Arts, California Department of Education。这个规划蓝图由加州教育董事会于2002年10月09日正式采纳，并运用于加州标准考试）

在美国，写作成绩也越来越受到人们的重视，高中毕业申请大学时写作成绩必不可少。例如，加州大学 2006 ~ 2008 年的入学条件为加州成绩考试及其写作考试，或新的 SAT Ⅰ和 SAT Ⅱ两个不同学科的 2 次不同考试成绩。2005 年 1 月底以前，SAT- Ⅱ中专门设置 25 分钟的写作测试，2005 年 1 月进行最后一次 SAT- Ⅱ写作测试，以后的写作测试就包含在 SAT- Ⅰ的推理测试之中，SAT- Ⅱ则成为学科考试，语文学科只考文学。

加利福尼亚州写作标准测试则独立于阅读测试之外。2000 年 2 月，加利福尼亚州州长戴维斯（Davis）签署了一项法规：加利福尼亚州中小学标准考试中增加写作评价测试。2001 年春季，第一次在 4 年级和 7 年级两个年级进行写作标准考试。

虽然加州标准测试的阅读试题也涉及写作内容，但这些试题主要侧重于语言运用规范和写作策略两个方面，并且是以选择题的方式进行考查，还有独立的写作测试。

加州写作标准考试要求：为 4 年级和 7 年级提供写作实践标准。此项标准要求 4 年级学生写作四种类型的文章：记叙文、文章摘要、信息报告和文学反应；7 年级学生写作五类文章：记叙文、劝说文章、文章摘要、文学反应和调查报告。4 年级和 7 年级的记叙文写作不包括个人简介和自传。信息报告和调查报告的写作因为需要花费大量时间寻找证据，因此这两类写作不包括在考试范围内，其余类型都是标准考试应该检测的项目。

写作考试时间是一个小时，试卷满分为 4 分。成绩计分是取两位评卷人分数的总和。如果两位评卷人分数差距超过一分，则由第三人解决差距问题。

一年之内安排两次相同类型的写作考试，学校可以根据自己的准备情况选择恰当的时间参加。写作类型基本上是一年一换。2001—2005年举行的五次写作测试具体写作类型如下：

考试年份	4年级写作类型	7年级写作类型
2001年	文章摘要	文章摘要
2002年	记叙文	劝说文章
2003年	记叙文	文学反应
2004年	文章摘要	劝说文章
2005年	给定话题的记叙文	虚构类记叙文

加州写作标准考试中的作文试题均已曝光，下面我们来看几套写作真题。

2002年4年级写作要求是围绕给定的话题，写一篇记叙文：

想象一下，让你去保护大象一个星期，然后把你同大象之间相处的不平常的经历和体验写一则故事。

2003年3月18 ~ 19日4年级的试题是写一篇记叙文：

想象一下，当你正走出学校大厅的时候，听到一阵奇怪的声音，这声音来自你的教室。当你走进去的时候，却发现这奇怪的声音正来自一只看起来十分有趣的动物，它正坐在你的课桌上。下一步将会发生什么事情，请写一则故事。

与此同时，7年级的试题是写一篇文学反应：

阅读下面这篇文学作品《间隔的说话者》，阅读后写一篇文章。文章表达出你对人物和故事整体意义的理解和把握，用文中的例子或证据支持你的观点。

2004年5月11 ~ 12日7年级的写作考试要求写一封劝说信，写作话题是：

试想象，你的餐饮店经理正在考虑从菜单上取消所有的快餐项目，比如汉堡、比萨和法国煎饼。仔细考虑这个问题，然后给快餐店经理写一封信，劝说他或她接受你关于从餐饮店撤销所有快餐的观点。必须用具体的理由和细节来支持你的观点。

下面是2005年3月7年级的一道作文试题，要求写一则想象故事：

想象一下，你已经搬迁到海底下的一座城市里，第二天早上你就决定去探险。请写一则第二天即将发生的故事。

同年4月，7年级的考试作文要求仍然是写一则想象故事：

想象一下，你自己是一位艺术家，比如音乐家、作家、舞蹈家或雕刻家。有一天，你带着自己认为是最好的一件艺术作品从梦中醒来。请写一则关于这件艺术品的故事。

从以上作文试题来看，美国语文的写作教学注重对学生创造性思维的训练，重视培养学生的想象能力，同时要求学生关注具体可感的细节描写，注意情节发展过程的叙述。所有的写作类型要求都对应于本年级课程标准写作实践中的“体裁及其特征”要求。例如，4年级记叙文写作考试对应于如下标准：

2.1 写作记叙文：

a. 叙述对一个事件或经历的思考、观察，或记忆。

b. 提供一个语境，使读者能够想象事件或经历的情景。

c. 运用具体可感的细节。

d. 这个事件或经历为什么值得记忆，提供自己的洞察力。

总的说来，4年级学生能够讲述一个完整的故事，包括故事的开端、经过和结局；学生能够很好地组织具体的细节，保持清晰的思路，表现出对书面语言规范的熟练把握。有效的记叙文表现出一系列的写作技巧，比如描绘细节和对话等。

7 年级的文学反应写作考试，与之相对应的课程标准为：

2.2 写作文学反应：

a. 发展阐述能力，展现出细致的阅读、理解和洞察力。

b. 围绕文学作品清晰的思路、假设前提或想象组织结构，进行阐述。

c. 通过运用恰当的例子和文本证据进行合理的阐述。

由此可见，美国语文的写作测试与中国语文考试中的写作项目有很多不同，概括地说有以下几方面的差异。

第一，这里的写作采取单独考试，不与阅读混在一起。

第二，作文不规定字数和长度，而强调文章包含的思想、情感态度价值观，显示出批判性思维以及独到的见解与洞察力。

第三，不要求给文章加标题，所以美国学生的考场作文几乎不用标题。

另外还有一处不同，美国阅卷要求教师不仅提供答卷的得分，而且提供给予该份试卷这个得分的理由。教师的评语与学生的作文长度大抵相当，甚至比作文还要长。

这样的写作考试是一种求真务实、挑战思维的学习实践。

（2）纽约州读写标准考试

纽约州语文课程标准的具体内容，参阅本书第二章，这里从略。

他们认为，学习语文的目的是为了学习语言，而学习语言是为了达到四个方面的目的：

标准 1：为获得信息和理解而学习语言。

标准 2：为文学反应和表达而学习语言。

标准 3：为批判性分析和评价而学习语言。

标准 4：为社会交流而学习语言。

语言艺术标准考试则根据年级阶段的不同，分成两或三个时间段，分别从阅读、听力和写作三个方面评价学生的学习和掌握情况。

1）阅读

语文考试的阅读项目，要求学生阅读几个片段，这些片段代表各种不同的体裁。在每个片段阅读中，学生运用在课堂上获得的知识和技能回答阅读理解的问题，表达他们对片段文字的理解。

各年级试题都包含文学作品和信息文章的阅读片段。文学片段包括短故事、民间传说、诗歌，以及其他形式的文学作品；信息片段包括文章、传记或自传的摘录片段、散文，以及其他形式的信息文字。

试题中阅读片段的难易程度与体裁样式，跟学生在课堂上或家庭作业里阅读的各类材料相类似。这些精选的片段包含着适合本年级水平的词汇和文章内容。

2）听力

听力考试中，学生听一个片段，运用课堂教学中获得的知识和技能回答问题，这些问题主要检测学生对片段的理解能力。

听力片段也可以包括各种类型的体裁。3、4、6 年级的听力含有文学片段，包括短故事、民间传说、诗歌，以及其他形式的文学作品。5、7、8 年级的听力含有信息片段，包括文章、传记或自传的摘录片段、散文，以及其他形式的信息片段。

听力试卷上的材料与学生平时在课堂上阅读和听到的材料类似。材料中的词汇与内容都是经过精选的，适合该年级学生的水平层次。

3）写作

3、5、7 年级写作考试主要考查学生的语言规范能力，要求学生修改包含错误的语段。3 年级学生完成修改大小写和标点符号的错误；5、7 年级则修改大小写、标点符号、语法和惯用法方面的错误。学生需要辨别并改正其中的错误。

4、6、8年级学生被要求回答两个拓展延伸的问题，材料分别在阅读和听力选段里。对拓展延伸问题的回答在阅读和写作考试中都将获得分数。

由于州立大学委员会的英语考试中没有单独的写作测试项目，纽约州的考试项目与此保持一致，所以纽约州标准考试从2006年开始也取消了独立话题的写作测试项目。

纽约州的语文标准考试到底考些什么？具体的时间规定及项目设计如何？下面按照年级顺序以表格的形式作具体介绍。

3年级

项目	项目1 （卷1，阅读）	项目2 （卷2，听力/写作）	总计
题目类型	3～4片段（文学和信息语段） 20道多项选择题 1道简答题	1个听力选段（文学类） 4道多项选择题 2道简答题 1道修改语段题	4～5个选段 24道多项选择题 3道简答题 1道修改语段题
课程标准	标准1、2、3	标准1、2、3	标准1、2、3
考试时间	40分钟	35分钟（不包括朗读时间）	75分钟

4 年级

项目	项目 1（卷 1，阅读）	项目 2（卷 2，听力 / 写作）	项目 3（卷 3，阅读 / 写作）	总计
题目类型	4 ～ 5 片段（文学和信息语段） 28 道多项选择题	1 个听力选段（文学类） 2 道简答题 1 道拓展问答题	2 个语段（文学类和信息类） 3 道简答题 1 道拓展问答题	7 ～ 58 个选段 28 道多项选择题 5 道简答题 2 道拓展问答题
课程标准	标准 1、2、3	标准 2 综合评分（拓展问答题也有助于写作技巧的得分）	标准 3 综合评分（拓展问答题也有助于写作技巧的得分）	标准 1、2、3
考试时间	45 分钟	45 分钟（不包括朗读时间）	60 分钟	2 小时 30 分钟

5 年级

项目	项目 1（卷 1 阅读）	项目 2（卷 2 听力 / 写作）	总计
题目类型	3 ～ 4 个片段 （文学和信息语段） 20 道多项选择题 1 道简答题	1 个片段（信息语段） 4 道多项选择题 1 道简答题 1 道修改语段题	4 ～ 5 个片段 24 道多项选择题 2 道简答题 1 道修改语段题
课程标准	标准 1、2、3	标准 1、2、3	标准 1、2、3
考试时间	40 分钟	30 分钟（不包括朗读时间）	70 分钟

6 年级

项目	项目 1（卷 1 阅读）	项目 2（卷 2 听力 / 写作）	项目 3（卷 3 阅读 / 写作）	总计
题目类型	4 ~ 5 个片段（文学和信息语段） 26 道多项选择题	1 个听力选段（文学类） 3 道简答题 1 道拓展问答题	2 个语段（文学类和信息类） 3 道简答题 1 道拓展问答题	7 ~ 8 个片段 26 道多项选择题 6 道简答题 2 道拓展问答题
课程标准	标准 1、2、3	标准 2 综合评分（拓展问答题也有助于写作技巧的得分）	标准 3 综合评分（拓展问答题也有助于写作技巧的得分）	标准 1、2、3
考试时间	45 分钟	45 分钟（不包括朗读时间）	60 分钟	2 小时 30 分钟

7 年级

项目	项目 1（卷 1 阅读）	项目 2（卷 2 听力 / 写作）	总计
题目类型	4 ~ 5 个片段（文学和信息语段） 26 道多项选择题 2 道简答题	1 个听力选段（信息类） 4 道多项选择题 2 道简答题 1 道修改语段题	5 ~ 6 个片段 30 道多项选择题 4 道简答题 1 道修改语段题
课程标准	标准 1、2、3	标准 1、2、3	标准 1、2、3
考试时间	50 分钟	30 分钟（不包括朗读时间）	80 分钟

8 年级

项目	项目 1（卷 1 阅读）	项目 2（卷 2 听力 / 写作）	项目 3（卷 3 阅读 / 写作）	总计
题目类型	4 ～ 5 个片段（文学和信息语段） 26 道多项选择题	1 个听力选段（信息类） 3 道简答题 1 道拓展问答题	2 个语段（文学类和信息类） 3 道简答题 1 道拓展问答题	7 ～ 8 个片段（文学和信息语段） 26 道多项选择题 6 道简答题 2 道拓展问答题
课程标准	标准 1、2、3	标准 1 综合评分（拓展问答题也有助于写作技巧的得分）	标准 3 综合评分（拓展问答题也有助于写作技巧的得分）	标准 1、2、3
考试时间	45 分钟	45 分钟（不包括朗读）	60 分钟	2 小时 30 分钟

标准考试评价中，课程标准所涉及的读、写、听、说类问题所占的百分比，如下表所示：

标准	3 年级	4 年级	5 年级	6 年级	7 年级	8 年级
为获取信息和提升理解能力而学习读、写、听和说	33%	36%	43%	36%	39%	39%
为文学反应和表达而学习读、写、听和说	47%	44.5%	36%	44.5%	39%	39%
为批判性分析和评价而学习读、写、听和说	20%	19.5%	21%	19.5%	22%	22%

语文标准考试问题的设置，包括多项选择题、简答题、拓展问答题和修改语段题。多项选择题要求学生从四个备选项目中选择正确的答案。简答题和拓展题要求学生对开放的问题写出正确的答案。这些拓展题不仅在阅读理解中获得分数，也算在写作分数里。修改语段的题目要求学生修改和更正片段的错误，试卷中出现编辑 / 修改的例子，让学生在例题的指导下完成编辑任务。

与加利福尼亚州的标准考试相比，纽约州则有明显的不同。加州读写考试完全用标准化选择题的形式出现，而纽约州的读写听说考试则有了简答题和拓展问答题，这些开放性的主观问答题其实更能检测学生对文本理解的程度，以及学生的语言表达能力；加州专门设置独立话题的写作标准测试，而纽约州却没有单独的写作测试项目。其他州，比如马萨诸塞州也在读写考试中加入了简答题。可见，美国各州虽然都在遵守着《不让一个孩子掉队法案》，但执行情况及考试都是在各州课程标准基础上进行的，课程标准的区别决定着各州标准考试的差别。总之，美国基础教育的确是在走着一条“关注结果的改革之路”。

三、高中语文毕业考试

美国义务教育是 12 年一贯制，即从 1 年级一直延续到高中毕业都属于义务教育阶段。美国教育实行州或地方自治，各州对高中毕业的要求也存在很大的差异，毕业前是否需要通过考试才能获得文凭，各州也有不同的要求。

下面以加利福尼亚州为例，来看美国学校高中毕业考试的有关要求与实施情况。

1. 加利福尼亚州高中毕业考试

1999 年，加利福尼亚州颁布了一项法律，要求每所公立学校的学生必须通过考试才能获得毕业文凭。考试的目的是确保学生能够在阅读、写作和数学学科方面熟练地运用英语。2003 年 7 月，加州教育董事会决定2006届毕业生，即2003 ~ 2004年的10年级学生，必须通过“加州高中学校出口考试”（The California High School Exit Examination，简称 CAHSEE）才能取得毕业文凭。考试时间为 2 天，第一天是语文考试，第二天为数学考试。考试范围基于加利福尼亚州课程内容标准，课程标准明确规定了 K ~ 12 年级学生每一学年末应该“知道什么”和“能够做什么”。

语文毕业考试科目名称为“英语语言艺术考试”，所考范围为 10 年级语言艺术内容标准，试题包括阅读和写作两部分。阅读包括词汇、解码、理解，以及对信息类与文学类文本的分析。写作包括写作策略、写作实践和标准英语规范（比如语法、拼写、标点符号）等。

语文试题除了一篇文章的写作任务之外，其余都是标准化选择题。考试要求必须用英语答题，并且规定必须通过英语考试才能获得高中毕业文凭。

学生在 10 年级第二个学期第一次参加考试。考试 2 个月之后，学区收到学生成绩单。学区将成绩单发送给学生一份，另一份作为永久记录归入档案。

考试分值为 250 ~ 450 分，350 分为达标分数。

10 年级将会有几次机会参加考试，一旦通过，就不必再考。依据州的法律，没有通过考试的学生，必须对他们提供额外的教育辅导，让他们掌握通过考试必须学会的内容。英语学习者也必须在 10 年级通过考试。依照法律，这些第二语言学习者在加州学校的前 24 个月里，将在阅读、写作和英语理解方面受到 6 个月的特殊教育训练。

通过加州高中毕业考试，学生到底需要掌握哪些知识和技能？考试大纲规定的考试范围包括以下六个方面：

（1）词语分析

学生运用词源知识判断在阅读材料中遇到的新词语的意义，准确恰当地运用它们。（7道多项选择题）

（2）阅读理解

学生阅读和理解各种类型的文本，包括古典的、现当代的文学作品，杂志、报纸上的文章和在线信息。学生分析文本的组织模式、观点和立场。（18道多项选择题）

（3）文学反应和分析

学生阅读含有历史、文化意义的文学作品，对其作出反应，展示对历史和社会科学的研究能力，并对结构模式和主题进行深入分析。（20道多项选择题）

（4）写作策略

要求学生写作一篇思路清晰连贯、主题集中的文章。文章要求能够体现出作者的听众意识和目的意识。文章结构包括正式的导论、支持证据和结论。（12道多项选择题）

（5）写作规范

学生用规范标准的英语语言写和说，包括语法、句子结构和篇章结构。（15道多项选择题）

（6）写作实践

写一篇文章。文章的体裁类型可能涉及以下文体中的任何一类：文学性或说明性的篇章，个人传记及生平故事，劝说性的文章，商业信函。（1篇文章）

试卷总共79道题，72道题可以获得学分。

需要特别指出的是，学生的考试用时没有硬性规定，如果学生需要延长考试时间的话，可以提出要求，直到答完全部试题为止。

2. 美国部分州高中毕业考试信息

同样是高中毕业考试，各州考试名称有差异；考试科目规定的内容和范围也有很大的差异，有阅读写作合卷的英语语言艺术考试，也有阅读与写作分开测试的试卷；考试类型不同，有获得证书的考试，有最低能力测试，也有熟练程度考试；参加毕业考试的起始年级也各不相同，有的州早在8年级时，学生就可以参加考试，也有的州到11年级才参加考试，甚至还有的州根本不必考虑年级限制，等等。具体的考试信息和安排，请看下面的表格。

美国部分州高级中学毕业考试信息统计表

州名	考试名称	考试科目	考试起始年级	考试类型
亚拉巴马	亚拉巴马高级中学毕业考试	阅读，语言，数学，科学	11年级	以课程标准为基础
阿拉斯加	阿拉斯加高中毕业资格考试	阅读，写作，数学	10年级	最低能力
亚利桑那	亚利桑那标准检测证书	阅读，写作，数学	10年级	以课程标准为基础
加利福尼亚	加利福尼亚高中出口考试	英语/语言艺术，数学	10年级	以课程标准为基础
佛罗里达	佛罗里达综合评估测试	阅读，数学（写作也包括在考试之中）	10年级	以课程标准为基础

续表

佐治亚	佐治亚高级中学毕业考试	英语/语言艺术，写作，数学，社会研究，科学	11 年级	以课程标准为基础
印第安纳	毕业资格考试	英语/语言艺术和数学	10 年级	以课程标准为基础
路易斯安纳	21 世纪毕业出口考试	英语/语言艺术，数学，科学和社会研究	10、11 年级	以课程标准为基础
马里兰	马里兰高级中学评估	英语Ⅰ，代数/数据分析，生物学，政治学	不同年级	课程结束考试
马萨诸塞	马萨诸塞综合评价体系	英语/语言艺术，数学	10 年级	以课程标准为基础
明尼苏达	基本技能考试	阅读、写作，数学	8、10 年级	最低能力
密西西比	密西西比学科领域考试项目	英语Ⅱ（包括写作部分），代数，生物学，从 1877 年开始的美国历史	不同年级	课程结束考试
内华达	内华达高级中学熟练程度考试	数学，阅读，现场写作，科学	10 年级	以课程标准为基础
新泽西	高级中学熟练程度评估	语言艺术读写能力，数学	11 年级	以课程标准为基础

续表

新墨西哥	新墨西哥高级中学能力考试	阅读，语言艺术，数学，科学，社会研究，作文	10年级	最低能力
纽约	（州立大学的）校务委员综合考试	英语，数学，世界历史和地理，美国历史和政治，科学	不同年级	课程结束考试
北卡罗纳	北卡罗纳高级中学能力考试	阅读能力，数学，计算机技能	9年级	以课程标准为基础
俄亥俄	俄亥俄毕业考试	阅读，数学	10年级	以课程标准为基础
南卡罗纳	基本技能评价项目出口考试	数学，阅读，写作	10年级	最低能力
田纳西	出口考试	数学，科学，语言	不同年级	以课程标准为基础
得克萨斯	得克萨斯知识和技能评价	数学，英语/语言艺术（包括写作测试），科学，社会研究	11年级	以课程标准为基础
犹他州	犹他州基本技能和能力考试	阅读，写作，数学	10年级	最低能力
弗吉尼亚	课程标准学习结束考试	写作，阅读，文学和研究，数学，历史/社会研究，科学	不同年级	课程结束考试
华盛顿	华盛顿学生学习评价	数学，英语/语言艺术	10年级	以课程标准为基础

四、阅读 / 写作项目评价（包括国家教育进步评估）

《不让一个孩子掉队法案》在缩小成绩差距的“年度学业评估”政策部分，明确指出：各州除了对学生的阅读和数学进行测验之外，“在充分规划和实施的情况下，每个州可以选择和设计它们需要的科目进行评估”。也就是说，各州除了阅读与数学标准考试之外，还可以计划州或地方学区的评估项目。这些项目的名称和评估方式，也会因州或学区不同而存在差异。下面主要以加利福尼亚州阅读 / 写作项目评估和国家教育进步评估为例作简要介绍。

1. 州阅读 / 写作项目评估

在美国，教学项目评估是一种管理制度，一种根据评分标准所进行的一套考试机制；它是整个教学过程不可分割的一部分。教学中，教师应该提供给学生一系列可持续发展所必需的信息。评估项目的内容既包括教师对学生日常学习行为的观察，也包括教师对自己教学行为的评价与反思。

如果一个测试项目要成为教学过程的有效组成部分，它必定要对教学过程中传授了的技能和行为进行评估，它必须对教学计划中传授的有用信息进行测试。因此，内容的有效性便是项目评估中首先应该考虑的因素，考试只能检测那些传授了的技能。研究表明，学生学习阅读或写作是至关重要的事情，因此，读写必考。

他们认为，在阅读项目评估中，测试的有效性中最重要的方面则是运用测试真真正正地评价学生的阅读能力。如果阅读评价强调阅读过程中那些细枝末节的孤立的“零星东西”的话，则会丢失阅读中最本质的东西。这样的评价，最终将会导致劣质的阅读教学。

比如，1987 年开始，由 Harcourt Brace Jovanovich 主持出版的项目

评估（简称 HBJ Program）。这项评估所进行的分层考试就已在奥兰多、圣地亚哥、芝加哥和达拉斯等地区进行。这项为检测学生的阅读水平而进行的分层考试，主要目的是用来决定学生相应的阅读层次和水平。与标准考试主要检测学生是否达到熟练程度的目的不同，阅读项目评估考试的目的是通过对阅读理解和上下文语境中的词汇知识的检测评价学生的阅读能力，根据考试得分的多少划分阅读层次。初级指的是 3 ~ 10 级，中级指的是 8 ~ 14 级。为此，我们在美国某些地区的课堂上看到的学生状况，并不像中国这样是一个固定的行政班级，很多时候，他们因共同的能力和水平层次而结合到一起。当然，这里的层级不代表学生所阅读的材料的层级水平，只表明学生的阅读能力层次，便于教师教学指导。

这项考试包括两个时间段，上下文语境中的词汇知识检测时间大约是 25 分钟，阅读理解大约是 30 分钟。

除了阅读评估项目，加利福尼亚州还进行各种形式的写作项目评估，比如，加州写作方案（California Writing Project，简称 CWP）。这类写作计划以一系列课题的方式对教师和学生进行写作训练。比如加州大学曾经举行过秋季写作研究课程系列，名称为“加州故事揭秘”，主题词是“叙述我们的传统，记叙我们的社区，抒写我们的信念”。他们认为，当学生学会写作他们的历史和传统，他们的邻居和社区，以及他们所面临的挑战和怀抱的希望的时候，他们就能更好地阅读和理解语言与其他方面的社会生活。“加州故事揭秘”是由加州人文学科委员会组织的一年期写作项目，这个项目为教师和学生提供四个引人入胜的主题，以此提供给师生阅读、写作和出版作品的有利机会。四个主题为：

在日益变化的加州养成并发现我们自己的身份；

理解我们的社区、历史和传统是怎样形成的，作为加州居民，我们到底是个怎样的人；

在加州，紧跟现实，迎接生活的挑战；

作为加州的新移民，或永久性居民，你最美好的生活梦想。

2. 国家写作方案

国家写作方案（The National Writing Project，简称 NWP）是一个国家网站，该网站通过提升写作教学的水平来关注学生写作技巧的提升。这个项目 1974 年在加州大学和伯克利大学开始，伴随着海湾地区写作方案的创立一起启动。如今，该方案已经扩展到 46 个州的 160 个站点及波多黎各岛。

国家写作方案的目标是提高写作教学水平，为教师提供职业发展项目，为一线教师提供职业发展的立足点。写作项目站点加强了大学与学区之间的合作。

该方案包括以下五个方面的教学内容：

（1）写作过程。

（2）写作教学策略。

（3）写作过程在其他内容领域的应用与整合。

（4）职业发展项目。

（5）教师的领导才能。

这项方案涉及的区域很广泛，诸如州、学区和学校，既包括城市和郊区的学校，也包括乡村学校以及环境复杂地区的学校。

3. 国家教育进步评估

国家教育进步评估（the National Assessment of Education Progress，简称 NAEP）是在全美国范围内唯一具有代表性的、持续地对 4、8、12 年级学生进行的学业成绩评估，检测他们在各门基础文化课程学习中“学到了什么”和“能够做什么”。它通常被称为国家报告卡，由国会授权认可并给予评估资金。1969年以来，国家教育进步评估已经在小学和中学的阅读、数学、科学、写作、美国历史、公民、地理和艺术课等领域进行定期评估；1990年开始逐州进行评估；2002年和2003年进行了城市学区的试验评估，以便研究作为国家教育评估项目的一个组成部分的学区层面报告的可行性。按照《不让一个孩子掉队法案》的精神，从2003年开始，所有州4年级和8年级学生的阅读和数学每两年参加一次国家教育进步评估，科学与写作是每四年评价一次，其他年级与学科的评价则自愿选择参加。2005年4、8、12年级在阅读、数学和科学领域又进行了实践性考试。

国家评价管理委员会（The National Assessment Governing Boarding，简称NAGB）负责制定政策，并为国家教育进步评估提供常规监督，国家教育统计中心（The National Center for Education Statistics，简称NCES）负责管理评价项目。国家教育进步评估所提供的学生成绩数据，在全国范围内被决策者、教育工作者和研究人员广泛采用。

与州标准考试不同的是，国家教育进步评估除了以阅读试题的形式检测学生掌握的文章知识与阅读技能之外，还采集学生及其家庭阅读方面的相关信息，综合评价学生的学习与学校教育情况。

学生用于评估的时间大约是90～100分钟。评估包括两项内容，一是完成评价阅读理解与回答问题的任务，二是填写简要的背景情况调查表，要求学生围绕阅读体验回答相关问题。

对学生的背景信息调查包括以下三个方面的内容：

第一，关于学生自己及所受的教育。比如，上个月你在电视上或电影院看了多少场电影。

第二，关于学生本人和家庭的有关信息。共计 11 个问题，主要涉及所属的民族，家庭是否有阅读报刊的习惯，每周读多少次，家里是否有书，是否有电脑和百科全书，每天为了写作业需要读多少页的书，怎样与家人交流在学校学习的事情，上个月缺课多少天，等等。

第三，关于阅读的背景信息。共计 22 个问题，主要涉及学生的阅读兴趣、习惯、行为、方式及阅读书籍的类型，阅读目的，喜欢的科目，甚至小组学习情况，班级讨论次数与情况，等等。

这两类问题从不同方面对学生的阅读情况进行评价，既有阅读成绩分析的定量评价，又有对阅读行为习惯、方式方法等学习品质的定性评价。这样能更全面地了解学生的阅读状况，为制定教育教学政策提供更为可贵、真实的信息。

这项对学生阅读能力的测量和评估，要求学生具备针对不同类型的文本进行理解、阐述和批判性思考的能力。

按照不同类型文本的需要，读者能够识别变换阅读方式。阅读评价按照三条线索进行：为文学体验而阅读，为获取信息而阅读，为完成任务而阅读（4 年级暂时不包括此项任务）。评估所包含的阅读材料一般选自出版物和其他一些典型的材料，这些材料学生在校内外能够得到。围绕三条线索，学生通过回答阅读理解的问题，反映出理解文本的四种不同方式：要求学生把文本作为一个整体来考虑，从而养成把握整体意义的能力；要求学生辨别文本的内在联系和关系，从而发展阐述问题的能力；要求学生把自己先前已有的知识和经验与文本信息联系起来，从而建立读者—文本联系；要求学生批判性地评价文本的内容、结构和形式，从而审视文本的内容和结构。三个年级的阅读评价都紧紧围绕这四个方面展开。

以下是 4 年级和 8 年级阅读评价按文本类型分配时间的百分比：

年级 / 文本类型	文学类	信息类	任务类
4 年级	55%	45%	不列入评估项目
8 年级	40%	40%	20%

其阅读试题包括三种类型：简答题，拓展问答题，多项选择题。给定一篇阅读材料，然后围绕材料设置多个问题，分别要求学生进行简答，拓展思考后问答，以及从多个选项中选择正确的答案。

五、美国高考 SAT 及 AP 语文考试

1. 美国高考语文试题类型介绍

美国语文高考分为 SAT 和 AP 两大系列。这两类考试中，语文考试的项目内容、题型题量以及分值分配都各不相同。两类考试成绩分别有着不同的目的与作用。也并不是所有学生都必须参加 SAT 和 AP 考试，学生根据报考大学的要求选择考试类型；越是顶尖的大学越具有挑战性，对考试成绩的要求就越高。优秀的学生可以选择 SAT- Ⅱ和 AP 课程，挑战自己，考上顶尖的大学；而一般的学生，如果只报考普通的州立大学或社区院校的话，只需要 SAT- Ⅰ成绩即可，甚至没有 SAT 成绩也可入读一般的社区院校。

（1）多层次分项目的 SAT 语文考试

SAT，全称为 The Scholastic Aptitude Test，即学术潜能考试，其目的是检测学生完成大学教育所必须具备的能力倾向性。语文 SAT 分为两类，即 SAT- Ⅰ和 SAT- Ⅱ。SAT- Ⅰ称为推理测试（Reasoning

Test），目的是检测学生获得大学成功学习所必备的批判性思维技能，即分析和解决问题的技能；考试分为批判性阅读与写作两个项目，答题时间分别是70分钟和60分钟，分值各为800分。SAT-Ⅱ称为学科考试，语文科目只考文学，考试时间60分钟，分值为800分。

具体来说，SAT-Ⅰ的推理考试包括批判性阅读和写作两个项目。其中，批判性阅读包括句子完形填空、阅读理解和片段的批判性阅读，70分钟的考试时间，包括两个25分钟和一个20分钟的片段阅读；写作包括35分钟的修改句子、辨别句子错误、修改段落，以及25分钟的文章写作，考试时间共计60分钟。考试试题主要检测学生的词汇知识、逻辑思维与判断推理能力、书面语言的规范，以及清晰有效、合乎逻辑的语言表达能力等。除了25分钟的文章写作之外，其余试题全部以标准化选择题形式呈现。

SAT-Ⅱ的语文学科考试只考文学。这项测试独立于任何一本教科书或教学模式之外。考试内容促进和发展，并且反映当前高中课程的倾向，试题类型历年变化很小。

许多大学采用学科考试成绩作为大学入学的确认资格，作为大学课程的安排，以及对学生选择课程的指导意见。考试时间为60分钟，总分为800分。文学考试的目的是检测学生必备的诗歌与散文阅读理解与表达技能，让学生把他们对文学专业的精通和熟练程度展示给大学。考试选文是来自不同历史时期和不同的文化背景的文学作品。

试卷内容和结构为60多道选择题，6～8个阅读选段，每个选段有4～12个问题，文学选段来自文艺复兴至现代的规范的英语文学作品原文。试题同样为标准化选择题。

（2）写作测试已退出SAT-Ⅱ学科考试

以前，SAT-Ⅱ考试项目包括写作测试，但2005年1月22日举行最后一次学科考试中的写作测试之后，SAT－Ⅱ的文学考试不再包括单独的写作项目，因为在 60 分钟的 SAT－Ⅰ测试中包括了专门的写作试题。只要学生参加 SAT 考试，他们的写作技能都能得到评价。

（3）把能力推到极限边缘的语文 AP 考试

AP，全称为 The Advanced Placement，意为高级分层考试，实际是大学预修课程考试。语文学科主要考“语言与写作”“文学与写作”两个项目。与 SAT 考试不同的是，这两个项目的考试不再以标准化选择题的形式出现，而是按照规定要求完成主观题的回答与写作任务。考试时间为 120 分钟，结合给定材料，设置三道试题，分别用 40 分钟的时间完成它。

高中阶段开设的 AP 课程，共有 35 门之多，横跨 20 个学科领域。它能够为每个人提供需要。唯一的要求是学生对自己计划学习的课程要有强烈的好奇心和努力学习的愿望。AP 并非人人必须参加的考试。

那么，为什么要参加 AP 课程的学习与考试？他们认为，AP 能够改变你的生活；通过大学层次的 AP 课程，你将进入知识的王国，这是高中阶段所没有探测的领域；通过 AP 考试，你就有机会获得学分，站在国家级学院或顶尖大学的门槛前。一句话，显示出敦促自己行走在能力极限边缘的愿望。

这就是美国的高考，像一场盛宴，菜肴丰盛，层次级别明显，类型项目多样，学生可以根据自己的能力和水平层次，根据自己的愿望选择考试项目，从而选择适合自己的大学。

2. 美国语文高考试题特点分析

美国语文高考试题呈现出多样化的特点，从不同的层次、不同的侧面来检测学生的能力与水平状况，满足不同层次学生的需要。

（1）语文试题标准化

综观美国语文高考试题，除了 AP 考试和 SAT－Ⅰ中 25 分钟的文章写作之外，无论是批判性阅读，还是语言规范检测，抑或是文学作品的阅读，试题一律是标准化选择题。用选择题的形式检测学生的词汇语法知识和篇章结构知识，阅读理解能力和逻辑推理能力，甚至语言规范技能等。阅读考试给定一段阅读材料，文后设置 2 ~ 5 个问题，每个问题测评同样类型的阅读技能。比如，要求考生辨别原因和结果，作出推论，辨别主要思想内容，或者作者的语调（语气、感情和态度），遵循分类和议论的逻辑等等。

（2）阅读理解考试：既重视基础又侧重于逻辑思维与判断推理能力

阅读材料的长度大约是 100 ~ 850 词。这些片段来自不同的学科领域，包括人文、社会研究、自然科学和文学虚构作品。作品的风格各不相同，可以包括叙述性的、议论/辩论性的、说明性的元素。有的选文由两个相关的片段组成，这两个片段针对一个共同的问题，要求考生进行比较和对照。阅读理解往往检测学生如下方面的知识与技能：

1）上下文语境中的词汇：要求考生判断上下文语境中词汇的意义。

2）对文字的理解：评价学生对片段中直接陈述的重要信息的理解和把握。

3）延伸推理：不仅衡量考生对作者作出的假设和运用技巧的判断，而且测量考生综合、分析信息的能力。

（3）文学试题：专业化、系统化

文学试题设置的问题，一般涉及以下几个方面的内容：

1）宏观意义：作品的影响和主题；

2）形式：作品的结构、种类和作品组织情况；

3）语言运用：词语的选择、想象、比喻；

4）上下文语境中具体词语的意义和言外之意；

5）叙述风格：作者的语调和态度；

6）叙述和戏剧选段中的人物性格特征，等等。

如果想取得理想的成绩，考试之前，学生必须从多方面做好充分的复习准备。

文学考试的内容及其分值分配情况如下表：

考试内容		所占总试题的百分比
问题来源	英国文学	40 ~ 50%
	美国文学	40 ~ 50%
	其他书面英语的文学作品	0 ~ 10%
年代	文艺复兴和 17 世纪	30%
	18 和 19 世纪	30%
	20 世纪	40%
体裁	诗歌	40 ~ 50%
	散文	40 ~ 50%
	戏剧和其他	0 ~ 10%
说明：片段的分配，可能会因考试版本的不同而有变化。上面表格中的内容只代表典型的或一般情况下的考试内容。		

从上面的表格可以看出，美国的文学考试，已经接近大学的文学专业考试。当然，这与美国高中阶段的文学教育相匹配、相适应，他们的语文课程从 10 年级开始进行系统的文学读写教育，丰富学生的文学阅读体验，提高文学分析与文学反应能力。

（4）写作试题：求真务实，挑战思维

SAT- Ⅰ中的文章写作项目只有写作时间的限制（25 分钟），没有对文章长度的要求，但是强调观点的独特性与论据的确凿有力。写作试题在整个 SAT 考试中有着举足轻重的作用。其试题分为两大板块：前三项是辨别和修改句子与语段的错误，完全以标准化选择题的形式出现，目的是检测学生在语法、惯用法、标准书面英语的规范，以及语段组织的逻辑性、条理性与连贯一致等方面的知识和技能；最后一项是写作，给定一个话题，规定写作时间是 25 分钟，不规定文章长度，但要求学生做到以下三点：

第一，针对给定的话题提出自己独到的观点；

第二，运用推理和来自于阅读、研究、经历和观察所得的证据证明自己的观点；

第三，遵守标准书面英语规范。

文章写作特别强调有效地形成自己的观点，合乎逻辑地、清晰地传达思想，准确地使用语言。作文由两位教师评阅，最后得分是两位教师给分的总和。

美国的写作考试是求真务实的，从实际需要出发，检测学生清晰的逻辑推理与良好的思维品质，以及语言实用能力。学生平时获得的“忠告”是“不要为作文而作文”，“作文就是在讲述一个故事，讲述一个在一页纸上能完成的故事”，“一个只有我们自己才能讲出来的故事”；作文中所表现的应该是“真实的你”，是你自己“真正的声音”“从心底发出的声音”。

在美国，除了 SAT 成绩之外，学生在申请大学的时候，还需要写作一篇申请短文，学校借此了解学生的个人性格和品质。越是顶尖的大学，其写作话题越具有挑战性。比如，2005 年 4 月，明尼苏达大学的申请短文就很有趣，它要求学生“写下你自传的第 106 页”。这类题目不是具备一般思维能力的学生能够做得到且能写得好的。可见，美国的写作考试的确具备挑战学生思维的特点。

（5）AP 考试：让学生努力行走在能力极限的边缘

如果说 SAT- Ⅰ是注重基础考试，SAT- Ⅱ是偏重学科专业考试的话，那么，AP 考试则是敦促学生去挑战自我、把自己推到能力极限边缘的一场考试。AP 考试不仅检测学生在学科专业领域里超出普通学生的才能，更重要的是，养成并发展学生处理丰富多彩的课程作业所必须具备的研究习惯，以展示出他们的成熟与敦促自己行走在能力极限边缘的愿望。

语文 AP 考试科目为“文学与写作”和“语言与写作”。比如，由大学董事会所提供的 2005 年“文学与写作”试卷样题：

1）仔细阅读下面两首诗，然后写作一篇文章，与说话人对早晨的环境描写的反思进行比较，分析诗歌说话人表达自己思想观点时所使用的不同的技巧。

2）阅读下面的片段，写一篇文章，讨论叙述者眼里的人物形象特征。你的文章必须考虑措辞、语调、细节和文法等要素。

3）人类最强烈的驱动力似乎是对权力的欲望。写一篇文章，探讨小说或戏剧中的某一个人物是怎样为了挣脱他人权力束缚而斗争，或者是为了追求获得控制他人的权力而努力。你的文章必须揭示出作者是怎样运用权力斗争来提升作品的意义的。（试卷中提供一些文学作品名称，供学生答题时选择使用）

“语言与写作”项目试题类型与此类似，分值与时间分配完全相同，都分为三个时段，每段时间是 40 分钟，分数也各占三分之一，共计 120 分钟，总分 2400 分。

AP 的确是一场具有挑战性的考试。它不仅检测学生的专业功底，更重要的是检测学生的分析综合能力和语言表达能力，以及他们的批判性思维能力和研究习惯。

美国是一个民族大熔炉，两亿多人口中有来自世界各地的新老移民。民族的多样化，决定了这个国家社会文化价值观念的多元性。其实，美国高考又何尝不是如此？多层次分项目的考试，既有重基础又重能力的 SAT－Ⅰ，也有学科专业的 SAT－Ⅱ，更有挑战自我、使有能者把能力发挥到极致的 AP；既让普通学生能够轻轻松松快快乐乐上大学，也能让出类拔萃的学生昂首阔步走进顶尖大学，挑战自我，行走在能力极限的边缘。

3. 高考语文测试分析与样题举例

美国高考主要分为三种类型：SAT－Ⅰ、SAT－Ⅱ和 AP 考试。具体的考试科目与要求前面已有介绍，这里从略。下面以样题为例，主要介绍 SAT 考试所检测的能力范围和要求。

（1）SAT－Ⅰ批判性阅读考试的样题

SAT－Ⅰ包括三种题型，一是批判性阅读测试，包括句子完形填空和片段阅读理解，二是写作测试。

批判性阅读主要考查以下几个项目：

1）句子完形填空

检测学生如下方面的知识与能力：词汇意义的知识，掌握一个句子中各个不同的语言成分逻辑搭配的能力。

检测方式：每个句子中有一个或两个空处，省略应该填写的词语，从后面备选的 5 个答案中选择一个正确的词语填写在空白处，使句子完整、合乎逻辑。这种试题在我国目前的英语考试中还在运用，即通常所说的完形填空。

考试要求学生花费很少的时间完成此项试题，把更多的时间用于片段阅读理解。

2）片段阅读

检测学生如下方面的知识与能力：认真细致地阅读几个不同的语言片段，并且进行深入思考的能力。片段长度大约是 100 ~ 850 个词。这些片段来自不同的学科领域，包括人文、社会研究、自然科学和文学虚构作品。文章的风格也各不相同，可以包括叙述性的、议论/辩论性的、说明性的元素。有的选文由两个相关的片段组成，这两个片段针对一个共同的问题，要求考生进行比较和对照。

片段阅读中常常涉及以下方面的一些问题：

①上下文语境中的词汇，要求考生判断上下文语境中词汇的意义。

②文字理解，这类问题评价考生对片段中直接陈述的重要信息的理解和把握。

③延伸推理，这类问题不仅衡量考生对作者作出的假设和运用技巧的判断，而且测量考生综合、分析信息的能力。

阅读中，考生可能被要求辨别原因和结果，作出推论，辨别主要思想内容，或者作者的语调（语气、感情和态度），遵循分类和议论的逻辑。

给定一段阅读材料，设置2～5个问题，每个问题测评同样类型的阅读技能。一般从5个备选项目中选出唯一正确的答案。

样题举例：

“岩石还是湿的，动物正在闪烁，好像它正在游动一样。”侯新光回忆说。作为一名古生物学专业的学生，侯新光1984年毕业于中国城镇澄江。他在勘测岩石的时候发现了一块不平常的化石。“我的老师常常说起自由页岩动物，它看起来就是它们中的一员。我的手开始颤抖。”侯新光的确发现了一只Naraoia。这只Naraoia像来自加拿大的同类一样。然而，侯新光发现的动物却比加拿大的动物亲属早了一千五百万年。

①“勘测”一词的主要意思是（　　）

A. 计算价值

B. 全面考察研究

C. 决定边界

D. 随意的民意测验

E. 进行统计学研究

②侯新光的手开始颤抖，是因为（ ）

A. 担心他会失去这块化石。

B. 担忧他的发现的意义。

C. 关心他的作业不能获得学分。

D. 不确定化石的可靠性。

E. 为自己的重大发现而兴奋。

（2）SAT-Ⅰ写作考试样题

SAT 考试明确规定，文章写作主要检测考生如下方面的能力：

1）对摘录文章或事件提出自己的观点；

2）运用推理和来自于阅读、研究、经历和观察所得的证据支持你的观点；

3）遵守标准书面英语规范。

要求学生在写作过程中，有效地形成和表达自己的思想；注意形成自己独特的观点，并且合乎逻辑地、清晰地传达思想，准确地使用语言。同时，要求文章必须写在答卷的横线内，让不熟悉你的书法风格的人读懂你所写的内容。

25 分钟完成一篇给定主题的文章。不能写别的主题，否则以零分处理。

样题举例：

仔细思考下面语段中描述的问题，完成指定的写作任务。

幸福感和满足感并非一个人的生活目标，而是一个人取得成就的最佳驱动力和奖赏。对财富回报或实现目标的赏识的期待会导致失望和沮丧。如果我们希望从自己所做的事情中获得幸福快乐，就不应该追求由于赢得财富和名声所带来的成就。出色地完成工作所带来的个人满足本身就是最好的奖赏。

写作任务：人们获得成功是靠什么来驱动的，是靠个人满足还是金钱或名誉？构思并写出一篇文章，文章包含形成你对问题的看法。运用推理和来自于阅读、学习研究、经验或观察的例子证明你的观点。

评分指导：批改作文的教师主要是教学语文、作文或语言艺术课程的有经验的、经过培训的高中和大学教师。每篇文章由两位合格的教师独立评分。这两位教师不知道对方的评分，也不知道学生的身份。分值从 1 分到 6 分。如果两位教师分数差距超过 1 分，则由第三人来解决差异问题。每位评卷人必须用具体清晰的评语描述给定分数的理由。

6 分（满分）作文的评分标准：

1）有效地富有洞察力地形成某种观点。

2）表现出杰出的批判性思维，清晰、恰当地使用事例、推理和其他证据证明自己的立场。

3）结构组织得有条理，中心明确，表现出清晰的连贯性、流畅的思路。

4）展示出语言技巧的运用，运用丰富、恰当、贴切的词语。

5）句子结构表现出有意义的变化。

6）很少有语法、惯用法、技巧方面的错误。

这类写作测试时间短，真正用于写作文章的时间才 25 分钟；不要求给文章取标题，没有字数要求，不用考虑文章的长度，而是关注文章的观点及其用于支持观点的证据，以及语言规范等问题。

（3）SAT-Ⅱ文学考试样题

正当这个拿着相机的人抄近道穿过邻居院子的时候，这个双胞胎正在外面这些矮矮的摇摆着的树下面。老太太继续走着，屏障门软软地嘭了一声，正打着她的手掌心。

“我认为我们将获得一张照片，或者房子的两张，还有每一样东西，然后……”

“早上好！”老太太打断了他，用微笑回报他的笑脸。

“早上好！”他说，头低垂着，像是宾戈戏牌一样，正当你看到骨头被扔在厨房的地上，冲着他叫嚷的时候，“你站的正是好地方，阿姨。我认为，我们将要拍一张……”

“而你呢？”老太太闪动着眉毛在说话。盖斯拉起她的袜子，咯咯地笑着。

“这里许多好东西。”这个男人穿过院子的时候手里的相机还在嗡嗡地响着。山核桃的镜头筒，小雪橇，盖斯和我，鲜花，彩色的石头铺就的汽车路，树木，双胞胎，工具棚。

“我不知道这些东西，这个它，这些材料，”老太太仍旧耸动着她的眉毛在说话，“我所要考虑的东西正是这里的人。”

拿相机的男人停止了拍照，盖斯把头藏到衣领里咯咯地笑。

“早上好，夫人。”一个新的男人说。当我还没有看他的时候，他已经走过来，跟在我们后面。“这家伙，”发现这双胞胎给他不好看的脸色，“我们为国家拍电影，”他带着微笑说，“是否介意我绕这儿拍一圈呢？”

“的确很介意。”老太太说着，一点儿也没有笑。

本来微笑着的男人又笑起来，盖斯也是如此。但是，他似乎没有别的话可说，所以，他和这个拿相机的男人退出了院子，但，你还是能够听到相机在嗡嗡作响。

“我建议你关掉这个机器。”老太太低声地说着，声音从齿缝间挤出来一样，走一步来到阳台，然后走到另一个地方。

“那么，阿姨。”拿相机的男人说，同时用这个东西直指着她。

“我和你妈妈没有关系。”

①老太太问声“早上好”之后，这个拿相机的人可能做出的行为，正如他所做的一样，因为他（ ）

A. 已经意识到他正侵入这个地方。

B. 怀疑他正陷入肉体危险之中。

C. 希望通过自然自得的表现赢得老太太的好感。

D. 得到现场成人的宽慰。

E. 认识到他正在破坏园子的整洁。

②“那么，阿姨”的语调最可能准确地描绘为（ ）

A. 期望的

B. 摆出屈尊俯就的样子

C. 指责的

D. 服从的

E. 尊敬人的

③老太太最终的评论最好的理解为（ ）

A. 不情愿承认

B. 犹豫不决地断言

C. 诙谐的笑话

D. 令人惊奇的发现

E. 强烈的叱责

④这个情节中隐含着一个冲突（ ）

A. 彬彬有礼与傲慢无礼

B. 美德与缺德

C. 善良与残忍

D. 被动与主动攻击

E. 文雅与粗俗

诗歌片段阅读：

夏天的夜晚（任由自然的牵引）我发现
一只小舟系于柳树下
一个岩石洞内，它平常的家。
我径直解开锁链，走上去
从岸边推开它。这是一次秘密的行动
一次有烦恼的愉快之行，没有这山峰的回响
这声音，我的小舟不会移走
静静地离开它，划到另一边
月光下的水波上荡漾着一圈圈的涟漪
直到它们融成一条痕迹
闪着光的。但此刻像划船的人
为自己娴熟的技巧而骄傲，去达到已被选择的地方
伴随着直直的路线，我集中目光
投向崎岖山脉的顶点
这地平线的最大边界；那上面
只有星星和灰色的天幕。
她是一只有魔力的小舟；精力充沛地
我的桨沉入静静的湖水
而后，向上一划，我的小舟
快速驶过水面，像一只天鹅
这时，从陡峭的山坡后面直到那
地平线的边界，一座巨大的顶峰，黑色而巨大的
仿佛天然的力量的本源
高高扬起它的头颅。我划呀划呀
直到深入它坚硬形状的境界
高耸在我与星星之间，而且

似乎正是如此，拥有它自己的目的
测量着运动，就像一个活的生命
有节奏地划着赛艇跟在我后面。我摇动手中的桨
从静静的水面拨开一条路
回到柳树的隐蔽处；
在停泊的地方我离开了小舟，——
穿过牧场，步态缓慢
而情绪严肃；但我已经看到
那些景观，许多天里，我的脑中
充塞着一种昏暗，不确定的感觉
一种说不出名字的样子；充斥了全部思想
一个巨大的黑暗，称它为孤独寂寞
或者一种茫然的空虚。没有熟悉的形状
可记，没有愉快的形象，树木的
大海的，天空的，没有绿色田园般的色彩；
但是，巨大的，庞大的形状，没有生命的
像活着的人类一样，在脑中慢慢地移动
在白天，那是一个令人烦恼的梦境

①这首诗最好的描绘为（　　）

A. 对青年乐观精神的热情歌颂。

B. 一种具有讽刺意味的自我写照。

C. 一个没有道德说教的丰富想象力的再现。

D. 一篇有象征性描写的充满智慧的创作。

E. 一篇充满哲理意味的叙述性情节。

②诗中写到自然、小舟和山峰的回响运用了哪种修辞方法（　　）

A. 拟人

B. 呼告

C. 押韵

D. 佯谬[1]

E. 明喻

③“声音 / 山谷的回响”有助于加强说话者怎样的感觉（　　）

A. 自由

B. 无所不能

C. 偷偷摸摸的

D. 热情

E. 沮丧

④在诗歌的结尾，“巨大的顶峰”对说话者而言，它可能代表（　　）

A. 自然界美丽的象征

B. 不确定的、令人不安意义的象征

C. 比喻罪恶本身的形象

D. 奇怪的自然现象

E. 说话者想象中的微不足道的虚构的事

⑤下面哪一个选项最好地描绘了说话人的变化（　　）

A. 从天真幼稚到愤世嫉俗

B. 从勇敢无畏到胆小怯懦

C. 从希望到沮丧

D. 从勇敢大胆到恐慌不安

E. 从热情到懒散

[1] 佯谬是一种看似矛盾而可能正确的说法。

第三节 语文评价体系的新变化

一、新的标准评价体系应运而生

二十世纪八九十年代，美国教育伴随“反对平庸，追求卓越”浪潮而掀起了一场轰轰烈烈的“标准运动”。2000 年前后，五十个州相继制定并颁行各自州的课程标准，教材随之更新，各州规定 2 ~ 11 年级的学生必须参加州标准化考试，检测学生阅读与写作是否达到熟练程度，以便对学校、学区进行问责。

2010 年 6 月，新的课程标准《共同核心州立标准》正式颁布，目前已有 44 个州和首都哥伦比亚特区及 4 个海外属地自愿采用这套标准，各州可以根据自己州的教育情况增加或降低新标准的难度，其升降难度的空间是 15%。新标准颁布后，一套新的评价体系也应运而生。随着新标准的采用，各州原有的州标准化考试已经走到尽头，与之相匹配的全新的考试评价体系——由智能平衡评估联盟（Smarter Balanced Assessment Consortium，简称 SBAC）开发的评估体系已经研制完成，并于 2014 年 3 月完成首次评价任务。2015 年，17 个州、美属维尔京群岛及印第安纳州教育局共 700 万学生参加了总结性评价。该评估联盟有 4700 个教育工作者帮助发展和评审试题，建立学生成绩水平，开发数字图书馆。

智能平衡评估体系的研制与使用，实现了奥巴马政府“力争上游计划”的四项重点改革领域之一的“建立统一的、国际基准的科学评价体系”，让美国基础教育从州标准化考试向“国际基准的科学评价体系”迈进了一步。

二、智能平衡评估体系的构成及评价操作

智能平衡评估联盟认为，该评估体系与《共同核心州立标准》相一致，是“一套有效、公平、可靠的学生评价方法”，它为教育工作者、学生和家长提供有助于学生成功的可操作的数据，提供有意义的结果。

智能平衡评估体系有三个主要部分组成：

支持课堂教学的一套形成性评价工具和资源（数字图书馆）；

为支持全年教与学而设计的中期评价；

为问责而设计的年终总结性评价。

每一部分有不同的功能和目的，所有部分都旨在改进教师的教与学生的学；评价适应的对象是所有学生，包括英语学习者（母语非英语的学生）和残障学生。下面简要介绍每一部分评价所包括的内容范围、评价要求以及注意事项。

1. 形成性评价

形成性评价是教师和学生在教学过程中使用的一种有意图的过程，它提供可以操作的反馈，有助于随时调整正在进行的教与学的策略，提高学生达到课程学习目的 / 目标的能力。形成性评价过程有四个方面的特征：明确学习目的，搜集证据，解释证据，按照证据行动。

（1）明确学习目的

这是形成性评价过程的第一个特征，由两个重要组成部分：学习目标和成功标准。学习目标是指学生到学年课程结束时将要学会的东西，它们描述了“大观点”或概念，这些观点或概念是可以转移的，体现了共同核心州立标准的意图。学习目标是用“对学生友好”的语言写成的，用“我懂得……”开头。成功标准界定了这样一个证据，即用来决定学生朝向学习目标前进的方法和途径，它们也是用“对学

生友好”的语言写成的，用“我能够……”开头。

（2）搜集证据

这是形成性评价过程的第二个特征，它为教师和学生提供需要的信息，以便确定学生在朝向预期学习目标的过程中所处的位置。证据和学习目标紧密地结合在一起，并根据成功的标准来定义。专家建议教师和学生在决定如何搜集证据时应当考虑学生的需要、兴趣和学习风格，以便学生选择不同的方法达到成功标准。利用多个证据资料得出学生学习的准确结论，这一点也很重要。

（3）解释证据

教师和学生解释他们搜集到的证据，以便确定学生在达到学习目标和成功标准中所处的位置，确定他们理解和不理解的内容。学生能够独立分析他们自己学习的证据，也可以通过与教师和同伴分享和讨论他们的解释。通过对证据的细致分析，教师和同伴能够提供可操作的反馈。重要的是，解释证据不是一件简单的事情。相反，在形成性评价过程中，证据解释是整个教学持续不断地进步的基础。

（4）按照证据行动

在形成性评价过程中，紧随教师和学生明确预期的学习内容、搜集证据和解释证据之后，是将证据付诸实际行动，促进学生学习水平的发展。一旦证据被解释，教师和学生运用可操作的反馈，继续向前学习。所有学生的步骤可能不一样，但必须考虑到每个学生的准备、兴趣和学习愿望。

评价机构为教师提供了一套教学资源，称为“数字图书馆”。数字图书馆是受过专业训练的教育工作者为教师提供的在线资源库，包含了一系列高质量的教学及专业学习资源。这些资源符合《共同核心州立标准》的意图，并帮助教师实施形成性评价，改善教学。

2. 中期评价

中期评价是一种可选择性的评价，允许教师用于全年检查学生的学习情况，为学生提供能够提高学习能力的信息，帮助学生达到大学入学和职业准备的标准。中期评价也有四个方面的特征：中期综合性评价检测的内容和分数报告与总结性评价相同；中期评价模块聚焦于较小的概念和知识点，却为教学目的提供更为详细的信息；高质量的测试项目所使用的方法与总结性评价相同；测试问题可以使用机器评分（有些问题，如构建的回答项目和作业任务则需要教师评分）。

中期评价可以满足各种教育工作者的需要。同时，为了更好地支持各种可能的用途，中期评价与该评估联盟的会员教育机构政策保持一致。地方学区可以为中期评价制订一份时间表、管理政策和评分作业任务。中期评价被认为是“非安全和非公开的”。“非安全”是指为教育工作者提供灵活便利的途径，以通达问题和学生对问题的答案；“非公开”是指禁止公开公布中期评价结果，但是，如果教育工作者选择使用中期评价的话，允许他们使用中期评价结果作为标准评价。由于中期评价是非安全的，所以它们不被用于问责。中期评价包括了总结性评价中可以提供的所有可利用的资源，以便为所有学生提供准确的评价结果。

3. 总结性评价

总结性评价是学年结束时对所有学生进行的一项评价，以确定学生在英语语言艺术 / 读写能力和数学科目中朝向大学和职业准备所取得的进步。总结性评价由两部分组成：计算机适应测试（computer adaptive test，简称 CAT）和作业任务（performance task，简称 PT）。该评价准确地描述学生在两个方面的表现：学生成绩（学生在学年结束时学会了多少）和学生进步（学生比上一年进步了多少），以便告知评价项目机构、学校、学区和州，实现问责的目的。其评价充分利用计算机适应测试的优势，能够有效、准确地测量快速变化的结果。为每一个学生量身定做了一个更精确的测量系统，这正是智能平衡评价的一个核心特点。

通过对学生在考试期间的适应程度，该评价为每个学生提供了一套量身定做的问题，它可以很快地确定学生在该项目学习中掌握了哪些技能。这种评价方法极大地改善了传统的评价方式，取代了今天仍在很多地方使用的纸笔评价，为学生提供更准确的分数。就评价所需要的时间来说，计算机适应测试通常比纸笔评价使用的时间更短，因为机器确定每个学生的分数只需要较少的问题，这些问题是从大量的问题库里提取的，学生收到不同的问题，机器能够根据他们的回答来调整问题的难度。如果学生正确地回答问题，下一个问题就更难了；如果学生回答不正确，下一个问题就会更容易。这样就节省了答题时间。同时，由于学生在测试中接收到的问题各不相同，机器根据他们的回答提供下一个问题，这样题库里的问题就更安全，可以使用更长时间。计算机适应测试在统计学生分数时更加准确快捷，因此这种测试评价也更加有效、安全。

与先前的州标准考试相比，该评价体系还有一个非常重要的变化，即评价所用的试题不再只是以选择题的形式出现，而是要求学生阅读文本，在理解内容和思想的基础上进行书面回答。

总而言之，智能平衡评估体系改变了过去州标准化考试中单一的选择题模式，代之以计算机适应测试和作业任务，这是一个进步。计算机适应测试是现代科学技术在评价中的运用，能够提高评价的效率和准确性；作业任务是通过书面表达的形式对学生阅读和写作能力的检测，与《共同核心州立标准》相一致，考查学生对文本阅读的深层次理解能力，以及写作三类文章的表达能力，这是大多数州的标准化测试中很少有的评价项目。对美国教育来说，这个评价体系是一个进步。

三、大学入学考试试题的新变化

在此期间，美国大学入学考试SAT（学术能力倾向性考试）写作项目的测试也发生了变化。从2016年起，废弃了沿用多年的“任务驱动式”题型，完全采用一种新型的写作项目，即阅读给定的文章，写一篇分析报告。为什么要改革写作试题？美国人有自己强硬的理由。

共同核心州立课程标准颁布以后，从2013年初，美国大学董事会主席David Coleman先生就宣布SAT将再次改革，其中就包括作文类型。改革宣布之时，Coleman先生表示对SAT当前作文部分的不满。他曾表示发现很多考生编造例子，而评分标准中并没有针对考生所写内容准确性的要求。“只要作文有清晰的结构和个人的观点，就能获得高分，就曾有高分考生将《独立宣言》的作者写成是Justin Bieber，并称《独立宣言》导致了法国革命。”“我们不应当鼓励学生编造事实”，Coleman先生如是说，“我们应当让他们以自己的最佳例证去支持一种观点。”Coleman先生再三强调SAT考试应回归到使学生整理例证的要求中，他说道：“改进后的SAT考试核心将是分析例证，要让考生用数学知识去分析经济研究或科学实验中的数据，或让考生分析给出的关于文学、历史、地理和自然科学方面的例证。”为此，2016年SAT写作便迎来了脱胎换骨的变化。

这种新的写作试题是为了检测考生“为大学作准备”的写作能力。美国大学课程体系中，学术写作是“基于证据”的写作，即根据已有的资料和数据撰写分析性报告。而过去SAT的写作（任务驱动式）则为“基于观点”的写作，即为表达观点型的写作。考生可以在考前准备一些“万能素材”，多数为名人轶事、经典文学作品或著名历史事件，甚至在考场凭空捏造论据，只要能证明自己的观点即可。

改革后的SAT考试中，考生会被要求依据预先提供的文字材料展开分析和论述，材料涉及文学、历史、科学、地理等各个领域。这既实现了对考生分析能力的评估，也避免了编造例子和证据的情况。这种分析例证类写作，要求学生不仅具备很强的分析能力，而且有很强的篇章结构意识，例如开头如何提出问题，接下来如何展开论证，最后如何重申观点等，以及对文章思维的推理演进、观点表达的层层深入、环环相扣的起承转合等有独到的慧眼，并且熟悉各种修辞技巧和论证方法等。在此基础上，考生写出一篇分析报告。目前这种写作试题很难有现成的模板可用。

因此，有人说这种分析例证式SAT新写作，是“写作模板时代的终结者”。与此同时，我国高考作文正跳出“文体不限，立意自定”的开放时代，尝试着从标题作文到话题作文再到新材料作文的转变，于2015年进入任务驱动式写作的新题型，这样会不会又掉进了美国人所说的“写作模板”的时代呢？相信时间会给出答案。

第十一章 美国语文教育的愿景与展望

在这片被称作美利坚的土地上，不让一个孩子掉队。

——《不让一个孩子掉队法案》

第一节 继续走“关注结果的教育改革之路”

虽然联邦政府不能以行政手段直接干预教育行为，但它能够依据法律手段来检测并控制学校教育质量。《不让一个孩子掉队法案》明确提出：“联邦政府在教育中的作用不是为体制服务，而是为孩子们服务。”联邦政府正是借助法律形式，通过资金援助的方式，发挥其在教育中的影响与促进作用，确保政府在教育中的统率地位。在这种社会文化背景下，美国语文教育将继续走“关注结果的教育改革之路”，语文教育的最终“结果”就是全面提高学生的读写能力。

为了提高所有公民的读写水平，美国在全国范围内实施这样一个雄心勃勃的计划：

到 2014 年，所有学生的阅读成绩都能达到熟练程度。

美国教育改革者认为，阅读是基石，是基础。事实上，他们的阅读教育结果并不尽如人意。目前仍然有“将近 70% 的城区 4 年级学生在国家阅读测验中未达到基本阅读水平”。布什总统在《不让一个孩子掉队法案》中不无痛心地说道：

“我们国家正在逐渐地被分为两个‘国家’：一个‘国家’的公民具备阅读能力，而另一个‘国家’的公民则不具备这种能力；一个‘国家’的公民心怀理想，而另一个‘国家’的公民则没有理想。”

为此，联邦政府借助法律手段，通过提供资金的方式，改善阅读教学状况，努力提高阅读教学水平，例如，对没有达到阅读熟练程度的学生开展“阅读 180”活动。具体地说，紧紧抓住义务教育阶段的几个重要环节实施严格的教育评价，便是一项重要举措。

第一，注重最初年级的阅读教育，强调通过把阅读放在首位来提高读写能力。在科学研究的基础上，进行早期阅读项目评价，让所有学生必须在 3 年级时学会阅读，政府为此制定了相关的激励措施，规定实施“阅读第一”项目的州或地区将获得奖励资金。

第二，运用多种手段强化对学生的阅读能力评价。例如，通过奖惩制度增强州、地区和学校对学生成绩的责任；加强家长在孩子教育中的作用；3 ~ 8 年级学生必须参加州年度阅读写作项目评价，学生在评价中的表现跟学校的经济效益密切相关。

第三，重视 12 年级学生的学业成绩。国家教育进步评估对 12 年级学生学业成绩的期待与重视程度超过以往任何时候。早在 2003 年，国家教育评估管理董事会就成立了 12 年级国家教育评估和报告委员会。该委员会的宗旨是关注 12 年级国家教育评价必须提高的程度，而不是提高高中学校的地位或高中课程的教学质量。该委员会成立以来，举行过多次会议，集中回答了这样一些问题：我们对 12 年级的成绩知道多少？我们需要知道什么？国家教育进步评估能够提供什么信息？

他们认为，对 12 年级的教育评价是勇敢的行动，是美国教育的新愿景，它是衡量并控制教育质量所必须采取的行动。国家必须了解高中学生在成为有生产力的公民方面到底做得怎么样，在全球经济一体化的进程中，他们的阅读写作能力、计算能力到底达到了什么样的程度，他们到底知道哪些科学、历史和公民知识。国家教育进步评估能够为国家、州和地方的政策制定者、教育工作者、学校和教师提供学生绩效的客观信息，对制定教育政策、改进教学策略和方法，都有很强的针对性。

12 年级国家教育进步评估结果非常重要，因为这些成绩代表着义务教育终点的教育成果与水平，代表着学生向负责任的职员和公民责任的转变；同时，它还是升入大学的转折点，是中学后接受职业训练和参军的转折点。在国家教育进步评估中，12 年级学生的阅读与数学评价是强制性的，必须参加，每两年举行一次；至于科学与写作等项目的评价则由州、地区和学校自愿选择参加，每四年举行一次。

第四，各州继续加强对高中毕业成绩的检测与督查工作，确保学生完成义务教育阶段的学业，达到应具备的读写水平。

联邦政府正是借助不同形式的评价机制和手段，通过不同阶段的读写考试，来严格控制与保证读写教学的质量和水平，努力提高全民族的读写能力。

《美国教育部 2002 ~ 2007 年战略规划》提出 6 项战略目标，把“创建业绩文化”和“提高学生的学业成绩”放在首要位置：

目标 1　通过有效实施布什总统的《不让一个孩子掉队》计划，通过将所有联邦教育项目置于此计划所确立的原则——责任、灵活性、更多的父母选择权和只做有效的事——之上，在全国的教育体系中创建一种业绩文化。

目标 2　通过将阅读置于优先地位，确保所有学生在 3 年级时都能达到本级水平的阅读能力，扩大高质量的数学和科学成绩，进行高中改革和提高教师与校长的质量，改善所有群体学生的学业成绩，从而缩小学业成绩的差距。

这项战略规划还要求在教育部创造一种问责文化，制定并实施严格的标准，把教育转化成有科学证据支持的领域，把教育研究成果运用于课堂教学中。

总之，美国各州制定的学校教育培养目标都显示了各自雄心勃勃的宏图大志，比如加利福尼亚州教育局长严正声明：

“我们的愿景是创造一种动态的、具有国际水平的教育体制，这种教育体制运用知识和技能来武装所有的学生，使他们在学院和事业中取得卓越成就，以便成为优秀的父母和称职的公民。”

在这种背景之下，学生在语文教育中获得的知识和技能，应该有益于他们在未来成为称职公民，过上美好生活。

第二节 培养数字读写能力

1983年以来，美国学生的阅读能力虽有所提高，但进步却并未与教育投入成正比。一方面，学习努力的优秀学生尽可能地继续优秀；另一方面，学习不努力的学生，成绩依然堪忧。提高在校学生和成年人的读写能力，成为目前美国教育中不可忽视的大事。可见，美国教育的大手笔并没能使相当一部分学生完全摆脱学习的困境，他们仍然有许多令人担忧的问题亟待解决。

布什在《不让一个孩子掉队法案》中不无感慨地说道："美国有太多的孩子因期望值低、识字少和缺乏自信而被隔离开来。在劳动力技能要求日益复杂化而且不断变化的世界里，仅就识字而言，孩子们正在落后。"他还进一步提到，多年来，国会发起了数百项强调教育问题的项目，这类"一个问题一个项目"的解决方式愈演愈烈，"直至发展到有39家之多的联邦机构操持着数百个教育项目，其支出每年高达1200亿美元"，然而结果是"我们并未达到优质教育的目标"。于是，联邦政府不得不继续加大投入，实施各项计划和项目，加强评价的力度，通过奖惩制度和问责制度，来提高各州和地区学生的读写能力。

美国社会经济发展迅速，经济的发展为教育带来的变化远远大于发展中国家。它改变了广大教师和教育管理者的教育观念，扩大了人们的视野，社会发展及其对人才的需求也比以前有了很大的改变。

信息化的进程为人类社会文化与生活提供了极为便捷的途径，信息时代增长了人类的手臂，加强了人类说话的声音。在这样的时代，人们无须登高而招，而可博见，臂非加长，而见者远；声非加疾，却能做到闻者彰。美国人的视野在信息时代变得更加开阔，"让所有的孩子随时都能得到世界一流的教育”，这是联邦政府对所有美国学生的庄严承诺。国家每年在教育技术和科研领域投入大量的资金，以期提高教育质量，为美国学生提供一流的教育服务。

信息时代为语文教育提供许多新的手段和工具，扩大了语文教育的视野，拓宽了语文的视界。仅就读写能力而言，数字化时代的读写能力已经远远不是常规课堂教学中所要求的阅读理解书面文本的能力，用自己的口头和书面语传达思想感情的能力。数字化语文学习过程中，对学生的读写能力训练，已经打破了传统意义上对文学作品或信息文本的阅读训练，把阅读的视角投放到更广阔的时代空间里，从社会需要的各个角度加以训练与评价，以培养数字化时代与信息社会所需要的具有数字读写能力的人才。

美国人已经深深地体会到，社会生活的日新月异，使得现代人处理复杂的社会生活问题的技能也必须随之发生变化。今天的学生，生活在一个全球化、数字化的世界里，人类的技术与智慧使这个世界发生了很大的变化。由于变化之迅速，需要处理的信息量之多，技术对日常生活的影响之大，学生就必须要学会一些技巧，用它们来适应日益变化的社会，而且用自己掌握的技能来建设社会，使之蓬勃兴旺。

《不让一个孩子掉队法案》要求把培养技术读写能力作为核心，号召在21世纪的技术环境中，取得卓越的学术成绩。于是，21世纪学习技能的实验项目便领先一步，开始对技术读写能力进行实验。

美国北部中心地区教育实验室[1]的“21世纪技能”项目中，对

[1] 北部中央地方教育实验室（简称NCREL）是由美国教育部资助的10个地方教育实验室当中的一个，该实验室通过各学习点之间的相互联系来发挥它的作用。作为地方教育实验室网络的成员，NCREL将努力为伊利诺伊州、印第安纳、艾奥瓦、密执安、明尼苏达、俄亥俄和威斯康星州的教育工作者和政府决策人员提供优质的、基于研究的教育资源。http://www.ncrel.org/engauge/intro/intro.htm

21世纪学生的学业成绩及其范围要求作出了具体的界定，这使我们清楚地看到，新世纪的人才应该具备的各项技能已经不像他们的父辈所获得的技能那样简单而直接，他们需要拥有更多的适应信息时代要求的技能和素养，如下图所示：

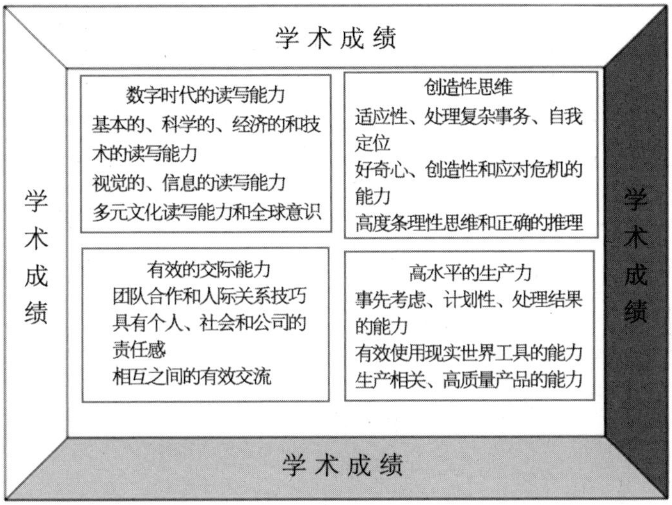

从“21世纪的学习”框架图中可以看出，通常人们所看重的学术成绩，在这里只占最基础的一部分，只是所有能力和素养的一个外壳，或者说是框架，其核心则由更为重要的四大能力范围组成：数字时代的读写能力、创造性思维能力、有效的交际能力和高水平的生产力。每项能力和素养都包括许多具体的细节和内涵。

所谓数字时代的读写能力指的是，为了在知识经济时代发挥作用，一个人所具备的运用数字技术、交际工具处理、整合、评价和创造信息的能力。它包括以下八个方面的能力指标：

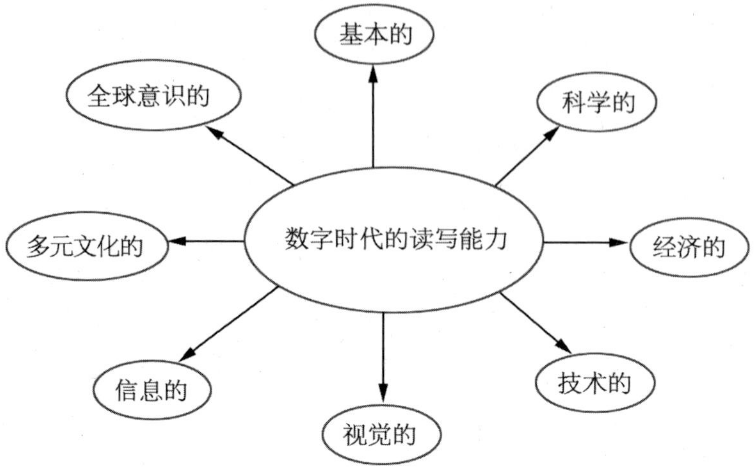

其中每一项读写能力都有确定的内涵。

基本读写能力：学生能够熟练地运用英语语言的能力，以及在工作与数字时代的社会各个阶层中获得成功所必须具备的计算能力。

科学读写能力：学生具备的科学知识和对科学概念的理解能力，处理个人决定以及介入社会系统所具备的处事能力。

经济读写能力：判断经济事务，检测经济条件和公共政策的变化结果，权衡获得利益的消耗与费用的能力。

技术读写能力：学生知道哪些技术及其如何有用、有效地运用于实现具体的目标的能力。

视觉读写能力：学生运用先进的思维、决策判断、交流和学习等方式阐释、运用和创造视觉媒体的能力。

信息读写能力：学生能够评价、查找、综合和有效运用信息，充分发挥这些有用技术的功能。

多文化读写能力：学生能够理解和欣赏各种风俗习惯、价值观念的共性和差异性，理解和欣赏他们自己的文化信念和其他民族的文化。

全球意识：学生认知和理解全球范围内各种事物之间的关系的意识。

对 21 世纪学习技能的培养，目前尚处于实验阶段。虽然语文教育涉及的基本读写能力，即熟练运用语言的能力，只是其中的一部分，但是语文教育所涉及的情感态度价值观等问题，与语文阅读训练有关的材料却是来自各个学科领域，所以语文教育不得不与其他各项能力发生不同程度的联系。从现行美国语文教科书中可以清楚地看到，这些能力要求与学习方式都已经编进了语文教科书中，并付诸语文教学与训练过程中。美国语文教育的综合性、实践性，使得语文课堂的触角延伸到了社会生活的各个方面，真正使得语文的外延与生活的外延相等。

为了实现数字时代的人才培养目标，联邦政府每年投资巨大。当他们把 70 亿美元用于教育技术改革的时候，人们不禁会问：技术到底给国家教育带来多少价值？学校怎么能够回报这些投资？为什么教育技术在某些学校起作用，而在另外的学校却不起作用？

于是，围绕技术改变教育、把科学研究用于教学实践的呼声便越来越高。基于科学研究的学科教学及其评价体制，则成为联邦政府的教育举措之重。

总而言之，美国语文教育关注每个学生的成长，在关注学生知识与能力发展的同时，更加注重其学习过程与方法的指导，注重其积极的情感态度价值观的形成与培养。每个孩子都在享受着联邦政府提供的教育服务，享用美国的高科技手段和科研成果，联邦政府还把学生的父母纳入教育行列，使其与学校、地方教育部门共同承担教育的责任。为此，我们可以相信，美国的孩子正在接受“世界一流的教育”。美国语文教育在强调文化多元性、语文学习的综合性与实践性、培养学生的全球意识的教育思想，以及国家为教育提供的先进技术手段等方面正在领先世界潮流。

然而，我们也应该清醒地认识到，与联邦政府在经济、技术与科研方面的教育投入相比，美国中小学教育所取得的成果，尤其就阅读成绩而言，美国语文教育事实上并没有创造出令人满意的奇迹。

第三节 从“不让一个孩子掉队”到“让每个孩子都成功”

一、从追求教育公平到强调公平与卓越并存

经济发展与教育成就密切相关，通过教育途径为学生升入大学和进入职业领域做好准备就显得十分必要。布什总统签署的《不让一个孩子掉队法案》颁行十多年来，美国教育在追求教育公平、实施州标准化考试、监控学生阅读行为，以及提高阅读水平等方面取得了相应的成绩，却也遭到了各州的强烈抵制，尤其是美国学生在国际性测试中频频落后，这更令美国人对本国基础教育大为诟病。他们发现，过分追求教育公平、强调人人必须达到读写“熟练”程度的教学计划、课程标准、标准化考试等等，最终却是以牺牲英才学生的卓越发展为代价的。为了确保在21世纪取得经济发展的成功，拥有更多掌握高新技术和创新思维的劳动者，美国对基础教育进行了改革，重新确立了公平与卓越的发展目标，加强英才教育的发展。“如果我们要成为21世纪的领导者，没有什么比给予每个人最好的教育更为重要——从他们进入幼儿园的那天起至就业的那天。”[1]为此，他们出台了一系列新的教育政策法规，确保英才学生获得长足发展。

2008年的《高等教育机会法案》要求加强对天才儿童教师的职前培训，提高英才教师的专业素养，以及2009年奥巴马政府的“力争上游”（Race to the top）教育政策对《不让一个孩子掉队法案》中关于英才

[1] Executive Office of the President. Every Student Succeeds Act: A Progress Report on Elementaryand Secondary Education [EB/OL] .http: //www.edweek.org/ew/index.html.

教育内容有所校正，要求加强英才教育，但这些都还远远不够。联邦政府的最新法案要求重新修订1965年颁布的《初等和中等教育法》。2015年12月2日，美国众议院以359：64票的压倒性优势通过了《让每个孩子成功法案》（Every Student Succeeds Act，ESSA）。其后，这一法案顺利通过了参议院的批准，最终于12月10日由总统奥巴马签署生效。该法案的核心思想正是削弱联邦政府在K～12年级中的作用，恢复地方的控制权。例如，以"州问责制"取代了统一的以"适当年度进步"为核心的"联邦问责制"，以弹性评估方式代替"高风险考试"，重新肯定各州制定学业标准的做法，提高州和学区对联邦资金使用的灵活性，以强化对学生与学校的支持。

《让每个学生成功法案》代替了《不让一个孩子掉队法案》，这是多方政治协商的结果，这一举措反映了经济发展对创新型人才的需求，体现了奥巴马政府的优先发展计划，迫切要求解决公平与卓越并存的教育问题。

二、共同核心州立标准的颁布与实行

从2001年到2010年的十年间，联邦政府投入大量资金与科研力量解决学生的阅读难题，其结果如何？学生的阅读状况没有太大的改变。例如，在学生素养国际评估项目测试（PISA）中，美国学生的阅读成绩一直排名靠后：2003年与2009年排名第15位，2006年与2012年都排在第20位以后。同时，在州标准考试与国家教育进步评估（NAEP）中，阅读问题也频频暴露。为此，美国基础教育改革再次被提到议事日程上，教育改革从制定新的标准开始。全美各州教育委员会认为，"在过去十五年里进行的所有的教育改革中，没有什么比为学生制定具有挑战性的学术标准更为有力和更具持久性”[1]。为此，2009 年 6 月美国全国州长协会和各州教育长官委员会联合发起“共同核心州立标准倡议”，旨在制定统一的美国 K ~ 12 年级课程标准，以确保学生做好“升学和就业的准备”，提升美国学生的国际竞争力。一年之后，2010 年 6 月 2 日，在亚特兰大市举行的新闻发布会上，《共同核心州立标准》由各州教育长官委员会和全国州长协会联合颁布，率先推出《共同核心州立英语语言艺术、历史、社会学、科学、技术领域读写能力标准》（简称“新标准”）及数学标准，目前已有 44 个州自愿采用并实施。与“新标准”相匹配的考试评价体系——智能平衡评估体系应运而生，这是奥巴马政府“力争上游计划”的四项重点改革领域之首——“建立统一的、国际基准的科学评估体系”的实现，到 2017 年秋季，已经有 17 个州 700 多万学生正式接受该评价体系的学业评价。

然而，美国基础教育共同核心标准和以此为基础的其他测试的实施，包括与之相应的对教师评价的要求，却产生了极大的政治反弹，使人们不断意识到测试和联邦指导已经发生了改变，同时这些变化也推动了改革的进程。2015 年春季，美国有超过 62 万名学生拒绝参加标准化测试，一些地方抵制测试的人数更让人吃惊，纽约州有 24 万人，新泽西州有 11 万人，科罗拉多州有 10 万人，华盛顿州有 5 万人，伊利诺伊州有 4.4 万人，俄勒冈州和佛罗里达州各有 2 万人，新墨西哥州和罗得岛州各有 1 万人。从整个州的总体情况来看，纽约州有 20% 的学生拒绝参加标准测试，一些学区甚至高达 70%。华盛顿拒绝参加标准测试的 11 年级的学生人数占到该年级总人数的一半。一些州的高中甚至直接拒绝达到共同核心标准要求的 15%。与 2014 年相比，拒绝参

[1] 周琴，杨登苗．为升学和就业做准备：美国“共同核心州立标准”述评[J]．比较教育研究，2010（12）．

加标准测试的人数显著上升，比如纽约州增加了 4 倍。总体来看，这一数量从低于 10 万人已发展到接近 75 万人。[1]

拒绝参加联邦规定测试项目运动，呼吁减少测试，缓解测试所带来的高风险（主要是单独依据测试成绩对学生、教师或学校作出判断），实施其他具有教育性的评估实践。基于测试的惩罚性规定实施 14 年后，联邦政府的这份新法案对 1965 年颁布的《初等和中等教育法》重新修订，以《让每个学生成功法案》代替了《不让一个孩子掉队法案》。这份新法案如何适应当下美国教育的需要，让每个孩子获得成功?

首先，不再强制要求各州遵从“共同核心标准”。新法案虽然要求各州在阅读、数学两科继续采纳与州高等教育要求相一致的学术标准，但是标准到底是什么，由各州自己决定，联邦政府不得干预。同时，《让每个孩子成功法案》禁止联邦政府官员、教育部长鼓励、命令或指示州采纳某种特定的标准。另外，教育部也不能直接或间接地支持、批准某种课程或某种标准。保留必要的年度考试，减少不必要的考试。新法案保留了《不让一个孩子掉队法案》中对学生的考试要求，但在考试方式上，不再采用原来单一的标准化考试，而是鼓励采用更加灵活的、多元的评价体系。如允许各州将年度考试分成几个部分，可以在一学年内不同时间分别进行。地方教育机构既可以采取全国认可的学术水平考试，像 SAT，也可采用由州开发的考试，但须在信度、效度和可比性方面符合技术标准，禁止不利于学生学习与成长的考试。

其次，提高州和学区对联邦资金使用的灵活性，以强化对学生与学校的支持。联邦政府为了实施这一法案，大幅度增加了教育拨款。但这一法案对不同的拨款项目都作了明确而具体的规定，如高质量教

[1] 肖甦，韩云霞.21 世纪以来美国英才教育的发展与趋势——基于对 NLCB 以及 ESSA 的分析［J］，外国教育研究，2017（6）.

师项目、标准化考试项目、“阅读优先”和“早期儿童主动阅读”项目、择校项目等。尽管法案也允许州和学区可以将某个项目的教育拨款用于其他项目，但是拨款使用的灵活权是有限的，各州只能将资金向一些固定的项目倾斜，如安全无毒品学校、21世纪社区学习中心等，并且每个项目资金用于其他项目的数目不能超过该项目资金总数的50%。实际上，上述很多计划的资金都流入了地方学区，各州真正能够支配的资金数目是很少的。[1]

ESSA 法案授权一个新的学生支持与学业改进补助计划，用以帮助各州与地方学区将联邦基金用于地区优先事项。比如，学区可以用这些资源为学生提供全面的教育、促进科技在学校中的利用率、保护学生健康与安全等。只要它们符合基本要求，学区可以自行决定如何根据地区的需要和优先事项使用额外的资助。同时新法案大大简化与减少了现有的联邦政府计划，取消了49个无效计划。这样，法案规定的专项基金如何使用、具体用到何处，是由各州依据自身的需要确定的，各州对资金的支配权比以往有了较大的提高。

这部法案同时还结束了联邦强制性教师评价，以及“州问责制”取代统一的“以适当年度进步”为核心的“联邦问责制”，使得美国教育从统一课程标准、标准化考试的严格约束下获得松绑，从而符合大多数美国人呼唤教育改革的心声。

“拥有这个法案[2]，我们重申美国人的理想——每个孩子，不论种族、收入、背景、他们生活区域的邮政编码，都应该有机会去实现他们想要的生活。”贝拉克·奥巴马如是说。

“这次美国的教改，在某种意义上就可以说是平庸的胜利。他们

[1] 张红蕾.美国《不让一个孩子掉队法》实施状况研究［D］.华中师范大学，2014.

[2] 指《每个孩子都成功法案》。

所反对的其实并不是什么应试教育或者其他冠冕的理由，而是在资源优越条件下，普罗大众无法克制人类本能性的好逸恶劳，最终只能屈服于沉沦之中。”[1]

2016年11月，特朗普当选美国总统，他曾表示“共同核心标准是个灾难”，但是，目前废除《共同核心州立标准》的态度并不明朗；“教育券”制度究竟是祸还是福，以及自主择校等举措能否使美国教育走向光明灿烂的未来，真正做到让每个孩子都成功，我们拭目以待。

[1] 纪赟．看上去很美的“每个学生成功法案”[N]．联合早报，2015-12-24.

附　录

一、加利福尼亚州高中毕业语文试题选

◆下面这首诗是诗人获得的遗产。阅读诗歌，回答第1～3题。(2001年试题)

母亲的勇气

By Edna St. Vincent Millay

母亲拥有的勇气
一直伴随着她，且永远随她而去了：
这块来自新英格兰的岩石；
已是花岗岩山上坚忍不拔的一分子。

母亲曾经别过的金胸针
她留给我继续佩戴；
我没有比这更值得珍藏的：
它正是我能铭记的东西。

噢，如果能够替换她留给我的
我愿她把这东西带进坟墓！——
而那岩石一样的勇气，她
已经不再需要，而我却需要。

1. 下面哪一句话最好地表达了诗歌的主题？

A. 个人的勇气比任何有价的物品更重要。

B. 只有女儿能够真正地理解母亲的感情。

C. 拥有一枚金胸针比什么都没有要好。

D. 跟珠宝不同，品质和勇气不是太贵重。

（正确答案是A。这道题主要考查10年级“文学反应与分析”3.5条：比较表达同一主题的不同作品、提供证据去支持各作品中表达的观点）

2. 这首诗中哪一个短语创设了一种悲伤和遗憾的感情基调？

A. “从英格兰采集来的岩石”

B. “噢，如果能够替换她留给我的东西”

C. “母亲曾经别过的金胸针”

D. “那勇气像岩石一样”

（正确答案是B。这道题主要考查10年级“文学反应与分析”3.9条：解释声音、人物、叙述者的选择是怎样影响一个文本的个性刻画、基调、情节和可信度的）

3. 下面哪一对名词最好地描绘了这首诗的语气？

A. 赞赏与渴望

B. 不信任与妒忌

C. 敬畏与诧异

D. 生气与愤恨

（正确答案是A。这道题主要考查10年级“文学反应与分析”3.5条：比较表达同一主题的不同作品、提供证据去支持各作品中表达的观点）

◆阅读下面的戏剧，回答后面的 4 ~ 7 题。（2003 年试题）

学校花园

演员表：

爱默生先生，教师

爱默生班的学生们

（环境：沙漠天空高级中学，爱默生先生的语文课堂）

爱默生先生：（完成点名之后）Vargas，Warner 和 Zuniga。今天大家都到齐了，太好了，因为我有个好消息要与大家分享！记得“使美国美丽”的文章竞赛吗？我们在几周前获得了由湖边苗圃提供的赞助。

（学生议论纷纷。感谢这件事）

爱默生先生：我们有参赛者的名单，第一个是，Raymond 用他《论再循环》的文章得奖了！按照这种判断，你们全部都是好样的，他们说这次比赛竞争很激烈。我真正地为你们所有的人感到骄傲！

Sarah：爱默生先生，Raymond 到底得了什么奖？

爱默生先生：好，由于他属于我们班，我们将能够从湖边苗圃选择一些植物，然后把它们种到我们的校园里。

（大家咕哝着）

Sarah：奖金就是那个？为校园种植物？

爱默生先生：嘿！想想吧，那该多好。我们在校园里能找到一个小小的位置，用一些彩色植物来打扮它，这样，在美好的下午我们可以拿着杂志去那里阅读或写作。另外，它还可以使学校变得更美丽，每个人都可以去欣赏它。

Nathan：这样的话，你是说我们可以到教室外面去上课？

爱默生先生：当然！我觉得偶尔去室外上一下课是很好的事情。

（大家开始表示赞同）

Hector：去吧，Raymond！

Rene：耶，白天我们可以去呼吸新鲜空气了。

爱默生先生：（笑）对不起，你别无选择，Alex。我们正在谈论的是创建学校花园的事情，接着，我们讨论下一个问题：你们喜欢创建一个什么类型的花园？

Jen：一个玫瑰园。

爱默生先生：玫瑰园，很好。Carolina，你说呢？

Carolina：上一周在 Villareal 女士的生物课上，来了一位客座植物学家（botanist）演讲者。

Karl：一个 whatanist？

Carolina：一个 botanist（植物学家），专门研究植物的科学家。无论如何，她说，在沙漠地区把花园建成节水型植物园（xeriscaping）是一个明智之举。

Karl：你现在倒真正把我搞糊涂了，xeriscaping 是个什么东西？

Max：噢，我知道，在我们这个地区，在你的花园里种一些土生土长的（indigenous）植物。

Karl：（眨眨眼）人们在定义一个复杂的词语的时候，为什么总用复杂的话语去解释它？

爱默生先生：有谁能够帮助 Karl，告诉他 indigenous 是什么意思？

Macy：（翻阅着字典）它是说在某个地区或国家，自然地存在、生长和结果的。

爱默生先生：好样的，Macy！不过，那是字典里的意思。（面对全班）你们为什么认为那是一个明智的做法呢？Jennifer，你说说看。

Jennifer：我觉得节水型植物需要很少的水分，这样将会节省学校的时间和金钱。

爱默生先生：好主意。实际上，xeriscaping 这个词指的是只要很少水分就能生长的植物，还有其他看法吗？

Jamal：如果它能在这个地区的任何一个地方生长的话，这样，它可能会是与这里的土壤相适应的一种东西，对吧？

爱默生先生：有道理。还有谁想说吗？

Jessie：它在这里生长可能比在其他地区需要更少的保养。

爱默生先生：很好！我喜欢 xeriscaping 这样的主意，但是，我们还可以想想别的方法呀。有人知道吗？

（无人应声）

爱默生先生：好吧，请大家举手，谁愿意创建一个节水型的花园？

（大多数学生都举起手来）

爱默生先生：OK，那就建一个节水型的花园。（看看墙上的钟）现在，还有剩下的时间，我们为什么不走出去，为我们的新花园选定一个位置呢？

（全体学生都兴奋地走出了教室。）

4. 这个戏剧发生在什么地方？

A. 礼堂里

B. 溜冰场

C. 学校建筑物的外面

D. 教室里

［正确答案是 D。主要考查 10 年级文学反应与分析的 3.3 条：分析文学作品中的主角与配角间的互动（如内外部矛盾、动机、关系、影响）；解释这些互动是怎样影响情节的］

5. Karl 在戏剧里是一个怎样的陪衬角色？

A. 他表示勉强地同意小组的意见。

B. 他解释全班的感觉。

C. 他提出了一个问题，让别人来教他。

D. 他显露出一个年青人所具有的成熟的思想。

（正确答案是 C。主要考查 10 年级文学反应与分析的 3.10 条：鉴别和描述对话、场景设计、独白、旁白、角色衬托在戏剧文学中的功能）

6. 在戏剧里，学生对花园的态度发生了怎样的变化？

A. 从希望到失望。

B. 从不热情到支持。

C. 从担忧到自信。

D. 从赞同到不赞同。

（正确答案是 B。主要考查 10 年级文学反应与分析的 3.4 条：通过作品人物在叙述、对话、独白、自语中对自己的形容来确定各角色的个性特征）

7. 下面哪个句子最好地描述了这个戏剧的重要主题？

A. 积极的态度是最好的奖赏。

B. 友谊有助于战胜障碍。

C. 提出自己的新主意是一次很好的机会。

D. 朝向目标的工作需要耐心。

（正确答案是 C。主要考查 10 年级文学反应与分析的 3.5 条：比较表达同一主题的不同作品，提供证据去支持各作品中表达的观点）

◆下面这个故事表达作者对“回家”的爱。阅读故事，回答 8 ~ 10 题。（2002 年试题）

回　家

某一天，我上学去，走在路上，我就想世界上没有一个地方叫我如此欢喜。一年中不管什么时候，每天早晨大步流星地走过邻居家，我总是看到这样一些人：微型的小老太慢步走着，身边总是带着一条可能是这个世界上最小的小狗，报摊上的男人是个留着小胡子的矮胖子，双胞胎一路蹦蹦跳跳地走向巴士车站。我不知道他们叫什么名字，不知道他们住在哪里，也不知道他们喜欢吃的是什么食物，更不知道他们喜欢想些什么问题，但是他们却是我永远那么熟悉的人。在某种意义上说，我把他们当作朋友。每一天，我对他们微笑，他们也冲着我微笑。报摊上的男人用他那深沉的声音说“Buenos dias”，有时候也会用西班牙语评论一下天气情况，因为很多很多年以前，我告诉过他我的父母也说西班牙语，他告诉我，我需要学习。天下雨的时候，那个带着小狗的老太太总是责怪我，说我应该带一把雨伞。

而学校呢——也同样如此。我喜欢的东西是一些例行公事的日常工作：年级大教室、语文、生物、体育、午餐、数学和社会科学，然后是放学后的英式足球。每天在学校看到同样的人，上课的时候坐在同样的人的旁边，与同样的朋友一起吃午餐。只要我能记得起来的朋友我都很熟悉。就像在家里一样，舒服极了。

在我出生之前，我的父母搬进我们现在住的房子里。街道上的一切我都熟悉。院子里的橡树有一个树房子，那是我六岁的时候父亲建造的。从大地震的时候起，这条人行道就在接近房屋的前面分岔了；

我们使用这条不平坦的人行道作为溜冰的滑轨。如果跑过角落里那个大白房子前面的高高的栅栏，你就能通过栅栏看到外面的一切，好像它们根本不存在一样。

早餐的时候，我的父母互相使了个眼色，我知道将会发生事情了。在他们未开口之前，我就迫切地想知道究竟发生了什么。

“不是坏事。”父亲说。

我盯着母亲看，她对我会心地一笑，轻轻地拍了拍我的肩膀。“你肯定很高兴的，Carlos。这只是一个好消息。”我从他们的脸上看到的是担忧。

“我们打算搬家。”父亲说。

今天，走在上学的路上，我看到每样东西就像是第一次看到它们一样：矮老太对我挥挥手，她的小狗摇摆着尾巴，对我轻轻地吠了一声；报摊上的这个男人跟我打招呼问候我；活蹦乱跳的双胞胎迅疾地从我身边跑开了，他们跟我背道而驰，冲向巴士站。我感到他们都像是换了个人似的，一下都变得陌生起来了，真正地就像是第一次看到他们一样。他们不再是我每天艰苦跋涉到学校的路上所见到的熟悉的里程碑。我和父母搬家以后，我将再也见不到他们了，此时此刻，我的心情难过得无法用语言来表达，我不知道它是不是叫作孤独，寂寞，或者悲伤。

到底是第一次，我觉得待在学校并不舒服。这一天日子多么漫长，我感到压抑和局促，从这种感觉来看，仿佛已经是冬天，在夹克衫里面穿了好几层毛衣，把你裹得严严实实，让你不能自如地动弹。语文老师的声音听起来是那么装腔作势，尖锐刺耳；朋友们说的话总是他们已经付诸行动的事情，但今天它们却是那么令人心烦；午餐吃起来如同在嚼着粉笔灰（味同嚼蜡）；体育课上，我投的球总是偏离目标，好像它们都自作主张，有了自己的思想。社会研究课上，教师的讲解是从我们前天晚上就读过的一章开始，就像你在影剧院坐下来之前就已经知道了电影是怎么结束的一样，令人乏味。从这天开始，只有回家才可以缓解这一切——直到我想起来我们已经搬家了为止。

我也曾设法想象着我将生活的某个地方，但是，我能看到的一切，都只不过是一个单调的空间，一个大大的问号，一个空白的页面。我所知道的一切只是我的生活。我所知道的全部，就是我住在哪里，我要去哪里，在这儿做什么。我曾经去过别的地方——我探望过在德克萨斯的爷爷奶奶，在墨西哥的表兄弟妹们，也曾去过纽约旅游。你可以访问任何一个地方，但是直到你意识到多年来每天走着同样的路去学校的时候为止，你知道了些什么呢？你可以知道普通的一场雨和地理上的界标，但是，最受优待的地方又是哪里呢？

我母亲走进我的房间，告诉我，我父亲已经升官了。这是我们搬家的原因。“你为什么不想知道我们将要搬到哪里去呢？”她问。

“真的不想。”我说。无论如何她要告诉我。我假装不听。

我的父母每天都告诉我这个即将成为我们新家的小镇上的一些事情。在城市的中心公园里有一座纪念二战老兵的铜像；夏天的时候，县里的集市贸易上有牧马骑术表演；有一年一度的草莓丰收节；市长往往是一个职业足球运动员。在我们新家的附近有一些橡树，正像在我们现在的院子里的那棵一样。

橡树，骑马表演会上的小丑，草莓和雕像的画面开始填充我记忆的空白。我开始想象着在这个城市里生活可能是什么样子的，市长会在哪里主持所有高级中学的足球赛，草莓也被想象成世界上最好的东西。

我们搬家的前一天，我朝着同样的方向走，打算去学校。当我看到小老太的时候，跟她说再见，她告诉我天要下雨了，你应该带把雨伞，她的小狗举着小爪子跟我握手。报摊上的男人也向我挥挥手。双胞胎挥舞着手，他们正走上公交车。我回家去，慢慢地走过两旁栽满橡树的街道。

一辆大货车停在房子的前面。搬运工正扛着大箱子，这时我的父母也正把行李箱装进自己的小汽车。很快的，我们的房子就空空如也。不过，时间不长；我知道某个地方，那里有父母告诉他们的孩子们那个栽满了橡树的城镇，在那里，你们可以得到世界上最好的一种混合饮料，如果幸运的话，在你生活的每一天都可以看到同样的人。

8. 在搬家之前，叙述者为什么要出去走一趟？

A. 最后看一眼每一样熟悉的东西

B. 访问城镇中心的雕像

C. 看看那些同样的人是否还在同样的地方

D. 在搬运工来的时候他要离开家

（正确答案是A。这道题主要考查10年级文学反应与分析3.4条：通过作品人物在叙述、对话、独白、自语中对自己的形容来确定各角色的个性特征）

9. 读下面的句子：

“……我知道某个地方，父母告诉他们的孩子那是个栽满了橡树的城镇，在那里，你们可以得到世界上最好的一种混合饮料，……”

什么使得先前的陈述具有讽刺意味？

A. 像叙述者一样，事实上其他孩子都担忧搬家。

B. 像叙述者附近的人一样，事实上大多数人都喜欢他们的家。

C. 像叙述者的父亲一样，事实上父母们经常得到官职提升。

D. 像叙述者的家一样，每个家庭都有自己的故事。

（正确答案是 A。这道题主要考查 10 年级文学反应与分析 3.8 条：说明和评价文本中含糊其词、自相矛盾、表达不力、褒贬有误、前后不一之处的影响）

10. 故事中写到叙述者在三个不同的时间里看到同样的人们，其目的是强调什么？

A. 叙述者在这个城市里生活就像生活在家里一样舒服，因为什么变化都没有。

B. 叙述者的生活是重复的、令人厌烦的，因为什么变化都没有。

C. 在他们要搬去的这个城市里，将会遇到熟悉的人们。

D. 搬到叙述者房子里的新的孩子们将会感到很舒适。

（正确答案是 A。这道题主要考查 10 年级文学反应与分析 3.10 条：鉴别和描述对话、场景设计、独白、旁白、角色衬托在戏剧文学中的功能）

◆下面这篇文章描写了加州人积极进取的特征。阅读文章，回答 11 ~ 13 题。（2001 年试题）

加利福尼亚：价值与效益的见证

你无须旅行到其他的州来认识它，加利福尼亚本身就是一个自足的世界。加利福尼亚著称于世，就像加州为自己的美国所了解一样。就它本身而言，加州是一个完美的世界。它拥有美丽的风景，从沙漠到山脉，到牧场，再到海岸线，绵延不绝。雪帽山巍然屹立在太平洋边，金色的沙漠覆盖着辽阔的平原。芬芳而充满果香的清风飘散在整个峡谷里的柑橘园、苹果园、葡萄园之间。太平洋海岸高速，也叫 1 号高速公路，绘制了一条畅通无阻的海岸线，沿岸是崎岖不平、犬牙交错的悬崖峭壁，高低起伏的山脉，细软平滑的沙滩，白帽似的海浪奔涌不息，还有港湾里明净的蓝色海水，共同组成一幅美丽的画卷。牧场上，牛儿悠闲啃噬青草的田园牧歌，与城市里摩天大厦的景观，以及熠熠生辉的灯光交相辉映。

加利福尼亚的人口组成同它的地理形势一样呈现多样化，包括来自各种不同的种族和民俗文化背景。这种多样性为加利福尼亚更增添了几分美丽。在加州各地的城镇与市区广泛地上演着来自每个国家的音乐、艺术和舞蹈节目。中国和越南庆贺新年的舞龙灯，吉他音乐会使得 Cinco de Mayo 的节日更加生动有趣，公园里的巴西桑巴舞和非洲舞蹈表演令人心潮澎湃。夏日爵士节的音乐刚刚响彻整个社区，冬天里单身汉节的交响乐也就响起来了。这些所有的传统和艺术共同编织与创造了一种令人惊奇的多文化的美丽与丰富多彩的氛围。

加州的财富仅仅因为它的怪僻（eccentricities）与魅力而加增。在圣·弗兰西斯科（旧金山）北边的一个小城镇，有一个大牧场，这里生活着一种比狗还小的马。在 Santa Cruz 这个沿海城市，有一个吸引旅游者的项目叫作神秘之旅，在这里，重力原理似乎不起作用了，物体实际上在滚滚上升。蒙特里海湾区域聚集着成群结队的帝王似的黑色和橙色的黑脉金斑蝶，它们是这里一年一度的移民。燕子每年都要回到圣胡安－卡皮斯特拉诺，正像任何一个来到加利福尼亚的旅客一样，也许因为它们永远无法忍受与加州的别离之苦。

11. 下面这个句子中，eccentricities 这个词是什么意思？

加州的财富仅仅凭着它的怪僻（eccentricities）与魅力而加增。

A. 非同寻常的特征

B. 很多的人口

C. 多样化的气候

D. 著名的美丽

（正确答案是 A。这道题主要考查 10 年级阅读部分的“词汇分析、流利和系统的词汇发展”1.1 条：辨别和使用词语的字面意义和比喻意义，了解词语的来源）

12. 下面哪一句话最有力地支持了文章的主题？

A. “芬芳而飘满果香的清风飘散在整个峡谷里的柑橘园。”

B. “加州的财富仅仅因为它的怪僻（eccentricities）与魅力而加增。”

C. “你无须旅行到其他的州来认识它，加利福尼亚本身就是一个自足的世界。”

D. “加利福尼亚的人口同它的地理形势一样多样化。”

（正确答案是 C。这道题主要考查 10 年级“文学反应与分析”3.5 条：比较表达同一主题的不同作品、提供证据去支持各作品中表达的观点）

13. 作者最频繁地运用了哪一种策略来描绘加利福尼亚的？

A. 想象

B. 统计

C. 专家观点

D. 历史事实

[正确答案是 A。这道题主要考查 10 年级“阅读理解”2.8 条：通过评判文本中结论和证据之间的关系、证据的广泛性，以及在作者意图影响下的文本（比如专业期刊、社论、政治演讲和基本资料）结构和基调，来评价作者的论据或辩护某一主张的可信度]

二、加利福尼亚州评价体系

报告卡项目

加州教育局 2004年3月

加州标准考试	加州选择绩效评价	加州成绩考试	西班牙语基础教育评价	加州语言发展考试	加州高中出口考试	早期评价项目（为大学英语/数学）	体能测试	加州高中熟练程度考试	通识教育发展	国家教育进步评价
以课程标准为基础	以课程标准为基础	普通参照标准	普通参照标准	以课程标准为基础	以课程标准为基础	以课程标准为基础	标准对照	标准对照	标准对照	标准对照
2～11年级	2～11年级	2～11年级	2～11年级	K～12年级	10～12年级	11年级	5、7、9年级	16岁以上，或10年级	18岁及18岁以上	4、8年级
语文、数学 4、7年级书面作文 8、10、11年级 历史与社会科学 5年级、9～11年级 科学	语文 数学（为认知残障学生）	2～8年级 阅读/语言 拼写 数学 9～11年级 阅读/语言 数学，科学	阅读 拼写 语言 数学	K～1年级 听力 说话 2～12年级 听力，说话 阅读，写作	语文 数学 2003～04只有10年级（必须参加）	增加到加州标准考试里： 英语语言艺术 代数Ⅱ 综合高中数学 （学生自愿参加）	有氧健身能力 身体结构 腹部强健与忍耐力 躯干伸肌强健与灵活性 上肢强健与忍耐力 灵活性	阅读 写作 数学 （学生自愿参加）	阅读 写作 数学 科学 社会科学 （学生自愿参加）	2004年 阅读 数学 外语
结果： 个人 学校 学区 县 州	结果： 个人 学校 学区 县 州	结果： 个人 学校 学区 县 州	结果： 个人 学校 学区 县 州	结果： 个人 学校 学区 县 州	结果： 个人 学校 学区 县 州	结果： 个人	结果： 个人 学校 学区 县 州	结果： 个人 学校 学区	结果： 个人	结果： 国家 州

三、国家教育进步评估 8 年级阅读试题

佛得角平顶山人的消失

——Anasazi 在这平顶山平静地生活了 800 年，后来他们就消失了。

在美国西南部科罗拉多州干燥的土地上耸立着一座漂亮的高原。那里有非常多的树，以至于早期的西班牙探险家们叫它佛得角平顶山，意思是"选材台"。被叫作 Anasazi 的美国土著人在那生活了大约八百年，后来离开了。自从一百年前悬崖上的房屋第一次被发现后，科学家和历史学家们就想揭开这个谜。

Anasazi 是纳瓦霍人（美国最大的印第安部落）的词，意思是"远古人"。他们第一次定居在那是在公元 500 年左右，开始是住在很高峡谷峭壁上的凹室里。后来他们移居到上面的平地，在那里他们用石头和灰泥建造房屋。随着时间的推移，他们建造更多精致的房子，像公寓式建筑，好几个家庭靠在一起居住。

Anasazi 制造漂亮的陶器、绿宝石、用毛发编织精细的腰带，编织的篮子缝隙密得都可用来盛水。他们靠狩猎和种植谷物和南瓜为生。这种生活方式持续了几百年。

在大约公元 1200 年，一些奇怪的事情发生了，这些事情的原因到现在还是不清楚。他们大部分人从平坦的高原搬回到悬崖上的凹室里，这样的搬迁使得他们的生活变得很艰难，因为他们还得爬回到上面去做农活。但是看上去 Anasazi 打算就居住在峡谷的峭壁上了，因为他们很快就把这些凹室变成令人惊奇的悬崖居处。其中最著名的就是"悬崖宫殿"了，它有两百多个房间。

由于继续建造这些新房子的所有工作都很困难，Anasazi 在那居住

的时间不长。到公元1300年，悬崖住所都空了，佛得角平顶山也被遗弃了，留下一座差不多有六百年历史的幽灵城。这些人是被他们的敌人赶出他们的家吗？没有任何袭击和战斗的痕迹，甚至都没发现别的部落的出现。

研究这一地区的考古学家现在相信这有其他原因。佛得角平顶山，漂亮的“选材台”，不再是人居住的好地方。首先，十三世纪下半叶持续寒冷，并且很少降雨（要么就降得不合季节）。科学家是通过检查悬崖住房里用的木材才知道这情况的，树的年轮显示了生长季节的好坏。但是那里的人们在以前的干旱和恶劣的气候条件下都生存下来了，所以这必定还另有原因。

随着人口的增长，平顶山上面更多的土地需要开垦以养活这些人。这就意味着大量的树木需要被砍伐来种植庄稼，同时也要用来建造房屋和用作燃料。没了这片森林，雨水开始冲洗平顶山顶部。

我们是怎么知道发生在八百年前的侵蚀问题呢？因为Anasazi在佛得角山谷建造了许多矮堤坝来减缓雨水的流速。即使这样，肥沃的土壤还是被冲走了，那里的人民不能够生产足够的食物。随着森林面积的缩小，动物也被过分捕杀而锐减。最后他们不得不离开佛得角到有更多树木的山区去。

同佛得角的荒废一样，佛得角人民也是处在不健康状态。科学家可通过研究埋在地下遗留的骨骼和牙齿来获知这些古人的健康状况。佛得角居民多有关节炎，且牙齿被他们谷类主食里的粗砂给磨损掉了。

由于食物的缺乏，人们的身体变得很虚弱。很少有人活过二十岁，妇女的寿命更短，极少有小孩能存活下来。在悬崖上房子里生活在一起，并且每个人都很饥饿和烦恼，那些人必定会遭受感情危机，他们可能会经常争吵。

最后 Anasazi 放弃了一切将会变好的希望，家庭重新组合起来并且集体离乡出走。当然，“古人”不是简单地消失了。他们朝东南方向迁徙到另一个地方并和别的民族混居在一起，一段时间后他们作为佛得角平顶山后人也就被遗忘了。

那里的树木及时生长起来，高原再一次变得郁郁葱葱。这对 Anasazi 已是太晚了，尽管他们现已尊重自然并更合理地耕种。这些被他们以前过度开垦的土地永远也不能再维持他们的生计了。

至今“古人”留给我们的悬崖房屋和工艺品是个极好的纪念碑，这是美国过去许多迷人图片中真实的一个。

1. 读了这篇文章之后，你认为关于 Anasazi 最重要的信息是什么？

2. 下面是 Anasazi 的三次迁徙，用文章中的信息解释每次迁徙的可能原因。

公元 500—1200，Anasazi 从凹室搬到佛得角平顶山顶部。

____

公元 1200，Anasazi 搬回到悬崖的凹室里。

____

公元 1300，Anasazi 离开佛得角平顶山。

____

3. 假设你和 Anasazi 生活在佛得角平顶山，你是愿意生活在佛得角平顶山顶部还是愿意生活在建在悬崖上的凹室里？用文章中的信息解释你的想法。

4. 如果你可以和这篇文章的作者讨论的话，你想问他关于 Anasazi

这篇文章没有回答的一个问题是什么？解释你为什么想知道这个信息。

5. 下面哪一项描述的是 Anasazi 是美国过去许多迷人图片中真实的一个？

A. 他们能够制造许多有用的物品。

B. 农业可能是他们主要的食物来源。

C. 木材看上去是他们主要的建筑材料。

D. 当他们移居到悬崖住所后他们的生活变得更容易。

6. 假想你和佛得角平顶山人生活在公元 1200 年，这时他们准备离开佛得角。而你的一些朋友和邻居不愿意离开。基于文章的信息，你将告诉这些人什么以说服他们离开？

7. 作者描绘的公元 1200 年前 Anasazi 的生活是怎么样？

A. 危险的、好战的

B. 忙碌的、快乐的

C. 困难的、沉闷的

D. 多产的、和平的

8. 文章的标题可能的意义是使得 Anasazi 的消失看上去是：

A. 一个人为灾难

B. 一个可怕的失误

C. 一个没解决的迷

D. 一个重要的政治问题

9. 有人认为，Anasazi 文明的成功实际上导致了他们的衰败。用文章中的信息，解释你为什么赞同或不赞同这个观点。

四、国家教育进步评估 4 年级阅读试题

小心袋熊

当我们在位于澳大利亚安大略省东北部 60 公里处的高速公路上行驶时，“小心袋熊”这个菱形的标记出现在我们面前。我们窥视着路边低矮的灌木丛，试图寻找这些有着棕色皮毛的动物。不远处，我们看到了一群红色的袋鼠，此外路边有一只像乌鸦一样的鸟，我们称之为澳洲喜鹊，但是没有看到袋熊。然而，我们后来发现这并不奇怪，因为当时是正午，而袋熊通常是在晚上活动。直到到了动物保护区，我们才看到了第一只袋熊，更多地了解了这种可爱的生物。

在澳大利亚有两种类型的袋熊：生活在皇后岛以及南澳洲的毛鼻袋熊和生活在东南沿海的粗毛袋熊。它们都有着柔软的棕色皮毛，短耳朵，厚重的身躯。据说它们跟北美獾很像。毛鼻袋熊小一点，耳朵尖一点，其他方面它们很相似。

在许多方面袋熊跟另外一种澳大利亚国宝树袋熊（考拉）很相像。卡拉和袋熊都有强有力的前肢和爪子。但是相比于卡拉用它们的爪子爬上很高的树枝，袋熊用爪子在地上挖洞。这些洞穴通常有九到十五英尺宽，有时也可以达到九十英尺。洞穴的一端是它们的卧室——袋熊用树皮建的窝。

袋熊是素食动物，它们用强有力的爪子撕扯草和植物根作为它们的食物。袋熊的牙齿在其一生中都是在生长，这些牙齿很尖利，适合

切割和撕咬。

当母袋熊生仔后，它从来不用找一个看护者——它一直会把仔带在身边。像澳洲的其他哺乳动物一样，袋熊是袋类动物。小袋熊在很早的时候就出生了，它会一直待在妈妈的育儿袋里直到完全能够独立生存。

袋熊每次只能生一个仔，通常时间是在澳大利亚的冬天，五月到七月。一个小袋熊被称为joey。一个幼崽只有一英寸长，它用自己的前爪从母亲肚子里爬出来进入到育儿袋中，育儿袋可以保暖，保护幼崽并喂养它。

有袋动物，像其他类哺乳动物一样，是靠母亲的乳汁长大的。提供母乳的奶嘴是在育儿袋中。一旦进到袋中，小袋熊就会发现奶嘴并衔住它。奶嘴在小袋熊的嘴里变大，使它能够很稳地衔住并供给它食物。小袋熊将待在里面长达 4 个月，这期间它生长得很快。

大部分袋类动物的育儿袋是向上张口的，这样幼崽可以站在里面。但是卡拉和袋熊的育儿袋都是向下开口的。强有力的肌肉保证袋子的口能紧紧地闭上，这样幼崽就不会掉下来。向下开口的育儿袋有个好处，就是当袋熊在挖洞时不会有灰尘掉到袋中。

袋熊是一种害羞而温和的动物。就算你生活在澳大利亚，整夜去观察，都很难看到它们。越来越多的人侵入袋熊生活的领地，人们破坏袋熊的洞穴和食物供给。有的地方曾经有很多的袋熊，现在都灭绝了。最近动物保护区被建立起来用来保护袋熊。或许对这些动物的小小的帮助都会使它们繁衍和兴旺起来。下一次当我们开车穿过澳大利亚的时候，真的要“小心袋熊”。

1. 这篇文章主要描述的是：

A. 袋熊特殊的身体结构怎么帮助它生长和生活。

B. 高速公路上的标记如何帮助保护袋熊。

C. 袋熊和卡拉以及北美獾是多么的相像。

D. 袋熊如何养育它们的幼崽。

2. 袋熊生活在哪儿？

A. 北美　　B. 格陵兰　　C. 澳大利亚　　D. 非洲

3. 描述袋熊和卡拉的一处相同点和一处不同点。

相同点：________________________________

不同点：________________________________

4. 根据这篇文章中的信息描述一下有袋类动物。

5. 袋熊通常生活在什么地方？

A. 沿着高速公路边上　　B. 树干中

C. 很高的树枝上　　D. 地下的洞穴中

6. 除了卡拉以外，请选择一种你知道的动物来跟袋熊比较一下。

7. 为什么人们不常看到袋熊？

A. 袋熊跟卡拉太像了

B. 袋熊通常是在晚上活动

C. 没有足够多的关于袋熊出没的标记

D. 在树上很少能看到袋熊

8. 描述一下袋熊睡觉的区域。

9. 为了得到食物，袋熊通常使用它的

A. 鼻子　　B. 耳朵　　C. 爪子　　D. 育儿袋

10. 如果遇到一个人，袋熊通常会怎么做？

A. 试图攻击那个人

B. 走开

C. 对着人嚎叫

D. 向那个人乞讨食物

11. 为什么澳大利亚建立动物避难所来保护袋熊？

12. 给出两个理由来说明为什么人们不应该把袋熊当成宠物。请利用你从这篇文章中学到的知识来回答这个问题。

五、8 年级语文学年教学进度指导框架

2004 ~ 2005 年美国弗吉尼亚州 Pittsylvania 县学校课程教学进度指导 *

课程 / 年级：语文 /8 年级　　　　教学时间：第一阶段，6 周

时间框架	单元 / 标准	标准	模块	教学资源	评价	课程图示
1 ~ 6 周	构思策略和写作过程 大写字母 / 标点符号（待续） 句子片段 / 运作 语言成分： 名词，代词，动词和感叹词 语法： 直接宾语，补足语，短语和从句，字母和字体，常见错误和运用难点，语言成分 短故事： 冲突 想象 修辞手法 人物	8.7 8.8 8.5 8.4 8.6	写作 写作 阅读 / 文学 阅读 / 文学	《写作要素》 HRW 写作研讨资源 语言手册：来自《文学要素》 《文学要素》，HRW，第一、二集（包括资源指导） 《互动阅读》，HRW，Adudio CD 图书馆（待续）		

续表

	阅读技巧：	8.4	阅读	《写作要素》		
	推论			语言手册		
	理解					
	主要思想					
	总结概括					
	上下文线索					
	分析诗歌					
	解释意义					
	年代顺序					
	比较和对照					
	口语阅读					
	阅读流利					
	词汇：	8.7	写作			
	内涵与外延	8.8	写作			
	写作：					
	创造作品					
	自传/传记					
	个人叙述					
	提纲和结构图					
	完整/有效的句子					

课程 / 年级：语文 /8 年级　　　　教学时间：第二阶段　6 周

时间框架	单元 / 标准	标准	模块	教学资源	评价	课程图示
7～12 周	标点符号 / 句末标点（待续） 语言成分： 形容词，副词，介词和连词 片段： 句子组合 逻辑顺序 主要思想与支持细节 发展主要思想的叙述与评价： 通过构思激发写作思想 创设情境 辨别过渡词和短语 创造包含信息的作品 内容，整体 / 连贯 含有主题句，细节，条理性和结束语的文章和短故事 构思策略 大写字母 / 标点符号（待续）	8.7 8.8 8.7 8.8	写作 写作 写作 写作	《写作要素》 HRW，语言手册 恢复州写作评价 《文学要素》 《写作要素》		

续表

	句子片段／运作 语言成分： 名词，代词，动词和感叹词	8.8	写作	《文学要素》		
	语法（待续）： 直接宾语，补足语，短语和从句，字母和字体，常见错误和运用难点，语言成分 短故事／小说： 理解 设立目的	8.5	阅读／文学	HRW，第三集		
	做出断言 鉴别人物特征 拟人，年代顺序，观点， 语调，情绪，夸张和预示 词汇和拼写： 词源 多项意义 同义词 词语类推和图示 同类词汇编／字典 拉丁语／希腊语词根	8.4	阅读／文学	《文学要素》 HRW，《写作要素》		

课程 / 年级：语文 /8 年级　　　　　教学时间：第三阶段　6 周

时间框架	单元 / 标准	标准	模块	教学资源	评价	课程图示
	记叙文的叙述：	8.7	写作	《写作要素》		
	分析叙述	8.8	写作	HRW		
	评价和选择话题					
	回忆和安排细节					
	修改一篇记叙文					
	运用校对技巧					
	为文件夹 / 日报写记叙文					
	系统阐述个人的文学反应					
	判断原因与结果			《恢复州写作		
	描写（描写类写作）：			评价考试》给		
13 ～ 18 周	分析描写作品的特征			各层次教师的		
	运用构思与写作技巧			获得学分的四		
	通过观察、回忆、想象和			个步骤		
	调查产生感觉和事实细节			Jane Bell Klester		
	依据空间和重要程度的顺	8.8	写作	（待续）		
	序安排细节					
	写一段描写文字的草稿					
	评价，修改，校对和出版		写作			

续表

	短故事：	8.5	阅读 /	《文学要素》		
	分析主题	8.6	文学	HRW，第四集		
	分析标题					
	运用观点					
	监控理解					
	辨别支持论点的方法	8.7	写作			
	运用上下文线索	8.7	写作			
	辨别原因和结果					
	证实结论					
	写原创的动物故事	8.7	写作			
	信息文章 / 书面指导：	8.8	写作			
	阅读一系列指导，学生学会写指导文章					
	构思策略					
	大写字母 / 标点符号（待续）	8.8	写作			
	句子片段 / 运作					
	语言成分：					
	名词，代词，动词和感叹词					
	语法：					
	直接宾语，补语，短语和从句，字母和字体，常用错误和运用难点，语言成分					

课程 / 年级：语文 /8 年级　　　　教学时间：第四阶段　6 周

时间框架	单元 / 标准	标准	模块	教学资源	评价	课程图示
19 ～ 24 周	戏剧 / 小说：	8.3	写作	《文学要素》第五集，HRW		
	理解					
	研究					
	阅读时间线索	8.4	阅读 / 文学			
	做出推断					
	比较人物					
	运用资源					
	运用先前的知识					
	比较和对照					
	运用课文结构图					
	分析和评价大众传媒					
	戏剧原则和术语					
	倒叙和闪回（镜头）					
	文学要素					
	劝说 / 开始和支持观点					
	创造非商业或副产品	8.7		《文学要素》		
	鉴别对话	8.8	写作	《写作要素》		
	发展词汇		写作			
	分析一篇小说					
	文学创作 / 信息文章 / 劝说文章：					
	复习构思策略					

续表

	复习写作过程	8.3				
	写作叙事诗	8.5	写作	《写作要素》		
	写作寓言	8.8		HRW		
	写作故事					
	解说作者的意图					
	写作“怎么做”的文章					
	写作关于过程的文章	8.7	写作	《写作要素》		
	写一篇劝说文章	8.8	写作			
	构思策略					
	大写字母/标点符号(待续)					
	句子片段/运作					
	语言成分: 名词,代词,动词和感叹词	8.8	写作	《写作要素》		
	语法: 直接宾语,补语,短语和从句,字母和字体,常用错误和运用难点,语言成分					

课程 / 年级：语文 /8 年级　　　　教学时间：第五阶段　6 周

时间框架	单元 / 标准	标准	模块	教学资源	评价	课程图示
25 ～ 30 周	短故事 / 诗歌： 建立一个诗歌单元，聚焦于节奏，韵律，象征，声音，修辞，语调，诗歌要素，词语选择和对话 阅读各种不同体裁的文学作品：寓言，民间故事，神话，传奇故事，荒诞故事，魔法故事和民歌 写作原创的动物故事 辨别主要人物和反面人物 分析夸张手法 运用文学要素 创作作品	8.5 8.6	阅读 / 文学	《文学要素》HRW，第六集 认真地做阅读 认真地做阅读		
	信息文章的阅读： 分析大众传媒 辨别劝说技巧 描述大众传媒公众观点之间的因果关系 评价大众传媒：事实和意图 阅读和听从指导	8.3 8.6	阅读			

续表

	语法：	8.7	写作	《写作要素》		
	字母和字体	8.8		第 35 章		
	常用错误和运用难点			“字母和字体”		
	语言成分					
		8.6	阅读 / 文学	第 24 章		
				“运用难点”		
	图书馆和计算机研究技巧	8.6		第 29 章		
				“改正常用错误”		
	体裁			阅读 / 研究		
				《文学要素》		

课程 / 年级：语文 /8 年级　　　　教学时间：第六阶段　6 周

时间框架	单元 / 标准	标准	模块	教学资源	评价	课程图示
31 ～ 36 周	短故事 / 诗歌 / 非虚构作品： 不同的体裁 阐述包含着民间传说、幽默和非虚构成分的文学要素 继续掌握阅读策略和词汇发展 利用构思策略 书面和口头汇报 写作 / 语法： 直接宾语 补语 短语和从句 听和说： 一篇故事中各个人物之间的角色扮演，表演一段对话 访谈技巧	8.5 8.7 8.7 8.8 8.1 8.2	阅读 / 文学 写作 写作 口语	《文学要素》HRW，第七和第八集 《写作要素》 HRW 第 16，17，18 章		

说明：

★ 这份教学进度指导是围绕1995年弗吉尼亚州语文学习标准制定的，它是2004年春季8年级学生的考试基础。对上一年进度指导的附加内容已经包括在补充教师计划中，并且已经运用于2002年开始实施的新标准。（请注意，这份新的学习标准内容在2005年春季考试中付诸实施，2006年春季的学习标准考试将是对新标准的一次独立评价。未来重组委员会将保证这份进度的流通，必要的时候进行补充）

★ 这份教学进度指导为2004年5月的修订稿。

★ 弗吉尼亚州的Pittsylvania县所使用的语文教材为Holt, Rinehart and Winston（简称HRW）公司出版的《文学要素》和《写作要素》，以及配套的其他教学资源。

★ 本教学进度的资料来源：弗吉尼亚州教育局http://www.pcs.k12.va.us。

参考文献

一、英文部分

（一）课程标准及纲领文件

1. Standards for the English Language Arts, 1996 by the International Reading Association and the National Council of Teachers of English, Published by the IRA and the National Council English, Printed in the U. S. of America.

2. Reading/Language Arts Framework for California Public Schools Kindergarten Through Grade Twelve, Developed by the Curriculum Development and Supplemental Materials Commission Adopted by the California State Board of Education, Published by the California Department of Education 1999

3. English - Language Arts Content Standards Kindergarten Through Grade Twelve, Adopted by the of Education for California Public Schools California State Board December 1997. Published 1998 by the California Department of Education

4. English Language Arts Resource Guide, The University of The State of New York and The State Education Department, www.nysed.gov

5. South Carolina English Language Arts Curriculum Standards 2002, Office of Curriculum and Standards South Carolina Department of Education Columbia, South Carolina.

6. The National Literacy Act of 1991, Public Law 102-73, 102nd Congress-1st Session July 25, 1991. By National Institute for Literacy.

7. Literacy Skills—From A Nation at Risk to ICT Literacy. www.nifl.gov/public-law.html

8. Massachusetts English Language Arts Curriculum Framework, by Massachusetts Department of Education, June 2001.

9. Put Reading First, The findings described in this document were drawn from the report of, Teaching Children to Read: An Evidence-Based Assessment of the Scientific Research Literature on Reading and Its Implications for Reading Instruction—Report of the Subgroups, Second Edition June 2003. www.nationalreadingpanel.org

10. Writing Framework and Specifications for the 1998 National Assessment of Educational Progress, National Assessment Governing Board U.S. Department of Education

11. Standards Overview Activity: What Indiana’s students & teachers need to know and be able to do in ELA. Indiana Department of Education

12. Content Standards for Alaska Students, Alaska State Board of Education & Early Development February 2000

13. Colorado Model Content Standards for Reading and Writing, Adopted 07/13/95 by the Colorado State Board of Education.

14. Teaching Children to Read: An Evidence-Based Assessment of the Scientific Research Literature on Reading and Its Implications for Reading Instruction—Report of the National Reading Panel.

15. A Position Statement of the International Reading Association: Honoring Children’s Rights to Excellent Reading Instruction, Copyright 2000 by the International Reading Association

16. Proven ideas from research for parents A Child Becomes a

Reader: A Child Becomes a Reader Kindergarten through Grade 3, Second Edition Spring 2003, Authors Bonnie B. Armbruster, Ph.D., University of Illinois at Urbana-Champaign Fran Lehr, M.A., Lehr & Associates, Champaign, Illinois Jean Osborn, M. Ed., University of Illinois at Urbana-Champaign

17. Common Core State Standards for English Language Arts & Literacy in History/Social Studies, Science, and Technical Subjects. The Council of Chief State School Officers （CCSSO） and National Governors Association Center. 2010.6

（二）评价测试

1. Reading Framework for the 2003 National Assessment of Educational Progress, National Assessment Governing Board U.S. Department of Education September 2002

2. Performance Level Tables for the California Standards Tests and the California Alternate Performance Assessment, California Department of Education

3. No Child Left Behind: A Survey of Its Impact on IRA Members, Cathy M. Roller, Division of Research and Policy International Reading Association.

4. New York State Testing Program, Developed and published under contract with the by CTB/McGraw-Hill LLC, a subsidiary of The McGraw-Hill Companies, Inc., 20 Ryan Ranch Road, Monterey, California 93940-5703. By the New York State Education Department, 2005.

5. Preparing for the California High School Exit Examination:

An English-Language Arts Study Guide, Preparing by the California Department of Education

6. California High School Exit Examination: English-Language Arts, California Department of Education 2004

7. National Writing Project （NWP） In Brief, Spring/2002, from http://www.writingproject.org

8. Report of The National Commission on Writing in america' s schools and colleges: The Neglected" R" the need for a wring revolution, from the CollegeBoard April 2003

9. Models of Successful Professional Development, The Writing Project is affiliated with the California Subject Matter Projects and the National Writing Project.

10. AP English Literature and Composition 2005 Free-Questions Form B, CollegeBoard Advanced Placement Program.

11. AP English Literature and Composition 2005 Free-Questions, By College Board, Advanced Placement Program 2005.

12. AP English Language and Composition 2001 Free-Response Questions, By College Board, Advanced Placement Program 2005.

13. Introduction to the Three-Year Plan for the Development Of California' s Assessment System, Developed by the State Board of Education and the California Department of Education, 5/8/2002

14. California Assessment System 2003 ~ 04, Prepared by the California Department of Education March 2004.

15. Grade Four and Seven California Writing Standards Tests, Prepared by the California Department of Education March 2004.

16. California Writing Project: Fall Writing Seminar Series, www.californiawritingproject.org

17. 12th Grade Student Achievement in America: A New Vision for NAEP, A Report to The National Assessment Governing Board, National Commission on NAEP 12th Grade Assessment and Reporting March 5, 2004

18. A Position Statement of the International Reading Association, 2000 by the International Reading Association.

19. EnGauge 21st Century Skills: Literacy in the Digital Age, 2003 by the North Central Regional Educational Laboratory and the Metiri Group. www.ncrel.org/engauge

20. National Assessment of Educational Progress （NAEP）: Demonstration Booklet, 2005 Reading, Mathematics and Science, Grade 4. By the National Center for Education Statistics, in the U. S. Department of Education.

21. National Assessment of Educational Progress （NAEP）: Demonstration Booklet, 2005 Reading, Mathematics and Science, Grade 8. By the National Center for Education Statistics, in the U. S. Department of Education.

22. California Standards Test: Released Test Questions, English–Language Arts Grade 2 ~ 11. California Department of Education 2004

23. California Assessment Project: Writing Assessment Handbook Grade 8, California Department of Education

24. The Writing Assessment Handbook, Grade Eight was prepared under the direction of the California Assessment Program, California

Department of Education, and was published by the Department, 1990

25. The Writing Assessment Handbook, Grade Twelve was prepared under the direction of the California Assessment Program, California Department of Education, and was published by the Department, 1990

26. California Standards Tests: Teacher Guide for the 2004 California Writing Standards Tests in Grades Four and Seven, February 2005, Prepared by the California Department of Education

27. California Standards Tests: Teacher Guide for the 2004 California Writing Standards Tests in Grades Four and Seven, December 2004, Prepared by the California Department of Education

28. California Standards Tests: Teacher Guide for the 2004 California Writing Standards Tests at Grades 4 and 7, May 2002, Prepared by the Standards and Assessment Division California Department of Education

29. California Standards Tests: Addendum to the May 2002 Teacher Guide for the California Writing Standards Tests at Grades 4 and 7, May 2002, Prepared by the Standards and Assessment Division California Department of Education, August 2003, California Department of Education.

30. Writing Assessment Report Fall 2001 to Spring 2003, Mary Y. Hallab, Director of Writing Assessment, etc.

31. Sequenced Benchmarks for K ~ 12 Language Arts, Prepared for Institute of Education Sciences U. S. Department of Education Washington, DC 20208,2002 by National Evaluation System, Inc.

32. New York Early Literacy Profile—Facilitator' s Guide: An Assessment Instrument ?Provided by the New York State Education

Department 1998. The University of the State of New York The State Education Department www.nysed.gov

33. Spotlight on Literature: Performance Assessment Handbook Integrated Language Arts Grades 6 ~ 8, Macmillan/McGraw−Hill.

34. The Official SAT, CollegeBoard SAT for March 2005 Test and . Beyond

35. Model Standards for Beginning Teacher Licensing, Assessment and Development: A Resource for State Dialogue. Developed by Interstate New Teacher Assessment and Support Consortium, 1992. A Program of the Council of Chief State School Officers One Massachusetts Avenue, NW Suite 700 Washington, DC 20001−1431 202/336−7048, 1992

36.Resolution on the NAEP 2009 Reading Framework: unanimously adopted by the National Assessment Governing Board, August 6, 2004 http://www.nagb.org/cella.html

37.Writing Assessment Handbook, California Assessment Program. 1990， by the California Department of Education.

（三）语文教材

小学及初中教材：

1. Reading （California）, Grade 1 ~ 6, 2003 by Houghton Mifflin Company

2. Glencoe Literature: The Reader's Choice, by Glencoe/McGraw−Hill

3. Literature works Grade1 ~ 6, by Silver Burdeit Qinn

4. English, 1993 by Houghton Mifflin Company

5. Literature and Integrated Studies Grade 6 ~ 8, by ScottForsman

6. Literature Grade, by ScottForesman

7. Choices in Literature, by Prentice Hall

8. Spotlight on Literature, Grade 6 ~ 8, by McGraw-Hill

9. Literature, by Heath

10. The Language of Literature Grade 6 ~ 8, by McDougal Littell

高中教材：

11. Literature & Language Grade 9 ~ 12, 1997 by McDougal Littell

12. The Language of Literature Grade 9 ~ 12, 2000 by McDougal Littell

13. The Language of Literature—American Literature, California Edition, 2002 by Glencoe/McGraw-Hill & McDougal Little

14. The Language of Literature—British Literature, California Edition, 2002 by Glencoe/McGraw-Hill & McDougal Little

15. The Language of Literature—World Literature, California Edition, 2002 by Glencoe/McGraw-Hill & McDougal Little

16. Language Network , 6 ~ 12,by McDougal Little

17. Elements of Literature （American Literature） Grade6 ~ 12, by Holt, Rinehart and Winston（HRW）

18. Elements of Writing, Grade 6 ~ 12, by Holt, Rinehart and Winston（HRW）

（四）教育书刊

1. Critical Thinking Handbook: 6th ~ 9thGrades, A Guide for Remodelling Lesson Plans in Language Arts, Social Students, & Science, by Richard Paul, A. J. A. Binker, Douglas Martin, Chris Vetrano, & Heidi Kreklau, Center for Critical Thinking and Moral Critique Sonoma State

University Rohnert Park, CA 94928, 1989.

2. Analyses of Contemporary Education, Edited by Allan C. Ornstein, W. Eugene Hedley, 1973 by Thomas Y. Crowell Company, Inc.

3. Reading Activities for Today' s Elementary Schools, Paul C. Burns and Betty D. Roe, 1979 by Rand McNally College Publishing Company Chicago

4. Teaching Them to Read, Third Edition, Dolores Durkin, 1978 by Allyn and Bacon, Inc.

5. Reading Instruction Through Diagnostic Teaching, Larry A. Harris, Carl B. Smith, 1972 by Holt, Rinehart and Winston, Inc.

6. American Education: The Task and The Teacher, John H. Johansen, Harold W. Collins, James A. Johnson, Frank Carley, 1971 by Wm. C. Brown Company Publisers

7. Instruction A Model Approach, Mary Alice Gunter, Thomas H. Estes, Jan Schwab, 2003 by Pearson Education, Inc.

8. Reading Instruction Competence Assessment, California Commission on Teacher Credentialing （CCTC）, 2004 by National Evaluation Systems, Inc.

9. Write Away, Authors: Dave Kemper, Ruth Nathan, Patrick Sebranek, Write Source Great Source Education Group a Houghtou Mifflin Company Wilmington, Massachusetts.

10. Reading for All: Fourth IRA World Congress on Reading. Buenos Aires, Argentina, 1972.

11.Instruction: A Models Approach: 2003 by Pearson Education, Inc.

12. Ready for RICA （A Test Preparation Guide for California' s

Reading Instruction Competence Assessment）, James J. Zarrillo, California State University, Hayward,2002 by Pearson Education, Inc., Upper Saddle River, New Jersey 07458.

13. Education, introduction to Teaching Careers Educ 201, Instructor: Dr. Thomas Doyle, Copyright 2003 by The McGraw-Hill Companies,Inc.

二、中文部分

1. 王定华 . 走进美国教育 . 北京：人民教育出版社，2004.

2. 吕达，周满生 . 当代外国教育改革著名文献（美国卷 第三～四卷）. 北京：人民教育出版社，2004.

3. 张维平，马立武 . 美国教育法研究 . 北京：中国法制出版社，2004.

4. 柳士镇，洪宗礼 . 中外母语课程标准译编 . 南京：江苏教育出版社，2000.

5. 李希贵，沙建华 . 美国中学教育 . 济南：山东大学出版社，2004.

6. 欧内斯特·波伊尔 . 关于美国教育的演讲 . 北京：教育科学出版社，2002.

7. 霍华德 · 加德纳 . 多元智能 . 北京：新华出版社，2004.

8. 洪成文 . 美国教育史 . 北京：北京师范大学出版社，2002.

9.S. 斯特林费儿德，S. 罗斯，L. 史密斯 . 重建学校的大胆计划——新美国学校设计 . 上海：华东师范大学出版社，2003.

10. 马浩岚 . 美国语文（12—18 岁）. 北京：同心出版社，2004.

11. 巩昂 . 我在美国上中学（高中卷）. 北京：中国盲文出版社，2005.

12. 石翔 . 美国中学生必读书(导读本). 北京: 社会科学文献出版社, 2001.

13. 罗恩·克拉克 . 教育的 55 个细节：一位美国优秀教师的教学心得 . 北京：电子工业出版社，2004.

14. 陈屹 . 诱惑与困惑 . 北京：中国社会出版社，2001.

15. 吴其馥，谯伟 . 外国语文教育研究 . 海口：海南出版社，2000.

16. 王桂 . 当代外国教育 . 北京：人民教育出版社，1995.

17. 王才勇 . 中西语境中的文化述微 . 上海：上海人民出版社，2004.

18. 袁岳 . 方大为. 中国这边,美国那边. 北京: 中华工商联合出版社, 2004.

19. 方帆 . 我在美国教中学 . 上海：华东师范大学出版社，2006.

20. 珊伊 . 我在美国教高中 . 广州：广东教育出版社，2006.

21. 赵勇 . 迎头赶上，还是领跑全球——全球化时代的美国教育 . 上海：华东师范大学出版社，2010.

后 记

《美国语文教育》付梓之际，我还有几句话不得不说。

首先，美国教育没有奇迹。20 世纪 90 年代以来，美国的几位总统上任后，几乎都把教育当作大事来抓，从国家利益的高度制定教育政策法规，规划教育蓝图，联邦政府也为教育投入了巨额资金。这使得今天的美国学校教育建立在雄厚的理论研究实力基础之上，得益于科研成果的推广与应用。科技力量的介入与渗透，方法策略的推广与使用，教育理念与教学实践的无缝对接，这些足以使得美国教育领先于世界潮流。然而，美国基础教育的现状却并不尽如人意。“美国中学什么都是只学一点点，我在学的化学烦死人了，英语的文字看着就烦，老师讲得又不清不楚，学的又只是皮毛。”“美国的公立高中和大学严重脱节，大学超难，高中超简单。那个老师只会读书，其他的什么都不会。”这是我的学生作为交换生去了美国，经过半年的高中学习之后向我发出的“牢骚”。他的话印证了我在美国考察期间的部分所见所闻。美国教育，包括美国语文教育，的确没有奇迹。

近二十年来的美国教育还告诉我们，美好的改革愿望，明确的课程标准，正确的教育目标，严格的考试评价，并不能顺理成章地给教育带来成功。2002 年 1 月，布什总统签署《不让一个孩子掉队法案》，曾一度引起全球关注，自此美国教育展开了一场波及全国的改革运动，各州相继制定并采用州课程标准，实施州标准化考试，力求使所有学生达到课标要求的“熟练程度”，做到不让一个孩子掉队。然而这项法案最终并没有取得成功。2015 年 12 月 2 日，美国众议院以 359 ∶ 64 票的压倒性优势通过了《每个学生都成功法案》。12 月 10 日，该法案被奥巴马签署生效，宣布了《不让一个孩子掉队法案》的正式结束。这部艰难实施了十三年的法案终于退出历史舞台。奥巴马总统并不愿意承认《不让一个孩子掉队法案》的失败，他在签署《每个学生都成功法案》时说，《不让一个孩子掉队法案》所确定的目标是正确的，国家设立更高的标准是正确的，问责制也是正确的，问题在于联邦政府没有向教师、学校和各州提供实现上述目标的必要支持。至此，曾经雄心勃勃的《不让一个孩子掉队法案》没有能够让美国的孩子不掉队，而依托“力争上游”“为美国而教”等计划，《每个学生都成功法案》又是否能够做到让每个学生都能成功呢？相信历史终将会给出证明。

尽管如此，美国的教育理念，他们对待教育统计数据的忠实态度和实证精神，对教育改革成败的客观分析和理性思考，却是值得我们花费时间去了解 、研究和借鉴的。

其次，表达感谢。对给予我生命及其赋予这个生命以意义的世界，对所有给予我指导和帮助的人们，我心存感激！造物主给予人类生存发展所需要的一切东西，我便是享受这些恩泽的普通一员。感谢父母给予我生命的同时也传递给我吃苦耐劳的精神、较为敏锐的眼光和积极追求理想的进取心，这使得我能在百忙之中披荆斩棘般地完成《美国语文教育》的写作。感谢三十多年来我所接受的教育，它让我从一个普通中学的孩子，成为 80 年代初的中师生，而后经历专科、本科的学习，最后成为一名硕士研究生。这条坚实的教育之路，最终引渡我成为一个可以用语文教师的职业眼光来观察、理解、把握并介绍美国语文教育的人。没有这些年的教育，就没有我的这本书。感谢我的家人，他们给了我幸福的港湾和坚强的后盾，让我精神饱满地去做自己喜欢的事情。感谢我的学校，为我写作本书创设了良好的研究氛围。感谢深圳市教育局“海外教师培训”的卓越计划，没有这样的机会，也不会有我的《美国语文教育》。感谢在美国学习期间我的同学与室友，感谢老师 Adam 先生和 Faith 女士。感谢真诚而尊敬的读者，是你们的宽容和接纳使我在繁重的教学工作之余，仍能乐观地做着研究的事情，乐而忘忧，不知老之将至。感谢语文出版社所有为此辛勤付出的同志们！

最后说说书名的问题。本书取名为"美国语文教育"，而不是"走进美国语文教育"之类的名称，主要是出于对书中内容的考虑。有朋友曾提议将其更名，我也曾想过这个问题，但思忖再三，还是觉得不妥。因为本书不同于走马观花似的兴之所至的游记，而是在全面真实地介绍美国语文教育，从识字拼写教学开始，到阅读写作，直至文学教育及其语文考试评价、家庭作业等，完成了审视、印证与观照美国语文教育全貌的使命。故名曰"美国语文教育"。

2021 年 5 月